今注本二十四史

宋書

梁 沈約 撰

朱紹侯 主持校注

中國社會科學出版社

三　志【二】

宋書　卷一四

志第四

禮一

夫有國有家者，禮儀之用尚矣。然而歷代損益，每有不同，非務相改，隨時之宜故也。漢文以人情季薄，[1]國喪革三年之紀；[2]光武以中興崇儉，七廟有共堂之制；[3]魏祖以侈惑宜矯，[4]終斂去襲稱之數；[5]晉武以丘郊不異，[6]二至并南北之祀。[7]互相即襲，以訖于今，豈三代之典不存哉，取其應時之變而已。且閔子譏古禮，[8]退而致事；叔孫創漢制，[9]化流後昆。[10]由此言之，任己而不師古，秦氏以之致亡，師古而不適用，王莽所以身滅。[11]然則漢、魏以來，各揆古今之中，以通一代之儀。司馬彪集後漢眾注，[12]以爲《禮儀志》，[13]校其行事，已與前漢頗不同矣。況三國鼎峙，歷晉至宋，時代移改，各隨事立。自漢末剝亂，舊章乖弛，魏初則王粲、衛覬典定眾儀；[14]蜀朝則孟光、許慈創理制度；[15]晉始則荀顗、鄭沖詳定晉禮；[16]江左則荀崧、刁協緝理乖紊。[17]其間名儒通學，諸所論叙，往往新出，非可悉載。今抄魏氏以後經國誕章，[18]以備此志云。

[1]季薄：衰薄。薄，不厚道。

[2]三年之紀：服喪三年的禮制。

[3]七廟：古代天子立七廟，太祖居中，左右三昭三穆，分別祭祀。光武帝以中興崇尚節儉，將七廟神主共祀於一堂，以節省建築與祭祀費用，此爲特例。

[4]魏祖：即三國魏曹操。字孟德，沛國譙（今安徽亳州市）人。《三國志》卷一有紀。曾封魏王，但並未稱帝，其子曹丕稱帝後，追謚他爲武帝。　侈惑：奢侈迷惑。

[5]終斂去襲稱之數：人死入斂時除去穿著多套衣服的禮數。斂，通“殮”。給尸體穿衣下棺。襲稱，指配合齊全的多套衣服。襲，重複，重叠。稱，量詞。用於計算衣服。

[6]丘郊：祭祀天地的場所。丘，高壇，分圜丘、方丘。圜丘在都城之南，祭天；方丘在都城之北的水澤中，祭地。取天圓地方之意。郊，郊壇，亦分南北。南郊壇位於都城之南，以祭天神；北郊壇位於都城之北，以祭地神。

[7]二至：曆法用語。指冬至和夏至。古代冬至日祭天於圜丘，夏至日祭地於方丘。　南北之祀：指丘郊的祭祀。因丘郊均分南北，故稱。

[8]閔子：即閔損。姬姓，字子騫。春秋時魯國儒者，孔子弟子。在孔門中以德行和顏回並稱。事見《史記》卷六七《仲尼弟子列傳》。

[9]叔孫：即叔孫通。薛縣（今山東棗莊市）人。漢朝建立後，他雜采古禮和秦代制度，制定漢宗廟儀法。

[10]後昆：後代子孫。

[11]王莽：人名。字巨君，東平陵（今山東章丘市）人。《漢

書》卷九九有傳。

[12]司馬彪：人名。字紹統，河内温縣（今河南温縣）人。《晋書》卷八二有傳。

[13]《禮儀志》：原爲司馬彪《續漢書》篇名，記行禮之儀式。南朝梁劉昭爲范曄《後漢書》作注時，以范書無志，乃取以補之，故得以流傳至今。

[14]王粲：人名。字仲宣，山陽高平（今山東鄒城市）人。爲建安七子之一。《三國志》卷二一有傳。　衛覬：人名。字伯儒，河東安邑（今山西夏縣）人。與王粲並掌典章制度。著有《魏官儀》。《三國志》卷二一有傳。

[15]孟光：人名。字孝裕，河南洛陽人。《三國志》卷四二有傳。　許慈：人名。字仁篤，南陽人。長於《易》《書》《詩》《三禮》等。劉備定蜀，與孟光等共掌典制舊文。《三國志》卷四二有傳。

[16]荀顗：人名。字景倩，潁川潁陰（今河南許昌市）人。明《三禮》及朝廷大儀。《晋書》卷三九有傳。　鄭沖：人名。字文和，榮陽開封（今河南開封市）人。熟悉舊典，賈充、羊祜等制定禮儀、律令，皆咨詢於他，然後施行。《晋書》卷三三有傳。

[17]江左：指東晉王朝。　荀崧：人名。字景猷，潁川潁陰（今河南許昌市）人。元帝時，與刁協共定禮儀制度。《晋書》卷七五有傳。　刁協：人名。字玄亮，饒安（今河北鹽山縣）人。少好經籍，諳練舊事，凡朝廷制度，皆禀於協，深爲當時所稱許。《晋書》卷六九有傳。

[18]經國誕章：治理國家的重大典章制度。

魏文帝雖受禪于漢，[1]而以夏數爲得天，[2]故黄初元年詔曰：[3]“孔子稱‘行夏之時，[4]乘殷之輅，[5]服周之冕，[6]樂則《韶舞》’。[7]此聖人集群代之美事，爲後王制法也。《傳》曰'夏數爲得天'。[8]朕承唐、虞之美，[9]至於正朔，當依虞、夏故事。[10]若殊徽號，[11]異器械，[12]制禮樂，易服色，[13]用牲幣，[14]自當隨土德之數。[15]每四時之季月，服黃十八日，[16]臘以丑，[17]牲用白，[18]其飾節旄，[19]自當赤，但節幡黃耳。[20]其餘郊祀天地朝會四時之服，宜如漢制。宗廟所服，一如《周禮》。"[21]尚書令桓階等奏：[22]"據三正周復之義，[23]國家承漢氏人正之後，[24]當受之以地正，[25]犧牲宜用白，[26]今從漢十三月正，則犧牲不得獨改。今新建皇統，[27]宜稽古典先代，以從天命，而告朔犧牲，[28]壹皆不改，非所以明革命之義也。"[29]詔曰："服色如所奏。其餘宜如虞承唐，但臘日用丑耳，此亦聖人之制也。"

[1]魏文帝：即曹丕。字子桓，沛國譙郡（今安徽亳州市）人。《三國志》卷二有紀。

[2]夏數爲得天：夏代的曆數和天象相適應，得天時（自然運行的時序）之正。

[3]黃初：三國魏文帝曹丕年號（220—226）。

[4]行夏之時：用夏代的曆法。時，此指曆法。按：夏曆建寅，以正月爲歲首，與一年的自然氣象春、夏、秋、冬相適應。

[5]乘殷之輅：乘殷代的車子。輅，車子。按：殷輅以木爲之，不覆以革，唯漆之而已，爲最樸素之車。

[6]服周之冕：戴周代的帽子。冕，古代帝王、諸侯及卿大夫所戴禮帽。後來專指皇冠。

[7]樂則《韶舞》：音樂則奏虞舜時的《韶舞》。《韶舞》，虞舜時的樂曲，孔子以爲是一種盡善盡美的樂曲。

[8]"夏數爲得天"：見《左傳》昭公十七年，原作"夏數得

天"。

　　[9]朕承唐、虞之美：古史言陶唐氏（堯）、有虞氏（舜）皆以揖讓有天下，曹丕以喻自己代漢取得政權，是繼承了堯、舜的這種美德。唐、虞，陶唐氏和有虞氏。

　　[10]正朔：指帝王新頒的曆法。古時改朝換代，新王朝爲表示"應天承運"，重新頒定正朔。正謂年始，朔謂月始。　當依虞、夏故事：指應當采用夏曆。

　　[11]徽號：旗幟的名號。指旗幟的式樣、圖案、顏色，作爲新興王朝或某個帝王新政的一種標志。

　　[12]器械：指禮樂儀仗的用具。

　　[13]服色：指古時每個王朝所定車馬祭牲的顏色。如夏尚黑、商尚白、周尚赤之類。後來也指各級官員的服飾。

　　[14]牲幣：供祭祀用的家畜和幣帛。幣，繒帛。古時用束帛作爲祭祀用的供品或贈送的禮物。

　　[15]土德：古代哲學用語。戰國時陰陽家認爲金、木、水、火、土五種物質具有天然的德行，叫作五德。並用五種物質的相生相勝之理，來説明歷史上王朝的更替，每朝各主一德。曹丕以爲自己"受禪于漢"，漢爲火德，火生土，魏繼漢，應以土德爲瑞應，徽號、器械、禮樂、服色、牲幣都要與土德的德性相符合。

　　[16]服黃：穿戴黃色服飾。土德色尚黃，故有此規定。

　　[17]臘以丑：以農曆丑月（十二月）爲臘祭之日。按：漢代以冬至後第三個戌日爲臘日，但冬至後第三個戌日不一定在丑月，故後則改十二月初八日爲臘祭日。

　　[18]牲用白：祭祀的犧牲用白色。

　　[19]節旄：符節上所綴的牦牛尾裝飾物。節，符節，古代使者用以出使、調兵、過關等所持的憑證。

　　[20]節幡：符節上的旗旛。幡，同"旛"，一種長方而下垂的旗子。

　　[21]《周禮》：書名。亦稱《周官》。古文家説其爲周公所作，

今文家認爲是劉歆僞造。今人研究，多數認爲是戰國時作品。共六篇：《天官冢宰》掌邦治，《地官司徒》掌邦教，《春官宗伯》掌邦禮，《夏官司馬》掌邦政，《秋官司寇》掌邦刑，《冬官司空》掌邦事。《冬官》早亡佚，漢人取《考工記》補之。其中春官宗伯屬官有司服，專掌王之吉凶衣服。

[22]尚書令：官名。尚書臺長官。秦置，屬少府。曹魏亦置，秩千石，三品。　桓階：人名。字伯緒，長沙臨湘（今湖南長沙市）人。魏文帝時爲尚書令，加侍中，封安樂鄉侯。《三國志》卷二二有傳。

[23]三正：亦稱"三統"，指夏、商、周三代曆法。即夏正、商正（殷正）、周正。夏正建寅，以農曆正月爲歲首，稱人正或人統。商正建丑，以農曆十二月爲歲首，稱地正或地統。周正建子，以農曆十一月爲歲首，稱天正或天統。　周復：周而復始，循環往返。

[24]人正：指夏正、夏曆。按：漢初同秦，以建亥之月即農曆十月爲歲首，漢武帝時始改用夏曆，以農曆正月爲歲首。

[25]地正：指殷正、殷曆。按：人、地、天三正周復使用，人正之後應是地正。

[26]犧牲宜用白：三正本是三代不同的曆法，而漢儒董仲舒在《春秋繁露·三代改制質文》中，把夏、商、周三代的正朔塗上神秘色彩，説夏以寅月（農曆正月）爲歲首，叫建寅，以黑色爲上色，稱黑統；商以丑月（農曆十二月）爲歲首，叫建丑，以白色爲上色，稱白統；周以子月（農曆十一月）爲歲首，叫建子，以赤色爲上色，叫赤統。服色、犧牲等應與三統之色相一致。商正建丑，色尚白，故曰"犧牲宜用白"。

[27]皇統：帝王歷代傳承的統系。

[28]告朔：古代天子於每年秋冬之際把第二年的曆書頒給諸侯。又諸侯於每月朔日（農曆初一）祭告祖廟聽政，也稱告朔。

[29]革命：實施變革以應天命。古代認爲帝王受命於天，因稱

朝代更替爲革命。

　　明帝即位，[1]便有改正朔之意，朝議多異同，故持疑不決。久乃下詔曰："黃初以來，諸儒共論正朔，或以改之爲宜，或以不改爲是，意取駁異，于今未決。朕在東宮時聞之，意常以爲夫子作《春秋》，[2]通三統，爲後王法。正朔各從色，不同因襲。自五帝、三王以下，[3]或父子相繼，同體異德；或納大麓，受終文祖；[4]或尋干戈，從天行誅。[5]雖遭遇異時，步驟不同，然未有不改正朔，用服色，表明文物，[6]以章受命之符也。由此言之，何必以不改爲是邪。"

　　[1]明帝：即曹叡。字元仲，文帝之子。《三國志》卷三有紀。

　　[2]《春秋》：書名。孔子以魯國史書《魯春秋》爲基礎，參考周王室及各諸侯國史官的記載編修而成，上起魯隱公元年（前722），下迄魯哀公十四年（前481），共二百四十二年歷史，是現存最早的編年史。

　　[3]五帝：傳説中的上古帝王，時在三皇之後，夏代以前。五帝説法不一，《史記》卷一《五帝本紀》所指爲黃帝、顓頊、帝嚳、唐堯、虞舜。　三王：指夏禹、商湯、周文王。一説指夏禹、商湯和周代文王、武王。

　　[4]或納大麓，受終文祖：相傳帝堯年老，傳位於舜之前，曾對舜進行種種考驗，最後讓舜進入山麓的森林中，經受烈風雷雨而不迷，於是命舜攝行天子之政。終，指堯結束帝位。文祖，有文德之祖。古帝王對祖先的美稱。此指帝堯。

　　[5]或尋干戈，從天行誅：用武力取得政權。如商湯之征伐夏桀，周武王之征代殷紂。尋，用，使用。從天，順從天命。

[6]文物：文飾與色彩。

於是公卿以下博議。侍中高堂隆議曰：[1]“按自古有文章以來，[2]帝王之興，受禪之與干戈，皆改正朔，所以明天道，定民心也。《易》曰：‘《革》，元亨利貞。’[3]‘有孚改命吉。’[4]‘湯武革命，應乎天，從乎人。’[5]其義曰，水火更用事，猶王者必改正朔易服色也。《易通卦驗》曰：[6]‘王者必改正朔，易服色，以應天地三氣三色。’[7]《書》曰：‘若稽古帝舜曰重華，建皇授政改朔。’[8]初‘高陽氏以十一月爲正，[9]薦玉以赤繒。[10]高辛氏以十三月爲正，[11]薦玉以白繒。’《尚書傳》曰：[12]‘舜定鍾石，[13]論人聲，乃及鳥獸，咸變於前。故更四時，改堯正。’[14]《詩》曰：‘一之日觱發，二之日栗烈，三之日于耜。’[15]《傳》曰：‘一之日，周正月，二之日，殷正月，三之日，夏正月。’[16]《詩推度災》曰：[17]‘如有繼周而王者，雖百世可知。以前檢後，文質相因，法度相改。三而復者，正色也，[18]二而復者，文質也。’以前檢後，謂軒轅、高辛、夏后氏、漢皆以十三月爲正；[19]少昊、有唐、有殷皆以十二月爲正；[20]高陽、有虞、有周皆以十一月爲正。[21]後雖百世，皆以前代三而復也。《禮大傳》曰：‘聖人南面而治天下，必正度量，[22]考文章，改正朔，易服色，殊徽號。’《樂稽曜嘉》曰：[23]‘禹將受位，天意大變，迅風雷雨，以明將去虞而適夏也。是以舜禹雖繼平受禪，[24]猶制禮樂，改正朔，以應天從民。夏以十三月爲正，法物之始，[25]其色尚黑。殷以十二月爲正，法物之牙，[26]其色尚白。周以十一月爲正，法物之萌，[27]其色尚赤。能察其類，能正其本，則嶽瀆致雲雨，四時和，五稼成，[28]麟皇翔集。'[29]《春秋》：'十七年夏六月甲子朔，日有蝕之。'《傳》曰：[30]'當夏四月，是謂孟夏。'《春秋元命苞》曰：[31]'王者受命，昭然明於天地之理，故必移居處，更稱號，改正朔，易服色，以明天命聖人之寶，質文再而改，窮則相承，[32]周則復始，正朔改則天命顯。'凡典籍所記，不盡於此，略舉大較，亦足以明也。"

[1]侍中：官名。秦始置，本爲丞相屬吏。漢沿置，爲列侯以下至郎中的加官，無定員。因其常出入宮廷，侍從皇帝，應對顧問，地位逐漸貴重。宋文帝時，始掌機要，常爲實際宰相。三品。

高堂隆：人名。字升平，太山平陽（今山東新泰市）人。《三國志》卷二五有傳。

[2]文章：指禮樂法度及車服旌旗等。

[3]《革》，元亨利貞：《革卦》卦辭。經過變革、革命，就大通順，有利於正道行事。元，大。亨，通，通順。貞，同"正"。指固守正道，正常行事。

[4]有孚改命吉：《革卦》九四爻辭。取得人民信任，變革天命就吉利。孚，信，誠信。

[5]湯武革命，應乎天，從乎人：語出《革卦》象辭。原作"湯武革命，順乎天而應乎人"。商湯、周武王變革天命的行動，是適應上天、順從人心的。

[6]《易通卦驗》：書名。讖緯類著作，作者不詳，已佚。

[7]三氣：指天、地、人三者之氣。　三色：古代所謂天、地、人三統分別表示的赤、白、黑三種顏色。

[8]稽：查考。 建皇授政改朔：錢大昕《考異》據《文選》李善注謂此乃《尚書中候》之語，作"建黄授政改朔"。並云："'建皇'《文選》注作'建黄'，皇甫謐謂以土承火，色尚黄也'，此作'皇'，疑誤。"按五行相生説，堯以火德王，色尚赤；舜繼堯，火生土，以土德王，色尚黄。

[9]高陽氏：即顓頊。傳説中五帝之一。相傳爲黄帝之孫、昌意之子，號高陽氏。後繼黄帝爲炎黄部落聯盟首領。

[10]薦玉以赤繒：用赤色的絲織物襯墊祭祀用玉器。薦，襯墊。繒，古代絲織品的總稱。

[11]高辛氏：即帝嚳。傳説中五帝之一。姬姓，名嚳。相傳爲黄帝曾孫，受封於辛，故號高辛氏。後繼顓頊爲炎黄部落聯盟首領。

[12]《尚書傳》：《尚書大傳》的簡稱。舊題漢伏勝撰，鄭玄注，四卷，是最早解釋《今文尚書》的著作。

[13]鍾石：指樂器。古以八種材料製成八類樂器：金（如鐘、鎛）、石（如磬）、土（如塤、缶）、革（如鼓）、絲（如琴、瑟）、木（如柷、敔）、匏（如笙、竽）、竹（如簫、管），稱爲八音。

[14]堯正：堯時的曆法。

[15]一之日觱（bì）發，二之日栗烈，三之日于耜（sì）：見《詩·豳風·七月》。觱發，風寒冷。栗烈，借爲凓冽，寒氣刺骨。于耜，修理農具。耜，挖土的臿，頭形如犁，有曲柄。古代用木製，後世用鐵製，用以耕田翻土。這裏泛指農具。

[16]一之日，周正月：一之日，十之餘，即農曆十一月，周曆正月。豳曆此月爲歲首，與周曆同。 二之日：即農曆十二月，殷曆正月。 三之日：亦作十三月，即農曆一月，夏曆正月。

[17]《詩推度災》：書名。讖緯類著作，撰者不詳，三國魏宋均注，隋以後亡佚。明孫轂，清喬松年、趙在翰、黄奭等人有輯本。

[18]正色：指夏、商、周三正之色，黑、白、赤。此處指夏、

商、周三種曆法。

〔19〕軒轅：即黄帝。五帝之首。　十三月爲正：以農曆一月爲正月，即軒轅、高辛、夏后氏（夏代）及漢朝，都把夏曆的建寅之月作爲歲首。

〔20〕少昊：亦作“少皞”。己姓，名摯，號金天氏，又號窮桑氏、青陽氏。相傳是繼太皞而起的東夷部落首領。　十二月爲正：以農曆十二月爲正月，少昊、有唐、有殷都把夏曆的建丑之月作爲歲首。

〔21〕有虞：指虞舜。　十一月爲正：以農曆十一月爲正月，高陽、有虞、有周（周朝）都把夏曆的建子之月作爲歲首。

〔22〕《禮大傳》：《禮記》中的篇名。以其内容記述祖宗人親大義，故以《大傳》爲篇名。

〔23〕《樂稽曜嘉》：書名。讖緯類著作，作者不詳，三國魏宋均注，隋以後亡佚。明孫瑴，清劉學寵、喬松年、黄奭等有輯本。

〔24〕繼平受禪：指平静地（不是通過暴力）繼承帝王之位。

〔25〕法物之始：效法事物的開始成長。物，凡有貌聲色者皆爲物。這裏指植物。

〔26〕法物之牙：效法事物的長出幼芽。牙，通“芽”。

〔27〕法物之萌：效法事物的初始萌芽。

〔28〕五稼：義同“五穀”。這裏泛指田地上的各種作物。稼，播種穀物。

〔29〕麟皇翔集：麒麟、鳳凰飛翔叢集。麒麟、鳳凰都是傳説中的珍異動物，多作爲吉祥的象徵。

〔30〕《傳》：指《左傳》。

〔31〕《春秋元命苞》：書名。流行於東漢末年的一種緯書，三國魏宋均作注，已佚。明孫瑴，清劉學寵、喬松年、趙在翰等均有輯本。

〔32〕窮則相承：中華本校勘記云：“‘則’各本並作‘明’，據局本及《元龜》五六三改。”

太尉司馬懿、尚書僕射衛臻、尚書薛悌、中書監劉放、中書侍郎刁幹、博士秦静、趙怡、中候中詔李岐以為宜改；侍中繆襲、散騎常侍王肅、尚書郎魏衡、太子舍人黃史嗣以為不宜改。[1]

[1]太尉：官名。秦始置，為全國最高軍事長官，與丞相、御史大夫合稱三公。魏晉以後，漸成無實職之榮譽尊稱。　司馬懿：人名。字仲達，河內温縣人。魏明帝時任大將軍，青龍三年（235）任太尉。齊王曹芳時代為丞相，專國政。死後，其子師、昭相繼專權。至其孫司馬炎代魏稱帝，建立晉政權後，追謚為宣帝，廟號高祖。《晋書》卷一有紀。　尚書僕射：官名。秦始置。秦漢時常置此官以為所領某事之長官。東漢尚書臺設尚書僕射一員，為尚書令副貳，參預機密，職權漸重，後增至二人，始分左、右僕射。魏晉沿置。　衛臻：人名。字公振，陳留襄邑（今河南睢縣）人。魏文帝時，官散騎常侍，後遷吏部尚書、行中領軍。明帝時，任右僕射、侍中，又遷司空、司徒。《三國志》卷二二有傳。　尚書：官名。始於戰國，秦為少府屬官。至東漢，正式成為協助皇帝處理政務的官員，三公權力大為削弱。魏晉以後，尚書事務益為繁重。薛悌：人名。字孝威，東郡（今河南濮陽縣）人。漢末為兗州從事，後事曹操，任泰山太守，累遷護軍、中領軍。文帝時，任魏郡太守及尚書令。　中書監：官名。三國魏始置，與中書令職務相等而位略高，同掌機要，為事實上的宰相。　劉放：人名。字子棄，涿郡（今河北涿州市）人。初為秘書郎，後改中書監加給事中，賜爵關内侯，掌機密。明帝即位，尤加寵任，進爵西鄉侯，朝廷詔旨密令，多出其手，參決大政，權傾一時。《三國志》卷一四有傳。中書侍郎：官名。三國魏文帝於中書監、令下置通事郎、黃門郎，掌草擬詔旨，後改稱中書侍郎，省稱中書郎。五品。　刁幹：

人名。明帝時任中書侍郎。　　博士：官名。秦及漢初，博士的職責主要是掌管圖書，通古今以備顧問。漢爲太常屬官。漢武帝時用公孫弘議，設五經博士，此後博士專掌經學傳授。魏晉以來，又另置太常博士，爲職掌禮儀之官。　　秦静：人名。通典制，明帝曾使郎吏高材解經義者從其受學。　　趙怡：人名。其事不詳。　　中候中詔：官名。職責不詳。　　季岐：人名。其事不詳。　　繆襲：人名。字熙伯。東海蘭陵（今山東蒼山縣）人。有才學，歷事魏主四世，官至侍中、尚書、光禄勳。　　散騎常侍：官名。秦漢時置散騎，又置中常侍，均爲加官。東漢省散騎，衹置中常侍。至三國魏文帝時，合散騎、中常侍爲一官，稱散騎常侍，掌侍從皇帝，隨事規諫，不典事。晋時供奉皇帝左右，掌管章表詔命策文，與黃門侍郎等共平章尚書奏事，往往預聞政要，與黃門侍郎合稱“黃散”。南朝沿置。　　王肅：人名。字子雍，東海郯（今山東郯城縣）人。累官至中領軍，加散騎常侍。擅長賈逵、馬融之學，遍注群經。《三國志》卷一三有傳。　　尚書郎：官名。屬尚書臺或尚書省，在皇帝左右處理政務。初任稱守尚書郎，任滿一年稱尚書郎，三年稱侍郎。魏晉以後尚書各曹有侍郎、郎中等官，綜理政務，通稱尚書郎。　　魏衡：人名。任城樊（今山東濟寧市）人，餘事不詳。　　太子舍人：官名。秦始置，漢沿置。爲太子東宮屬官，職比郎中。東漢時無定員，職責爲擔任宫中宿衛。未立太子時隷屬少府。晋置十六人，職如散騎、中書等侍郎，南朝時則漸趨於職掌文書記事。黃史嗣：人名。其事不詳。中華本校勘記云：“各本並脱‘史嗣’二字，據《元龜》五六三補。”

青龍五年，[1]山茌縣言黃龍見。[2]帝乃詔三公曰：

　　昔在庖犧，[3]繼天而王，始據木德，爲群代首。自兹以降，服物氏號，[4]開元著統者，[5]既膺受命曆數之期，[6]握皇靈遷興之運，[7]承天改物，序其綱紀。雖炎、黄、少昊、顓頊、高辛，唐、虞、夏后，世系相襲，同氣共祖，[8]猶豫昭顯所受之運，著明天人去就之符，[9]無不革易制度，更定禮樂，延群后，[10]班瑞信，[11]使之焕炳可述于後也。[12]至于正朔之事，當明示變改，以彰異代，曷疑其不然哉。

[1]青龍：三國魏明帝曹叡年號（233—237）。

[2]山茌：縣名。治所在今山東濟南市長清區東南。

[3]庖犧：一作"伏羲""宓犧""包犧""伏戲"，亦稱犧皇、皇羲。傳說中人類的始祖。相傳他始創八卦、造書契、結繩爲網，教民漁獵畜牧。

[4]服物氏號：服飾器物、姓氏名號。

[5]開元著統：創始立國、記載統系。

[6]受命曆數之期：由上天命定的王朝統治時間及朝代更替次序。曆數，天道，天命。古人以爲帝位相承與天象運行的次序相應，故稱帝王繼承的次第爲曆數。

[7]皇靈遷興之運：皇天神靈變遷興盛的命運。

[8]同氣共祖：相同的血統，共同的祖先。

[9]天人：天意人心。　符：符瑞，祥瑞的徵兆。

[10]延群后：邀請衆多諸侯。

[11]班瑞信：分賜吉祥的信物。信，憑據，信物。

[12]焕炳：光明顯著。

文皇帝踐阼之初，[1]庶事草創，遂襲漢正，不革其統。朕在東宮，及臻在位，每覽書籍之林，總公卿之議。夫言三統相變者，有明文；云虞、夏相因者，無其言也。《曆志》曰：[2]"天統之正在子，物萌而赤；[3]地統之正在丑，物化而白；[4]人統之正在寅，物成而黑。"[5]但含生氣，以微成著。[6]故太極運三辰五星於上，[7]元氣轉三統五行於下，[8]登降周旋，終則又始，言天地與人所以相通也。仲尼以大聖之才，祖述堯、舜，範章文、武，制作《春秋》，論究人事，以貫百王之則。故於三微之月，[9]每月稱王，[10]以明三正迭相爲首。夫祖述堯、舜，以論三正，則其明義，豈使近在殷、周而已乎。朕以眇身，[11]繼承洪緒，[12]既不能紹上聖之遺風，揚先帝之休德，[13]又使王教之弛者不張，帝典之闕者未補，亹亹之德不著，[14]亦惡可已乎。[15]

[1]踐阼：亦作"踐祚"，指帝王即位。

[2]《曆志》：指班固《漢書·律曆志》。

[3]天統之正在子，物萌而赤：周代曆法（天統）的正月在建子之月（農曆十一月），其時事物（農作物）萌芽而色赤。

[4]地統之正在丑，物化而白：殷代曆法（地統）的正月在建丑之月（農曆十二月），其時事物變化而色白。

[5]人統之正在寅，物成而黑：夏代曆法（人統）的正月在建寅之月（農曆一月，亦作十三月），其時事物長成而色黑（青黑色）。

[6]但含生氣，以微成著：祇要具有促使萬物生長之氣，就能使事物由微小而變成爲顯著。生氣，指使萬物生長發育之氣，也稱活力、生命力。

[7]太極：指原始混沌之氣，是派生萬物的本原。　運：運動，轉動。　三辰：指日（合於天統）、月（合於地統）、斗（北斗星。

合於人統）。　五星：指辰星（水星）、熒惑（火星）、太白（金星）、歲星（木星）、填星（土星）五大行星。

[8]元氣：古代指天地未分前，宇宙間的混沌氣體。　轉：轉動，運動。

[9]三微之月：三正（亦稱三統）一年開始的月份。

[10]每月稱王：三正的正月，均冠以"王"字，稱"王正月"。

[11]眇身：微小瘦弱的身體。眇，通"秒"。微小，瘦弱。

[12]洪緒：偉大的功業。緒，世業，功績。

[13]休德：美德，美好的德行。

[14]亹（wěi）亹：同"娓娓"。勤勉不倦的樣子。

[15]惡（wū）：何，怎麽。

今推三統之次，魏得地統，當以建丑之月爲正。考之群藝，[1]厥義彰矣。改青龍五年春三月爲景初元年孟夏四月。[2]服色尚黃，犧牲用白，戎事乘黑首之白馬，[3]建大赤之旗，朝會建大白之旗。春夏秋冬孟仲季月，[4]雖與正歲不同，[5]至於郊祀迎氣，[6]祠、祀、烝、嘗，[7]巡狩、蒐田，[8]分至啓閉，[9]班宣時令，中氣晚早，[10]敬授民事，諸若此者，皆以正歲斗建爲節。[11]此曆數之序，乃上與先聖合符同契，[12]重規叠矩者也。[13]今遵其義，庶可以顯祖考大造之基，[14]崇有魏維新之命。

[1]群藝：衆多典籍。藝，經典，典籍。

[2]改青龍五年春三月爲景初元年孟夏四月：曹魏曆法，原來沿襲漢代所行用的夏正，以寅月（農曆正月）爲歲首，魏明帝主張

改用殷正，以丑月（農曆十二月）爲歲首，兩者相差一個月，故夏正之季春三月，殷正則爲孟夏四月。　景初：三國魏明帝曹叡年號（237—239）。

[3]戎事乘黑首之白馬：按《漢書·律曆志上》："地統受之於丑初，日肇化而黃，至丑半，日牙化而白。"故魏明帝主張服色尚黃，犧牲用白，而戎事則乘黑首之白馬，以與地統相適應。

[4]春夏秋冬孟仲季月：指一年四時（亦稱四季）十二個月。

[5]正歲：夏曆正月。此指夏曆。中華本校勘記云："各本並脱'正'字，據《三國志·魏志·明帝紀》補。"

[6]郊祀：祭祀天地。古代帝王祭祀天地，於都城郊外舉行，故稱郊祀，也稱郊祠、郊祭，簡稱郊。　迎氣：迎節氣。古制帝王迎節氣於五郊，祭祀五帝，祈求豐年。立春之日，迎春於東郊，祭青帝、句芒，車服皆青色；立夏之日，迎夏於南郊，祭赤帝、祝融，車服皆赤色；立秋前十八日，迎黃靈於中兆，祭黃帝、后土於中央，車服皆黃色；立秋之日，迎秋於西郊，祭白帝、蓐收，車服皆白色；立冬之日，迎冬於北郊，祭黑帝、玄冥，車服皆黑色。

[7]礿、祀、烝、嘗：古代天子諸侯宗廟四時祭享之名。春祭名祀，夏祭名礿，秋祭名嘗，冬祭名烝。

[8]巡狩：古時帝王離開國都，外出巡行，視察諸侯所守地方。
蒐田：打獵。

[9]分至：春分秋分二分、夏至冬至二至的總稱。春分、秋分，其日晝夜平分，故稱爲"分"。夏至、冬至，其日晝夜極長或極短，故稱爲"至"。至，極，最。　啓閉：啓指立春、立夏，閉指立秋、立冬。農作物春生夏長，古人謂之陽氣用事，故名爲"啓"。農作物秋收冬藏，古人謂之陰氣用事，故名爲"閉"。

[10]中氣：簡稱"中"。農曆年一年有二十四氣，分爲十二節氣、十二中氣。每月有一節氣、一中氣。從冬至十一月中氣開始，中、節相間，單數爲中氣，雙數爲節氣。《三統曆》中氣依次爲：冬至、大寒、驚蟄、春分、清明、小滿、夏至、大暑、處暑、秋

分、霜降、小雪。

[11] 正歲斗建：指夏曆。中國古代按北斗星斗柄在一年中的移動位置，分爲十二辰，叫斗建。斗柄指向十二辰（自子至亥十二時）的寅，稱建寅，是爲夏曆正月，即正歲。

[12] 合符同契：形容事物兩相吻合。

[13] 重規叠矩：比喻事物彼此一致。

[14] 祖考：泛稱先代，祖先。　大造：大功勞，大成就。

　　於戲！[1] 王公群后，百辟卿士，[2] 靖康厥職，帥意無怠，以永天休。司徒露布，[3] 咸使聞知，稱朕意焉。

[1] 於戲：感嘆詞。與嗚呼同。

[2] 王公群后，百辟（bì）卿士：對王侯公卿、達官貴人以及各級官員的泛稱。百辟，指衆諸侯。

[3] 司徒：官名。西周始置，春秋時沿置，職掌土地和民事。秦廢司徒而置丞相，漢因之。曹魏初置丞相，後改相國。魏文帝黃初元年（220）改稱司徒，與太尉、司空並爲三公，但無常職，不參與朝政。　露布：亦稱“露版”，文書不加檢封，公開宣布，欲四方速知。相當於今天的布告、通告。

　　案服色尚黃，據土行也。犧牲旍旗，一用殷禮，行殷之時故也。《周禮》巾車職，[1] “建大赤以朝”“大白以即戎”，此則周以正色之旗朝，[2] 以先代之旗即戎。[3] 魏用殷禮，變周之制，故建大白朝，大赤即戎也。明帝又詔曰：“以建寅之月爲正者，其牲用玄；以建丑之月爲正者，其牲用白；以建子之月爲正者，其牲用騂。[4]

此爲牲色各從其正，不隨所祀之陰陽也。[5]祭天不嫌於
用玄，則祭地不得獨疑於用白也。天地用牲，得無不宜
異邪？更議。”於是議者各有引據，無適可從。又詔曰：
“諸議所依據各參錯，若陽祀用騂，陰祀用黝，[6]復云祭
天用玄，祭地用黄，如此，用牲之義，未爲通也。天地
至尊，用牲當同以所尚之色，不得專以陰陽爲別也。今
祭皇皇帝天、皇皇后地、天地郊、明堂、宗廟，皆宜用
白。[7]其別祭五郊，各隨方色，[8]祭日月星辰之類用騂，
社稷山川之屬用玄，此則尊卑方色，陰陽衆義暢矣。”

[1]巾車：官名。《周禮·春官》載其爲宗伯的屬官，職掌公
車，負責辨明各級貴族、官員所乘車輛，並按等級配置旗物和車輛
領受等事。

[2]周以正色之旗朝：周正建子，以子月（農曆十一月）爲歲
首，物萌色赤，故以赤色爲正色，朝會則用赤色之旗。

[3]以先代之旗即戎：先代，指殷代。殷正建丑，以丑月爲歲
首，物牙色白，以白色爲正色，故作戰征伐用大白之旗。

[4]騂（xīn）：本指赤色馬，亦指赤色牛，又爲赤色的通稱。

[5]陰：即陰祀。指祭地及社稷。　陽：即陽祀。指祭天及
宗廟。

[6]黝（yǒu）：淡黑色。

[7]皇皇帝天：偉大的天帝。皇皇，大，偉大。帝天，天帝。
后地：亦作“后土”。古時稱地神或土神爲后土。　明堂：祭祀
五帝的地方。按：先秦時期，明堂用途廣泛，凡朝會、祭祀、慶
賞、選士、養老、教學等大典，均在此舉行，因此明堂與太廟、太
學、辟雍等實爲一事。漢魏以來宮室漸備，以圓丘祭天，以方丘祭
地，以南郊、北郊祭天神、地祇，以太廟祭祖先，明堂則專祀

五帝。

[8]其別祭五郊，各隨方色：另外祭祀五帝於五郊，車騎服飾則順從各方的顏色。即立春日祭青帝（東方之神）於東郊，車騎服飾皆青；立夏日祭赤帝（南方之神）於南郊，車騎服飾皆赤；先立秋十八日祭黃帝、后土於中兆，車騎服飾皆黃；立秋日祭白帝（西方之神）於西郊，車騎服飾皆白；立冬日祭黑帝（北方之神）於北郊，車騎服飾皆黑。

　　三年正月，帝崩，齊王即位。[1]是年十二月，尚書盧毓奏：[2]“烈祖明皇帝以今年正日棄離萬國，[3]《禮》，[4]忌日不樂，甲乙之謂也。[5]烈祖明皇帝建丑之月棄天下，臣妾之情，於此正日，有甚甲乙。今若以建丑正朝四方，會群臣，設盛樂，不合於禮。”博士樂祥議：[6]“正日旦受朝貢，群臣奉贄；[7]後五日，乃大宴會作樂。”太尉屬朱誕議：[8]“今因宜改之際，還修舊則，元首建寅，於制爲便。”大將軍屬劉肇議：[9]“宜過正一日乃朝賀大會，明令天下，知崩亡之日不朝也。”詔曰：“省奏事，五內斷絕，[10]奈何奈何！烈祖明皇帝以正日棄天下，[11]每與皇太后念此日至，心有剝裂。不可以此日朝群辟，受慶賀也。月二日會，又非故也。[12]聽當還夏正月。雖違先帝通三統之義，斯亦子孫哀慘永懷。又夏正朔得天數者，其以建寅之月爲歲首。”

[1]齊王：即曹芳。字蘭卿，沛國譙（今安徽亳州市）人。明帝養子，青龍三年（235）立爲齊王。即位後，大權逐漸落入司馬懿、司馬師手中，後被廢。《三國志》卷四有紀。

[2]盧毓：人名。字子家，涿郡涿縣（今河北涿州市）人。盧

植之子，以學行見稱。明帝即位，任侍中、吏部尚書。齊王曹芳時，賜爵關內侯。曹爽秉權，毓屢遭排擠、貶斥。爽敗，復爲吏部尚書，後遷司空。《三國志》卷二二有傳。

〔3〕正日：正月初一。按：魏明帝議禮後，改夏正爲殷正，此正日，指殷正建丑之月即夏正十二月的初一日。

〔4〕《禮》：書名。即《禮記》。西漢宣帝時戴德選編，共八十五篇，稱《大戴禮記》，是一部采輯孔子弟子及再傳弟子記載講習禮儀著作的選集。其侄戴聖選定四十九篇，稱《小戴禮記》。成帝時劉向校書定爲一百三十一篇，世間便將此本稱作《禮記》，並與《儀禮》《周禮》合稱"三禮"。今傳本僅留存四十九篇。

〔5〕忌日不樂，甲乙之謂也：忌日不宴飲作樂，指春季的三個月。忌日，舊俗父母或祖先死亡的日子。每逢這一天，家人忌飲酒作樂。皇帝、皇后死亡之日，也叫忌日。甲乙，指春季。《禮記·月令》：孟春之月，"其日甲乙"。疏："其當孟春、仲春、季春之時，日之生養之功，謂爲甲乙。"春季的三個月是植物啓動生長功能的日子，故稱甲乙。甲，莩甲，植物種子的表皮外殼。乙，乙乙，亦作"軋軋"，形容植物種子艱難地破殼而出的樣子。

〔6〕樂祥：人名。魏明帝景初中，曾參預朝廷議禮。

〔7〕奉贄：進獻禮物。贄，初見尊長時所送的禮物。

〔8〕朱誕：人名。其事不詳。

〔9〕大將軍：官名。本戰國時楚國武官，自漢武帝拜衛青爲大將軍，並冠以大司馬官號，其地位逐漸尊寵，得干預朝政。東漢多以貴戚任之，位在三公之上，然不常置。魏晉時大將軍官位或在三公之上，或次於三公。宋尚置。一品。　劉肇：人名。文帝黃初年間任校事，明帝青龍中爲大將軍屬官。

〔10〕五內斷絶：喻哀痛之至。五內，亦作"五中"，即五臟（脾、肺、腎、肝、心）。

〔11〕烈祖明皇帝以正日棄天下：中華本校勘記云："'明皇帝'各本並作'明帝'，據《三國志·魏志·齊王芳紀》訂正。"

[12]月二日會，又非故也：建丑月之二日朝會，又不是舊日的典章制度。故，故事、成例。指舊日的典章制度。

　　晉武帝泰始二年九月，[1]群公奏：“唐堯、舜、禹不以易祚改制；至於湯、武，各推行數。[2]宣尼答爲邦之問，[3]則曰行夏之時，輅冕之制，通爲百代之言。蓋期於從政濟治，不繫於行運也。[4]今大晉繼三皇之蹤，躡舜、禹之迹，應天從民，受禪有魏，宜一用前代正朔服色，皆如有虞遵唐故事，於義爲弘。”奏可。孫盛曰：[5]“仍舊，非也。且晉爲金行，[6]服色尚赤，考之天道，其違甚矣。”及宋受禪，亦如魏、晉故事。

　　[1]泰始：晉武帝司馬炎年號（265—274）。
　　[2]各推行數：各自推算五行（相生相勝）的次序。
　　[3]宣尼：即孔子。按：西漢平帝元年，追謚孔子爲褒成宣尼公，後因稱孔子爲宣尼、宣尼公。
　　[4]不繫於行運：爲政治國與五行的運轉没有直接的關係。
　　[5]孫盛：人名。字安國，太原中都（今山西平遥縣）人。初爲著作佐郎。後隨桓温入蜀，以軍功封侯。累官至秘書監，加給事中。著有《魏氏春秋》及《晉陽秋》。《晉書》卷八二有傳。
　　[6]金行：金德。曹魏自稱以土德王，按五行相生説，土生金，則晉爲金德，五行屬金，故稱金行（後亦作爲晉王朝的代稱）。金德色尚白，故下文説“服色尚赤，考之天道，其違甚矣”。

　　魏明帝初，司空王朗議：[1]“古者有年數，無年號，漢初猶然。[2]或有世而改，[3]有中元、後元。[4]元改彌數，中、後之號不足，[5]故更假取美名，非古也。述春秋之事，曰隱公元年，[6]則簡而易知。載漢世之事，曰建元元年，[7]則後不見。[8]宜若古稱元而已。”明帝不從。乃詔曰：“先帝即位之元，則有延康之號，[9]受禪之初，亦有黃初之稱。今名年可也。”於是尚書奏：“《易》曰：‘乾道變化，各正性命。保合大和，乃利貞。首出庶物，萬國咸寧，’[10]宜爲太和元年。”[11]詔闕

[1]司空：官名。西周始置，掌邦土、水利及營造工程等。春秋、戰國沿置。西漢前期不置，至成帝綏和元年（前8），改御史大夫爲大司空，職掌已與先秦不同。哀帝建平二年（前5），復稱御史大夫，不久又改爲大司空，與大司徒、大司馬並稱“三公”。東漢光武帝時去“大”字，稱司空。漢獻帝建安十三年（208）罷司空，置御史大夫。曹魏初復置司空。晋及南朝沿置，然多爲不掌實職之虛銜。　王朗：人名。字景興，東海郯人。魏文帝即位，遷御史大夫，改司空。明帝時，轉爲司徒。《三國志》卷一三有傳。

[2]漢初猶然：漢高祖劉邦、惠帝劉盈、高后呂雉，即帝位後，祇用年數，稱元年、二年、三年等，而無年號。按：中國古代帝王用年號紀年，始於漢武帝。

[3]有世而改：有時而更改紀年。

[4]有中元、後元：漢文帝劉恒即位十六年之後稱後元，並重新紀年爲後元一年（前163）、二年、三年。景帝劉啓即位的第八年稱中元，中元六年（前144）後又改稱後元，亦各重新紀年。

[5]元改彌數，中、後之號不足：元年的更改可以極盡其數，而中元、後元的稱號不能滿足。彌數，指次數之多。彌，極盡，盡於。

[6]隱公：即魯隱公。姬姓，名息，一作“息姑”。春秋時魯國國君。《春秋》記事，始於魯隱公元年（前722）。

[7]建元：漢武帝劉徹年號（前140—前135）。

[8]則後不見：僅用“建元元年”記事，後人就看不出這是發生在哪個朝代、帝王時候的事情。

[9]延康：漢獻帝劉協年號（220）。

[10]乾道變化，各正性命。保合大和，乃利貞。首出庶物，萬國咸寧：見《易·乾卦》彖辭。天道的運行變化，讓萬物各自端正其本性和命運。萬物保存聚合而處於最和諧的狀態，纔能達到有利於正道。天道創造出萬物，於是普天下就都可以獲得安寧。性命，人的天性與命運。大和，亦作“太和”。本指陰陽二氣既矛盾又統一的狀態，這裏借喻處於最和諧的境界。

[11]太和：三國魏明帝曹叡年號（227—233）。

　　周之五禮，[1]其五爲嘉。嘉□□《春秋左氏傳》曰：[2]“晉侯問襄公年，[3]季武子對曰：[4]‘會于沙隨之歲，[5]寡君以生。’[6]晉侯曰：‘十二年矣，是謂一終。一星終也。[7]國君十五而生子。冠而生子，禮也。[8]君可以冠矣。大夫盍爲冠具。’[9]武子對曰：‘君冠必以祼享之禮行之，[10]以金石之樂節之，[11]以先君之祧處之。[12]今君在行，[13]未可具也。請及兄弟之國而假備焉。’晉侯許諾。還及衛，冠于成公之廟，[14]假鍾磬焉，禮也。”賈、服說皆以爲人君禮十二而冠也。[15]《古尚書》說武王崩，[16]成王年十三。推武王以庚辰歲崩，[17]周公以壬午歲出居東，[18]以癸未歲反。[19]《禮》周公冠成王，命史祝辭。辭，告也。是除喪冠也。周公居東未反，成王冠弁以開金縢之書，[20]時十六矣。是成王年十五服除，周公冠之而後出也。按《禮》《傳》之文，[21]則天子諸侯近十二，遠十五，必冠矣。《周禮》雖有服冕之數，而無天子冠文。《儀禮》云：“公侯之有冠禮，夏之末造。"[22]王、鄭皆以爲夏末上下相亂，[23]篡弑由生，故作公侯冠禮，則明無天子冠禮之審也。大夫又無冠禮。古者五十而後爵，[24]何大夫冠禮之有？周人年五十而有賢才，則試以大夫之事，猶行士禮也。[25]故筮日筮賓，[26]冠於阼以著代，[27]醮於客位，[28]三加彌尊。[29]皆士禮耳。然漢氏以來，天子諸侯，頗采其議。《志》曰"儀從《冠禮》"是也。[30]漢順帝冠，[31]又兼用曹褒新禮。[32]褒新禮今不存。《禮儀志》又云："乘輿初加緇布進賢，[33]次爵弁、武弁，[34]次通天，[35]皆於高廟。[36]王公以下，初加進賢而已。"按此文始冠緇布，從古制也，冠於宗廟是也。魏天子冠一加，其說曰，士禮三加，加有成也。[37]至於天子諸侯，無加數之文者，將以踐阼臨民，尊極德備，豈得復與士同？此言非也。夫以聖人之才，猶三十而立，況十二之年，未及志學，便謂德成，無所勸勉，非理實也。魏氏太子再加，皇子、王公世子乃三加。孫毓以爲一加再加皆非也。[38]《禮》醮詞曰"令月吉日"，又"以歲之正，以月之令"。[39]魯襄公冠以冬，漢惠帝冠以三月，[40]明無定月也。後漢以來，帝加元服，[41]咸以正月。晉咸寧二年秋閏九月，[42]遣使冠汝南王柬，[43]此則晉禮亦有非必歲首也。《禮》冠於廟，魏以來不復在廟。然晉武、惠冠太子，[44]皆即廟見，斯亦擬在廟之儀也。晉穆帝、孝武將冠，[45]先以幣告廟，[46]訖又廟見也。

[1]五禮：五種禮儀。即吉禮（祭祀之禮）、凶禮（喪葬之禮）、軍禮（軍旅之禮）、賓禮（接待賓客之禮）、嘉禮（冠婚之

禮）。

[2]"晋侯問襄公年"至"假鍾磬焉，禮也"：見《左傳》襄公九年。

[3]晋侯：即晋悼公。姬姓，名周，一作"糾"。春秋時晋國國君。　襄公：即魯襄公。姬姓，名午。春秋時魯國國君。繼位時年僅三歲，由季文子、季武子相繼輔政，執掌大權。

[4]季武子：姬姓，季孫氏，名宿。魯國正卿，輔國政，執掌大權。

[5]沙隨之歲：指魯成公十六年（前575）。此年秋，魯成公與晋厲公、齊靈公、衛獻公及宋國華元、邾人在沙隨會盟，共同商量討伐鄭國。沙隨，指古沙隨國。春秋時宋地。在今河南寧陵縣北。

[6]寡君：寡德之君。臣子對別國稱自己國君的謙詞。

[7]是謂一終。一星終也：歲星運行一周（一圈）的終止。星，指歲星，即木星。古人劃周天爲十二次，以爲歲星一年行一次，十二年滿一周天，故十二年爲一星終，並用以紀年。

[8]冠而生子，禮也：舉行冠禮以後生孩子，是合於禮制的。冠，帽子。此指加冠禮節。古代天子、諸侯及大夫之冠禮，已不得其詳，但必先行冠禮，視爲成人，始能結婚。國君行冠禮之年，説法不一，晋悼公以爲十二歲可以舉行冠禮，十五歲可以生子。

[9]盍爲冠具：何不爲其準備舉行冠禮的用具。

[10]祼（guàn）享之禮：即具有祼之儀式的享禮。祼，亦作"灌"，以配合香料煮成之酒倒於地，使受祭者或賓客嗅到香氣。這是舉行隆重禮節前之序幕。

[11]節之：表示有節度。

[12]祧（tiāo）：祖廟。

[13]在行：在路途中。行，道，路。

[14]冠于成公之廟：在衛國成公的廟中舉行冠禮。成公，指衛成公。姬姓，名鄭。是當時衛國國君衛獻公的曾祖父。魯、衛兩國同爲周王室至親，故上文云"兄弟之國"。

[15]賈：即賈逵。字景伯，扶風平陵（今陝西咸陽市）人。東漢經學家、天文學家。和帝時官至侍中。著有《春秋左氏傳解詁》《國語解詁》等，已佚。　服：即服虔。字子慎，河南滎陽（今河南滎陽市）人。東漢經學家。少入太學受業，靈帝末年任九江太守。

[16]《古尚書》：書名。即《古文尚書》。相傳漢武帝末年，魯恭王劉餘擴充宮室，拆孔子舊宅，從壁中得之。因用先秦古文字書寫，故稱《古文尚書》。孔安國以之與伏生所傳、用當時隸書所寫的《尚書》（稱《今文尚書》）校讀，多出十六篇。東漢以後佚失。

[17]推武王以庚辰歲崩：周武王滅商，建立周王朝，這一年爲公元前1046年。滅商後兩年武王病，後二年而崩，則武王去世之年，應是公元前1042年。

[18]周公以壬午歲出居東：按以上推算，壬午歲應是公元前1040年。居東，指東征。周武王滅商後，封商紂王子武庚於殷，統殷遺民；又以弟管叔、蔡叔和霍叔領兵駐守在殷都周圍，就近監視。武王去世，子成王誦立，年幼，由武王弟周公旦攝政，管叔、蔡叔等懷疑周公有奪取王位的企圖，遂串通武庚起兵反叛，周公便親領大軍進行討伐。因殷商故土在周的東面，故稱居東或東征。

[19]以癸未歲反：指東征勝利後返回都城鎬京。癸未歲，按以上推算，應是公元前1039年。

[20]金縢之書：當周武王病重時，周公作辭，祈求神靈願以自身代替武王去死。事後史官將祈禱辭寫在典册上，放入金縢中。成王立，周公攝政，流言周公有篡位之心，成王疑之。後啓金縢，得此祝辭，即金縢之書，事乃大白。《尚書》中的《金縢》篇，即記此事。金縢，以金封緘的藏物器，可用以保存書契。亦稱金縢櫃。縢，封緘。

[21]《禮》《傳》之文：這裏指所有的《禮》書，包括研究訓釋《禮》（《傳》）的著作。

[22]公侯之有冠禮，夏之末造：見《儀禮·士冠禮》。夏之末造，夏代的末世。末造，同"末世"，指一個朝代的末期。含有衰亂之意。

[23]王：即王肅。　鄭：即鄭玄。字康成，北海高密（今山東高密市）人。東漢經學家。學以古文經説爲主，兼采今文經説，遍注群經，爲漢代經學的集大成者，世稱鄭學。今通行本《十三經注疏》中《毛詩》、"三禮"注，即采用鄭注。

[24]五十而後爵：指大夫到五十歲可以封爵位。

[25]士禮：士大夫的禮儀。

[26]筮日筮賓：選擇吉日，選擇嘉賓。筮，用蓍草（一種多年生草本植物）占問吉凶、休咎，解決疑難。

[27]冠於阼以著代：在阼階上舉行冠禮，表明成年後的加冠者具備代父親理事的含義。阼，阼階，堂前東階，主人之位。著代，所以著明代父之義。

[28]醮（jiào）於客位：在户西客位上向賓客斟酒。醮，一種飲酒儀節。主人斟酒於賓客，賓客飲後不必回敬。客位，在户西。

[29]三加彌尊：三次所加之冠，一次比一次更加尊貴。三加，舉行冠禮時，加三次冠，初加緇布冠，次加皮弁，最後加爵弁。

[30]儀從《冠禮》：見《續漢書·禮儀志上》。此《志》係南朝梁劉昭取司馬彪《續漢書》之志所補，記行禮之儀式。《冠禮》，《儀禮》篇名。傳世本《儀禮》有《士冠禮》，主要記述男子成年而冠時所舉行的禮儀。

[31]漢順帝：即劉保。安帝子。《後漢書》卷六有紀。

[32]曹襃：人名。字叔通，魯國薛（今山東滕州市）人。東漢官吏、學者。章帝時徵拜博士，爲侍中，奉詔撰次天子至於庶人冠婚凶吉終始制度，成一百五十篇，即文中所説的"新禮"。後因太尉張酺、尚書張敏等的竭力反對，新禮遂不得推行。《後漢書》卷三五有傳。

[33]乘輿：皇帝和諸侯乘坐的車子。此代指皇帝。　緇布進

賢：冠名。即緇布冠。用黑色絲織物製成的禮帽。《續漢書·輿服志下》："進賢冠，古緇布冠也，文儒者之服也。"緇，黑色。

[34]爵（què）弁：冠名。古代禮冠之一種。爵，亦作"雀"，以其狀如雀形，色以雀頭，赤而微黑故名。　武弁：冠名。即武冠。亦稱"武弁大冠"，古代武官所戴之冠。

[35]通天：冠名。即通天冠。古代帝王常戴的一種帽子，凡郊祀、朝賀、燕會，皆戴此帽。

[36]高廟：宗廟名。即高祖廟。兩漢帝王祭祀祖宗的的廟堂。

[37]加有成：每次加冠都是勉勵尊重受冠者已經成年獨立。成，成年人。

[38]孫毓：人名。熟悉禮制，曾多次參與朝廷議禮之事。

[39]《禮》：即《儀禮》。　醮詞：醮時祈禱之文詞。見《儀禮·士冠禮》。中華本校勘記云："各本並脱'醮'字，據《晉書·禮志》補。"

[40]漢惠帝：即劉盈。《漢書》卷二有紀。

[41]元服：即冠。帽子。人之首爲先，冠著於人首，故稱"元服"。

[42]咸寧：晋武帝司馬炎年號（275—280）。

[43]汝南王柬：即司馬柬。字弘度，河内温縣人，晋武帝之子。泰始六年（270）封汝南王，咸寧初，徙封南陽王，拜左將軍，領右軍將軍、散騎常侍。惠帝即位，拜驃騎將軍、開府儀同三司，加侍中、録尚書事。

[44]惠：即晋惠帝司馬衷。字正度，河内温縣人。武帝第二子。癡呆不任事，皇后賈氏專權，導致八王之亂。

[45]晋穆帝：即司馬聃（343—361）。字彭子，河内温縣人。孝武：即司馬曜。字昌明，河内温縣人。

[46]告廟：古時皇帝及諸侯外出或遇有大事，要向祖廟祭告。

晋惠帝之爲太子將冠也，武帝臨軒，[1]使兼司徒高陽王珪加冠，[2]兼光禄勳、屯騎校尉華廙贊冠。[3]江左諸帝將冠，金石宿設，[4]百僚陪位。[5]又豫於殿上鋪大牀。御府令奉冕幘簪導衮服，[6]以授侍中、常侍。太尉加幘，太保加冕。[7]將加冕，太尉跪讀祝文曰："令月吉日，始加元服。皇帝穆穆，[8]思弘衮職。[9]欽若昊天，[10]六合是式。[11]率遵祖考，永永無極。眉壽惟期，[12]介兹景福。"[13]加冕訖，侍中繫玄紞。[14]侍中脱絳紗服，加衮服。冠事畢，太保率群臣奉觴上壽，[15]王公以下三稱萬歲，乃退。按儀注，[16]一加幘冕而已。

[1]臨軒：皇帝不坐正殿而至殿前。臨，到。軒，殿前堂、陛之間近檐處兩邊有檻楯，如車之軒，故稱。

[2]高陽王珪：即司馬珪。字子璋，河内温縣人。晋武帝時封高陽王，歷北中郎將、督鄴城守諸軍事。泰始六年（270）入朝，拜尚書，遷右僕射。卒贈車騎將軍、儀同三司。

[3]光禄勳：官名。秦置郎中令，漢武帝時改稱光禄勳。東漢末復稱郎中令。掌領宿衛侍從之官。魏晋復設光禄勳，以後廢置不常。三品。　屯騎校尉：官名。西漢武帝時始置，爲漢八校尉之一，掌騎士。東漢光武帝時一度改稱驍騎校尉，不久恢復舊名。魏晋時沿置。劉宋時四品。　華廙（yì）：人名。字長駿，平原高唐（今山東禹城市）人。泰始中任黄門侍郎、散騎常侍、前軍將軍、侍中、南中郎將、都督河北諸軍事。因忤旨，免官削爵。太康初大赦，乃得襲封父爵。後爲中書監。惠帝即位，加侍中、光禄大夫、尚書令，累進開府儀同三司。

[4]金石宿設：前一天就預先陳設鍾、磬之類的樂器。

[5]陪位：陪席，陪同出席。

[6]御府令：官名。秦漢九卿之一少府的屬官，亦稱中御府令，爲御府之長，秩六百石，由宦官擔任，主管宮中衣服製作及浣洗等事。　冕：古代帝王、諸侯及卿大夫所戴禮帽，後來專指皇冠。幘（zé）：包頭髮的巾。　簪導：首飾名。用以束髮。　袞服：古代帝王及上公的禮服。

[7]太保：官名。西周設置，爲輔佐國君的官，春秋後廢，漢復置。歷代沿置，多爲勳戚文武大臣的加銜贈官，無實職。一品。

[8]穆穆：形容皇帝儀表美好，舉動端莊恭敬。

[9]袞職：帝王的職責。袞，指代帝王。

[10]欽若昊天：恭敬地遵循上天的意旨行事。欽，敬。若，順，順從。昊天，上天，指上帝。

[11]六合：天地四方。泛指天下。　式：榜樣，模範。

[12]眉壽惟期：期望長壽。眉壽，祝頌詞，長壽的意思。舊説以爲年壽高者眉長，是壽徵。

[13]介：祈求。　景福：大福。

[14]玄紞（dǎn）：古代冠冕上用以繫塞耳玉的黑色帶子。《國語·魯語下》：“王后親織玄紞。”韋昭注：“冠之垂前後者。昭謂，紞所以懸填當耳者也。”

[15]奉觴上壽：舉杯敬酒祝賀。觴，盛滿酒的酒杯。

[16]儀注：禮儀制度，禮節。

宋冠皇太子及蕃王，亦一加也。官有其注。晋武帝泰始十年，[1]南宮王承年十五，[2]依舊應冠。有司議奏：“禮十五成童。國君十五而生子，以明可冠之宜。又漢、魏遣使冠諸王，非古典。”於是制諸王十五冠，不復加命。元嘉十一年，[3]營道侯將冠。[4]詔曰：“營道侯義綦可克日冠。外詳舊施行。”何楨《冠儀約制》及王堪私撰《冠儀》，[5]亦皆家人之可遵用者也。

[1]泰始十年：公元274年。

[2]南宮王承：即司馬承。河內溫縣人。初封安亭侯，泰始六年晉封南宮王，太康九年徙爲武邑王。

[3]元嘉：宋文帝劉義隆年號（424—453）。

[4]營道侯：即劉義綦。封營道侯，歷官右衛將軍、湘州刺史。

[5]何楨：人名。字元幹，廬江灊縣（今安徽霍山縣）人。歷任秘書丞、弘農太守、幽州刺史、廷尉。入晉爲尚書、光禄大夫，封雩婁侯。曾撰《冠儀約制》一書，已亡佚。中華本校勘記云："'何楨'各本並作'何禎'。按《北堂書鈔》七二引虞預《晉書·何楨傳》云：'楨字元幹'，則'禎'當作'楨'，今改正。" 王堪：人名。東平（今山東東平縣）人。歷官至車騎將軍。

魏齊王正始四年，[1]立皇后甄氏，[2]其儀不存。

晉武帝咸寧二年，[3]臨軒，遣太尉賈充策立后楊氏，[4]納悼后也。因大赦，賜王公以下各有差。百僚上禮。

[1]正始：三國魏齊王曹芳年號（240—249）。

[2]甄氏：三國時魏國齊王曹芳皇后。

[3]咸寧：晉武帝司馬炎年號（275—280）。

[4]賈充：人名。字公閭，平陽襄陵（今山西臨汾市）人。魏文帝時任大將軍司馬，轉右長史、廷尉。爲司馬氏親信，參與司馬氏奪取魏政權的密謀。晉初任司空、侍中、尚書令。曾主持制定《晉律》。《晉書》卷四〇有傳。 楊氏：楊氏及下文之悼后，指西晉武帝皇后武悼楊皇后。名芷，字季蘭，小字男胤，弘農華陰（今陝西華陰市）人。楊駿女，咸寧二年立爲皇后。武帝死，惠帝繼位，尊爲皇太后。

　　太康八年，[1]有司奏：“昏禮納徵，[2]大昏用玄纁束帛，[3]加珪，[4]馬二駟；[5]王侯玄纁束帛，加璧，乘馬；[6]大夫用玄纁束帛，加羊。古者以皮馬爲庭實，[7]天子加穀珪，[8]諸侯加大璋。[9]可依《周禮》改璧用璋，其羊、雁、酒、米、玄纁如故。諸侯昏禮加納采、告期、親迎，[10]各帛五匹，及納徵馬四匹，皆令夫家自備，唯璋官爲具致之。”[11]尚書朱整議：[12]“按魏氏故事，王娶妃、公主嫁之禮，天子諸侯以皮馬爲庭實，天子加以穀珪，諸侯加以大璋。漢高后制，[13]聘后黃金二百斤，馬十二匹；夫人金五十斤，馬四匹。魏聘后、王娶妃、公主嫁之禮，用絹百九十匹。晉興，故事用絹三百匹。”詔曰：“公主嫁由夫氏，[14]不宜皆爲備物，賜錢使足而已。唯給璋，餘如故事。”

[1]太康：晉武帝司馬炎年號（280—289）。

[2]昏禮：即婚禮。昏，亦作“昬”，通“婚”。　納徵：古代婚禮六禮（納采、問名、納吉、納徵、請期、親迎）之一，也稱納幣，相當於今日的訂婚。由男家遣人向女家送交聘禮，女家接受禮物後復書，婚姻乃定。

[3]大昏：指帝王婚娶。　玄纁：指玄和纁兩種顏色的束帛。玄，黑色。纁，淺紅色。

[4]珪：古玉器名。同“圭”。古代帝王、諸侯舉行隆重儀式時所用的禮器，上尖下方。形制、大小、厚薄，因爵位及用途不同而異。

[5]駟：馬四匹爲駟。二駟，即八匹馬。

[6]乘馬：即四匹馬。古代一車四馬爲一乘。用作計數，凡四

皆可稱作乘。

[7]庭實：陳列於庭内的禮物。庭實多以車馬等物爲之，另外加以束帛加璧等玉製品。

[8]穀珪：玉製禮器。其形上尖下方。古代天子、諸侯用之講和或聘女。《周禮·春官·典瑞》："穀圭以和難，以聘女。"穀，善，良好。

[9]璋：古玉製禮器。頂端作斜鋭角形，狀似半圭。其形制、大小、厚薄、長短因用途不同而異，有大璋、中璋、邊璋、牙璋等。古代朝聘、祭祀、婚嫁、喪葬、發兵等隆重儀式時使用。

[10]納采：古代婚禮六禮之一。即行聘。由男方備禮派人至女方家，表示已選擇其女爲婚配對象，正式請女方接受此選擇。納，接納。采，選擇。但在納采之前，必須先"下達"，即男方請媒人至女方家表達提親之意，得到女方同意後纔"納采"。故《儀禮·士昏禮》"下達納采"連在一起並提。 告期：即請期。男方經過占卜選出婚禮的吉日，派媒人至女方家報告，徵得女方的同意，表示尊重。中華本校勘記云："'告'各本訛'吉'，據《元龜》五七四改。按《儀禮·士昏禮》，'納采'後有'告期'。" 親迎：婚娶之日，夫婿秉承父命，親自至女家迎新娘入室，並行交拜合巹之禮。婚禮至此全部完成。中華本校勘記云："'親迎'之'親'各本並脱去，據《晉書·禮志》、《元龜》五七四補。按《儀禮·士昏禮》，'告期'後爲'親迎'。"

[11]唯璋官爲具致之：祇有璋由官家備辦致送。官，官家，官府。具，具備，備辦。致，致送，給與。中華本校勘記云："各本並脱'致'字，據《晉書·禮志》、《元龜》五七四補。"

[12]朱整：人名。曾任尚書、尚書右僕射，封廣興侯。

[13]漢高后：即吕后。名雉，字娥姁，單父（今山東單縣）人。漢高祖皇后。爲人剛毅，早年助劉邦定天下。其子惠帝死後，臨朝稱制，前後掌權達十六年。

[14]夫氏：指夫家。

成帝咸康二年，[1]臨軒，遣使兼太保領軍將軍諸葛恢、兼太尉護軍將軍孔愉六禮備物，[2]拜皇后杜氏。[3]即日入宮。帝御太極殿，群臣畢賀，非禮也。王者昏禮，禮無其制。《春秋》祭公逆王后于紀。[4]《穀梁》、《左氏》説與《公羊》又不同。[5]而漢、魏遺事闕略者衆。晋武、惠納后，江左又無復儀注，故成帝將納杜后，太常華恒始與博士參定其儀。[6]據杜預《左氏傳》説主婚，是供其婚禮之幣而已。又周靈王求婚於齊，[7]齊侯問於晏桓子，[8]桓子對曰：“夫婦所生若而人，[9]姑姊妹則稱先守某公之遺女若而人。”[10]此則天子之命，自得下達，臣下之答，徑自上通。先儒以爲丘明詳録其事，[11]蓋爲王者婚娶之禮也。故成帝臨軒遣使稱制拜后。然其儀注，又不具存。

[1]成帝：即晋成帝司馬衍。字世根，河内温縣人。　咸康：晋成帝司馬衍年號（335—342）。

[2]領軍將軍：官名。曹魏始置，掌皇宫宿衞。掌統宿衞内軍，護軍將軍掌統外軍。三品。　諸葛恢：人名。字道明，琅邪陽都（今山東沂南縣）人。西晋末，避居江左，爲王導賞識。司馬睿爲安東將軍，引以爲主簿，遷江寧令、會稽太守，封博陵亭侯。後累官至吏部尚書、尚書右僕射，封建安伯。成帝死，受顧命輔佐康帝繼位。《晋書》卷七七有傳。　護軍將軍：官名。西漢置，爲雜號將軍。曹魏時，始以護軍將軍爲重號將軍，隸領軍。宋時掌統外軍。三品。　孔愉：人名。字敬康，會稽山陰（今浙江紹興市）人。初爲丞相掾、駙馬都尉，參丞相軍事。東晋建立後，拜御史中丞，遷侍中、太常，後歷官至尚書僕射，轉護軍將軍，加散騎常

侍，徙領軍將軍，加金紫光禄大夫，領國子祭酒，不久出爲鎮東將軍、會稽内史。《晋書》卷七八有傳。

[3]杜氏：即晋成帝皇后成恭杜皇后。名陵，京兆杜陵（今陝西西安市）人。咸康二年立爲皇后。

[4]祭（zhài）公：姬姓，周公旦後裔，爲周桓王卿士。春秋時祭國國君。桓王十六年（前704），以同姓諸侯主王婚，奉命迎紀侯之女季姜爲王后。　紀：古國名。姜姓，侯爵，春秋時爲齊國所滅。故址在今山東壽光市南。

[5]《穀梁》《左氏》説與《公羊》又不同：古時通婚，男女雙方必須地位相稱。故《穀梁》《左氏》説，以爲王者至尊無敵，無親迎之禮，命祭公至周王同姓諸侯國魯國，以魯國國君之命，往紀國迎娶王后，這是合乎禮制的；而《公羊》説，以爲王者雖至尊無敵，而王與后爲夫婦，禮同一體，地位相等，王者至庶人，皆應親迎。詳見《春秋》三傳魯桓公八年傳文。

[6]太常：官名。九卿之一。掌管國家的禮儀祭祀、文化教育及帝王陵寝等事。三品。　華恒：人名。字敬則，平原高唐（今山東禹城市）人。晋武帝婿，爲駙馬都尉。東晋元帝時任太常，累遷散騎常侍。成帝即位，領國子祭酒，推尋舊典，制定禮儀。《晋書》卷四四有附傳。

[7]周靈王：姬姓，名泄心，一作“大心”。時周王室日益衰微，諸侯不朝。

[8]齊侯：指齊靈公。春秋時齊國國君。姜姓，名環（瑗）。晏桓子：名弱，夷維（今山東高密市）人。晏嬰之父。齊靈公時任正卿。

[9]若而人：若干人。

[10]先守：意同先君。

[11]丘明詳録其事：中華本校勘記云：“‘録’各本並作‘鍊’，據《晋書·禮志》、《通典·禮典》改。”丘明，即《左傳》作者左丘明。

康帝建元元年，[1]納后褚氏。[2]而儀注陛者不設旄頭。[3]殿中御史奏：[4]“今迎皇后，依昔成恭皇后入宮御物，[5]而儀注至尊袞冕升殿，[6]旄頭不設，求量處。[7]又案昔迎恭皇后，[8]唯作青龍旂，[9]其餘皆即御物。今當臨軒遣使，而立五牛旂旗，[10]旄頭畢罕並出。[11]即用舊制，今闕。”[12]詔曰：“所以正法服升太極者，[13]以敬其始，故備其禮也。今云何更闕所重而撤法物邪？[14]又恭后神主入廟，[15]先帝詔后禮宜有降，不宜建五牛旗，而今猶復設之邪？既不設五牛旗，則旄頭畢罕之器易具也。”又詔曰：“舊制既難準，且於今而備，亦非宜。府庫之儲，唯當以供軍國之費耳。法服儀飾粗令舉，其餘兼副雜器，停之。”

[1]康帝：即司馬岳。字世同，河內溫縣人。成帝同母弟，咸康八年（342）六月，成帝死，他以琅邪王繼位爲帝，委政於庾冰、何克，在政治上無所作爲。　建元：晋康帝司馬岳年號（343—344）。

[2]褚氏：即晋康帝皇后康獻褚皇后。名蒜子，河南陽翟（今河南禹州市）人。初爲琅邪王司馬岳妃，及司馬岳即位爲康帝，遂立爲皇后。康帝死，穆帝即位，尊其爲皇太后。因帝年幼，她臨朝稱制。及帝成長，歸政於帝。後在哀帝、孝武帝時，又曾兩度臨朝稱制。先後當政四十年。

[3]旄頭：亦作“旄騎”“旄頭騎”，皇帝儀仗中警衛先驅的騎兵。秦始置。因其披髮如旄牛尾，故稱旄頭。

[4]殿中御史：官名。殿中侍御史之省稱。專居殿中，掌伺察非法違儀等事。七品。

　　[5]成恭皇后：即晋成帝皇后成恭杜皇后。

　　[6]至尊袞冕：皇帝穿戴的禮服禮帽。至尊，極其尊貴，最尊貴的地位。多用作對帝王的尊稱。袞冕，袞衣和冠冕。古代帝王和上公的禮服禮帽。

　　[7]求量處：要求酌量處置。

　　[8]恭皇后：即成恭杜皇后。

　　[9]青龍旂：旗幟名。上畫青龍，竿頭繫鈴。

　　[10]五牛旂旗：在五色（青、赤、黄、白、黑）木牛背上竪立相應顏色的旌旗。

　　[11]畢罕：大旗名。皇帝的儀仗。

　　[12]即用：如果，采用。　闕：通“缺”。缺失，空缺。

　　[13]法服：禮法規定的標準服飾。　太極：宮殿名。即太極殿。魏晋及南朝皇宮皆有太極殿，規模龐大，爲皇帝登極及舉行其他重大禮儀的場所。

　　[14]法物：帝王儀仗隊所用的器物。

　　[15]神主：古代宗廟内爲死者所設的牌位，用木或石製成。

　　及至穆帝升平元年，[1]將納皇后何氏，[2]太常王彪之始更大引經傳及諸故事，[3]以正其禮，深非公羊婚禮不稱主人之義。[4]又曰：“王者之於四海，無非臣妾。雖復父兄之親，師友之賢，皆純臣也。[5]夫崇三綱之始，以定乾坤之儀，[6]安有天父之尊，而稱臣下之命，以納伉儷；安有臣下之卑，而稱天父之名，以行大禮。遠尋古禮，無王者此制；近求史籍，無王者此比。於情不安，於義不通。案咸寧二年，[7]納悼皇后時，[8]弘訓太后母臨天下，[9]而無命戚屬之臣爲武皇父兄主婚之文。又考大晋已行之事，咸寧故事，不稱父兄師友，則咸康華恒所上合於舊也。[10]臣愚謂今納后儀制，宜一依咸康故事。”
於是從之。華恒所定六禮，云宜依漢舊及大晉已行之
制，此恒猶識前事，故王彪之多從咸康，由此也。惟以
取婦之家，三日不舉樂，而咸康群臣賀爲失禮；故但依
咸寧上禮，不復賀也。其告廟六禮版文等儀，[11]皆彪之
所定也。詳推有典制，其納采版文璽書曰：[12]“皇帝
曰：[13]咨！前太尉參軍何琦，[14]渾元資始，[15]肇經人
倫，[16]爰及夫婦，以奉天地宗廟社稷，謀于公卿，咸以
爲宜，率由舊典。今使使持節太常彪之、宗正綜以禮納
采。”[17]主人曰：“皇帝嘉命，訪婚陋族，備數采擇。臣
從祖弟故散騎侍郎準之遺女，[18]未閑教訓，衣履若而
人，[19]欽承舊章，肅奉典制。前太尉參軍都鄉侯糞土臣
何琦稽首再拜承制詔。”[20]次問名版文曰：“皇帝曰：
咨！某官某姓，兩儀配合，承天統物，正位于內，必俟
令族，重章舊典。今使使持節太常某、宗正某，以禮問
名。”主人曰：“皇帝嘉命，使者某到，重宣中詔，問臣
名族。臣族女父母所生先臣故光祿大夫零婁侯楨之遺玄
孫，[21]先臣故豫州刺史關中侯惲之曾孫，[22]先臣故安豐
太守關中侯叡之孫，[23]先臣故散騎侍郎準之遺女。外出
自先臣故尚書左丞冑之外曾孫，[24]先臣故侍中關內侯夷
之外孫女。[25]年十七。欽承舊章，肅奉典制。”次納吉
版文曰：“皇帝曰：咨！某官某姓，人謀龜從，[26]僉曰
貞吉，敬從典禮。今使持節太常某、宗正某，以禮納
吉。”主人曰：“皇帝嘉命，使者某重宣中詔，太卜元
吉。[27]臣陋族卑鄙，憂懼不堪。欽承舊章，肅奉典制。”

次納徵版文："皇帝曰：咨！某官某姓之女，有母儀之德，窈窕之姿，如山如河，宜奉宗廟，永承天祚。以玄纁皮帛馬羊錢璧，以章典禮。今使使持節司徒某、太常某，以禮納徵。"主人曰："皇帝嘉命，降婚卑陋，崇以上公，寵以典禮，備物典策。欽承舊章，肅奉典制。"次請期版文："皇帝曰：咨！某官某姓，謀于公卿，大筮元龜，[28]罔有不臧，[29]率遵典禮。今使使持節太常某、宗正某，以禮請期。"主人曰："皇帝嘉命，使某重宣中詔，吉日惟某可迎。臣欽承舊章，肅奉典制。"次親迎版文：[30]"皇帝曰：咨！某官某姓，歲吉月令，吉日惟某，率禮以迎。今使使持節太保某、太尉某以迎。"主人曰："皇帝嘉命，使者某重宣中詔。令月吉辰，備禮以迎。上公宗卿，兼至副介，近臣百兩。臣蟓蟻之族，[31]猥承大禮，憂懼戰悸。欽承舊章，肅奉典制。"其稽首承詔皆如初答。

[1]升平：晉穆帝司馬聃年號（357—361）。

[2]何氏：即東晉穆帝皇后穆章何皇后。名法倪，廬江灊縣人。升平元年八月策立爲皇后。

[3]王彪之：人名。字叔武，琅邪臨沂人。初爲佐著作郎、東海王文學，累官至尚書令，與謝安共掌朝政。《晉書》卷七六有附傳。

[4]深非公羊婚禮不稱主人之義：深切責難公羊善於婚禮不稱主人的說法。按："婚禮不稱主人"一語，分別見於《公羊傳》隱公二年及桓公八年。公羊氏以爲凡通婚，天子至庶人，皆應自主婚親迎，否則就不合於禮制，就是"婚禮不稱主人"，派遣迎娶的人祇能用官稱，不能叫作使者。公羊，即公羊高。戰國時齊國人，相

傳是子夏（卜商）的弟子，治《春秋》，撰《春秋公羊傳》。

[5]純臣：忠誠篤實，一心爲君主效力的臣子。

[6]乾坤之儀：指男女匹配。乾坤，《周易》中的兩個卦名，引申指天地、日月、陰陽、男女等。儀，匹配、婚配。

[7]咸寧：晋武帝司馬炎年號（275—280）。

[8]悼皇后：即晋武帝皇后武悼楊皇后。

[9]弘訓太后：司馬師妻。羊姓，名徽瑜，泰山南城人，上黨太守羊道女。晋朝建立，居弘訓宫，號弘訓太后。

[10]則咸康華恒所上合於舊也：中華本校勘記云："'舊'下《元龜》五七五有'禮'字，文義更明。"

[11]告廟六禮版文等儀：指祭告祖廟關於婚制六禮版文等儀式。版文，書寫在木版上張布的告祭文詞。

[12]璽書：古時用印章封記的文書。璽，印章。古時尊卑通用，秦漢以後，唯皇帝印稱璽。

[13]皇帝曰：據陳戌國《中國禮制史》（中華書局2002年版，第213頁），下文問名、納吉諸儀文例"皇帝曰"，下"咨"是語氣詞。應補"曰"字。此用《尚書·堯典》筆法。今據補。

[14]參軍：官名。參軍事的省稱。東漢末始置，職掌參謀軍務。西晋時，凡丞相、大將軍、大司馬、太尉及諸開府將軍均置此官，爲重要幕僚。南朝沿置。　何琦：人名。字萬倫，廬江灊縣人。爲郡言簿，察孝廉，任涇縣令。司徒王導引爲參軍，不就。母亡，隱居不交人士。《晋書》卷八八有傳。

[15]渾元資始：萬物憑藉天地之元氣而開始存在。渾元，指天地或天地元氣。

[16]肇經人倫：開始經理規範人們的等級關係和行動準則。

[17]使持節：官名。曹魏文帝黃初三年（222）始置都督諸州軍事，或領刺史，並頒符節以督軍，分使持節、持節、假節三等。使持節都督得誅殺二千石以下觸犯法令。兩晋南朝多沿置。　宗正：官名。秦始置，爲九卿之一。掌管皇室親族事務，任此職者均

爲宗室貴族。東晉時宗正省併於太常。三品。　綜：人名。穆帝時任宗正，史佚其姓。按：任此職者均爲宗室貴族，則其姓似應作"司馬"。

[18]散騎侍郎：官名。曹魏始置，與散騎常侍、侍中、黃門侍郎共平章尚書奏事。三品。　準：人名。即何準。字幼道，盧江灊縣人。穆帝章皇后父。《晉書》卷九三有傳。

[19]衣履若而人：侍奉穿衣著鞋的有若干人。

[20]糞土臣：義同"賤臣"，臣下自謙詞。　稽（qǐ）首：磕頭。古時一種叩頭到地最爲恭敬的跪拜禮。

[21]雩婁侯楨：人名。即何楨。封雩婁侯，亦作"婁侯"。

[22]惲：人名。即何惲。盧江灊縣人，何楨子。咸寧中爲揚州刺史周浚別駕，後歷官至豫州刺史，封關中侯。

[23]故：中華本校勘記云："各本並脱'故'字，據《通典·禮典》補。"　叡：人名。即何叡。盧江灊縣人。何惲子，嗣父爵爲關中侯，官至安豐太守。

[24]外：外家。即外祖父母家、舅家。　胄：人名。即孔胄。任尚書左丞。其外曾孫女何氏，爲穆帝皇后，即穆章何皇后。

[25]夷：人名。即孔夷。孔胄之子。任侍中，關內侯。

[26]人謀龜從：人們的謀議，繼之以龜甲的占卜。

[27]太卜：官名。亦稱卜正，爲卜筮官之長，掌占卜事，商代始置，周沿置。秦、漢奉常屬下有太卜令。東漢併入太史。品級不詳。

[28]大筮元龜：用蓍草大龜進行占卜。筮，用蓍草占卦。元龜，大龜，古代用以占卜。

[29]臧：善。

[30]次親迎版文：中華本校勘記云："各本並脱'親'字，據《通典·禮典》補。"

[31]蜎（yuán）蟻之族：像蚍蜉螞蟻那樣微小的家族。自謙詞，比喻家族的卑下微小。蜎，蚍蜉之有翼者。蟻，蚍蜉，螞蟻。

孝武納王皇后，其禮亦如之。其納采、問名、納吉、請期、親迎，[1]皆用白雁、白羊各一頭，酒米各十二斛。唯納徵羊一頭，玄纁用帛三匹，絳二匹，絹二百匹，虎皮二枚，錢二百萬，玉璧一枚，馬六頭，酒米各十二斛，鄭玄所謂五雁六禮也。[2]其珪馬之制，備物之數，校太康所奏，又有不同，官有其注。

古者昏、冠皆有醮，鄭氏醮文三首具存。[3]

[1]其納采、問名、納吉、請期、親迎：中華本校勘記云："各本並脫'親'字，據《晉書·禮志》補。"

[2]五雁六禮：六禮除納徵用幣帛外，其餘五個程序男方均需用雁一頭，故稱"五雁六禮"。

[3]鄭氏：指鄭玄。按：鄭玄所撰三篇醮文，清人袁鈞輯《鄭氏佚書》（浙江書局刊）及嚴可均校輯《全上古三代秦漢三國六朝文》中均未見，當已亡佚。

宋文帝元嘉十五年四月，[1]皇太子納妃，[2]六禮文與納后不異。百官上禮。其月壬戌，於太極殿西堂叙宴二宮隊主副、司徒征北鎮南三府佐、揚兗江三州綱、彭城江夏南譙始興武陵廬陵南豐七國侍郎以上，[3]諸二千石在都邑者，並豫會。又詔今小會可停妓樂，時有臨川曹太妃服。[4]

[1]宋文帝：即劉義隆。小字車兒，劉裕第三子。本書卷五有紀。　元嘉：宋文帝劉義隆年號（424—453）。

[2]皇太子：即劉劭。字休遠，宋文帝長子，本書卷九九有傳。

　　[3]二宮：指天子及皇后。　　隊主副：官名。隊長、副隊長的泛稱。　　征北：官名。即征北將軍或征北大將軍。　　鎮南：官名。即鎮南將軍或鎮南大將軍。　　揚：州名。治所在今江蘇南京市。兗：州名。西晉時治所在今山東鄄城縣。　　江：州名。治所在今江西九江市。　　彭城：郡國名。治所在今江蘇徐州市。　　江夏：郡國名。治所在今湖北安陸市。　　南譙：郡國名。治所在今安徽巢湖市居巢區東南。　　始興：郡國名。治所在今廣東韶關市。　　武陵：郡國名。治所在今湖南常德市西。　　廬陵：郡國名。治所在今江西吉水縣東北。　　南豐：郡國名。治所在今江西南豐縣。

　　[4]曹太妃：劉道規妻曹氏，宋初封臨川太妃。　　服：服喪。

　　明帝泰始五年十一月，[1]有司奏："按晉江左以來，太子昏，納徵，禮用玉一，虎皮二，未詳何所準況。或者虎取其威猛有彬炳，玉以象德而有溫潤。尋珪璋既玉之美者，[2]豹皮義兼炳蔚，熊羆亦昏禮吉徵，以類取象，亦宜並用，未詳何以遺文。晉氏江左，禮物多闕，後代因襲，未遑研考。今法章徽儀，[3]方將大備。宜憲範經籍，稽諸舊典。今皇太子昏，納徵，禮合用珪璋豹皮熊羆皮與不？下禮官詳依經記更正。若應用者，爲各用一？爲應用兩？"博士裴昭明議：[4]"案周禮，納徵，玄纁束帛儷皮。鄭玄注云：'束帛十端也。儷，兩也。兩皮爲庭實，鹿皮也。'晉太子納妃儀注，'以虎皮二'。[5]太元中，[6]公主納徵，以虎豹皮各一具。豈謂婚禮不辨王公之序，故取虎豹皮以尊革其事乎。虎豹雖文，而徵禮所不用。熊羆吉祥，而婚典所不及。珪璋雖美，或爲用各異。今帝道弘明，徽則光闡，[7]儲皇聘納，[8]宜準經誥。凡諸僻謬，並合詳裁。雖禮代不同，文質或異，而鄭爲儒宗，既有明説，守文淺見，蓋有惟疑。兼太常丞孫詵議以爲：[9] ‘聘幣之典，損益惟義，歷代行事，取制士婚。[10] 若珪璋之用，實均璧品，采豹之彰，義齊虎文，熊羆表祥，繁衍攸寄。今儲后崇聘，禮先訓遠，皮玉之美，宜盡暉備。[11]《禮》稱束帛儷皮，則珪璋數合同璧，熊羆文豹，各應用二。’ 長兼國子博士虞龢議：[12] ‘案《儀禮》納徵，直云玄纁束帛雜皮而已。《禮記·郊特牲》云虎豹皮與玉璧，非虛作也。則虎豹之皮，居然用兩，珪璧宜仍舊各一也。’ 參詵、龢二議不異，今加珪璋各一，豹熊羆皮各二，以龢議爲允。” 詔可。

[1] 明帝：即劉彧。字休炳，小字榮期。本書卷八有紀。　泰始：宋明帝劉彧年號（465—471）。

[2] 玉以象德而有溫潤。尋珪璋既玉之美者：中華本校勘記云：“各本並脱‘溫’字，據《通典·禮典》補。‘尋’各本並訛‘栗’，據《晉書·禮志》、《通典·禮典》、《元龜》五七六改。”

[3] 法章徽儀：指禮樂儀仗。法章，樂府曲名。屬宋四厢樂歌，爲《肆夏》樂歌四章之一。宋王韶之作詞。首句爲 “法章即設”，因以爲篇名。全詞見本書《樂志二》。徽，徽號，旗幟上的標志。

[4] 裴昭明：人名。河東聞喜（今山西聞喜縣）人。裴駰子，少傳儒史之業。泰始中，爲太學博士。

[5] “鄭玄注云” 至 “以虎皮二”：中華本校勘記云：“各本並作 ‘鄭玄注云束帛以儀注以虎皮二’，文訛奪不可通。《元龜》五七六引此，‘束帛’ 下有 ‘十端也。儷，兩也。皮，鹿皮也’ 十字。《南齊書·裴昭明傳》作 ‘禮納徵，儷皮爲庭實，鹿皮也。晉太子納妃注以虎皮二’。今據鄭玄注原文及《南齊書·裴昭明傳》，

删‘以’字，補‘“十端也”至“晋太子納妃”’十九字。”

[6]太元：晋孝武帝司馬曜年號（376—396）。

[7]徽則光闡：儀仗禮制的規則光顯明白。

[8]儲皇：被確認爲皇位的繼承者。儲，副。意爲帝王之副，多指太子。

[9]兼：官制用語。本職外又兼理別職。　太常丞：官名。爲太常府長官太常卿之副職，掌管國家的禮儀祭祀等。　孫詵（shēn）：人名。字休群，太原中都（今山西平遥縣）人。歷任兼太常丞、安北諮議參軍，官至御史中丞。

[10]取制士婚：《儀禮·士昏禮》篇對古代婚制禮儀講述甚詳，“取制士婚”當指此而言。

[11]暉備：光彩完備。

[12]虞龢：人名。會稽餘姚人。官至中書郎、廷尉。曾多次參與議禮。

晋武帝泰始十年，將聘拜三夫人九嬪。[1]有司奏：“禮，皇后聘以穀珪，無妾媵禮贄之制。”詔曰：“拜授可依魏氏故事。”於是臨軒使使持節兼太常拜夫人，兼御史中丞拜九嬪。

[1]聘拜三夫人九嬪：行聘授予爲三夫人九嬪。聘，行聘，求妻納幣，如同近代之訂婚。拜，舊時用一定禮節授予某種名義。三夫人九嬪，帝王宮中女官名，也是帝王的妃子。據《禮記·昏義》，古時天子內宮，有三夫人、九嬪，歷代王朝多仍其制。晋朝皇后下有貴人、夫人、貴嬪，合稱三夫人。宋孝武帝以貴妃、貴嬪、貴人爲三夫人。明帝泰始中，又置貴姬以代貴人。九嬪，位在三夫人下，晋以淑妃、淑媛、淑儀、修華、修容、修儀、婕妤、容華、充華爲九嬪。宋時，名號略有更動，至明帝泰始間，以淑媛、淑儀、

淑容、昭華、昭儀、昭容、修華、修儀、修容爲九嬪。

漢、魏之禮，公主居第，尚公主者來第成婚。司空王朗以爲不可，其後乃革。

凡遣大使拜皇后、三公，及冠皇太子，及拜蕃王，帝皆臨軒。其儀，太樂令宿設金石四廂之樂於殿前。[1]漏上二刻，[2]侍中、侍臣、冗從僕射、中謁者、節騎郎、虎賁、旄頭、遮列、五牛旗皆入。[3]虎賁中郎將、羽林監分陛端門內。[4]侍御史、謁者各一人監端門。[5]廷尉監、平分陛東、西中華門。[6]漏上三刻，殿中侍御史奏開殿之殿門、南止車門、宣陽城門。[7]軍校、侍中、散騎常侍、給事黃門侍郎、散騎侍郎升殿夾御座。[8]尚書令以下應階者以次入。治禮引大鴻臚入，[9]陳九賓。[10]漏上四刻，侍中奏：“外辦。”[11]皇帝服衮冕之服，升太極殿，臨軒南面。謁者前北面一拜，跪奏：“大鴻臚臣某稽首言，群臣就位。謹具。”侍中稱制曰：“可。”謁者贊拜，在位皆再拜。大鴻臚稱臣一拜，仰奏：“請行事。”侍中稱制曰：“可。”鴻臚舉手曰：“可行事。”謁者引護當使者當拜者入就拜位。四廂樂作。將拜，樂止。禮畢出。官有其注。

[1]太樂令：官名。秦爲奉常屬官，漢屬太常。東漢時改稱大予樂令，秩六百石。職掌國家祭祀、慶典、宴享時奏樂及宮廷會樂人、樂舞等事。魏晉及南朝復稱太樂令。

[2]漏：銅漏，漏壺。古代利用滴水多寡來計量時間的儀器由播水壺和受水壺組成。其計時方法是，漏壺中插入一根標竿，稱爲

箭。箭下用一隻箭舟托著，浮在水面上。水流出或流入壺中時，箭下沉或上升至某一刻度，借以表示時間。　刻：計時單位，一晝夜分爲一百刻。

　　[3]冗從僕射：官名。光禄勳的屬官，爲散職侍從長官。　中謁者：官名。指中宮謁者。東漢時大長秋屬官有中宮謁者令一人，秩六百石；中宮謁者三人，秩四百石。由宦官充任。　節騎郎：官名。侍從郎官之一。職掌不詳。　遮列：即遮列騎。宮中宿衛騎兵，皇帝車駕出行時，位於左右兩側，以防行人入内和警戒其他意外。

　　[4]虎賁中郎將：官名。虎賁本是周朝天子的禁衛軍，漢武帝時置期門郎，掌宿衛侍從。至平帝元始元年改期門郎爲虎賁郎，設虎賁中郎將以統之，秩比二千石。所屬虎賁中郎、侍郎、郎皆世襲，人員無定數。南朝時沿置，宋爲五品。　羽林監：官名。西漢羽林衛長官羽林中郎將，下置羽林左、右監各一員，分別負責指揮羽林左、右騎，爲中央禁衛軍之一。　分陛：分到於陛（宮殿臺階）之左右兩側。　端門：宮殿南面的正門。

　　[5]侍御史：官名。周代稱柱下史，秦代改稱侍御史，漢代因之，爲三公之一御史大夫的屬官，掌監察事宜。晋以後，又有治（持）書侍御史、殿中侍御史等。南朝沿置。三品。　謁者：官名。秦漢時九卿之一郎中令（光禄勳）屬官。西漢設員七十人，秩比六百石，置僕射以統之。無常職，主要從事贊助禮儀，接引賓客等事，或奉命傳諭，或受事出使。西晋省併於蘭臺，東晋復置，後又省。宋、齊復置。

　　[6]廷尉監、平：官名。即廷尉監、廷尉平。均六品。廷尉監，秦置，漢沿置，分左、右監，爲九卿之一廷尉屬官，主刑獄逮捕事。魏晋南朝設一廷尉監，與廷尉正、廷尉平合稱廷尉三官。廷尉平，亦作“廷尉評”。漢宣帝地節三年（前67）始置廷尉左、右平，爲廷尉屬官，掌平決詔獄事。　中華門：南朝宮城門，位於建康（今江蘇南京市）。

[7]殿中侍御史：官名。曹魏置兩名御史專居殿中，掌伺察非法違儀之事，故稱殿中侍御史。南北時，此官位在侍御史之下，監察御史之上。七品。　南止車門：宮城城門名。按：魏晋及南朝宮城四圍均有城墻，南、東、西三面並設有止車門，入宮者至此，按禮制，須文臣下車、武臣下馬，步行上朝進殿。　宣陽城門：城門名。晋都洛陽及宋都建康均有此城門。

[8]軍校：官名。將軍屬下任輔助之職的軍官。　給事黃門侍郎：官名。秦時置給事黃門，漢沿置，多以郎官任之，供職（給事）於宮中（宮門叫黃門），侍從皇帝左右。東漢時與黃門侍郎合爲一職，稱給事黃門侍郎。宋多以中書侍郎爲之。

[9]治禮：官名。即治禮郎。漢代始置，與贊饗共掌天子的祭禮，隸屬奉常。　大鴻臚：官名。秦代稱典客，漢代初期稱大行令，武帝太初元年（前104）改稱大鴻臚。掌少數民族接待、交往及諸侯王入朝迎送、封授禮儀等事。東晋及宋、齊有事則暫置，事畢即省。九品。

[10]九賓：即九賓禮。古代朝會大典及外交上最隆重的禮節，由九個儐相依次傳呼接引賓客使者上殿。賓，同"儐"。儐相。出接賓曰儐，入贊禮曰相。

[11]外辦：警衛宮禁意爲告知警衛宮禁的官員加强戒備。是古代帝王舉行重大典禮的儀節之一。《晋書·禮志下》："漏未盡五刻，謁者、僕射、大鴻臚各各奏群臣就位定。漏盡，侍中奏外辦。皇帝出，鐘鼓作，百官皆拜伏。"

舊時歲旦，常設葦茭桃梗，[1]磔雞於宮及百寺門，[2]以禳惡氣。[3]《漢儀》，[4]則仲夏之月設之，有桃卯，[5]無磔雞。案明帝大修禳禮，[6]故何晏禳祭議據雞牲供禳釁之事，[7]磔雞宜起於魏也。桃卯本漢所以輔卯金，[8]又宜魏所除也，但未詳改仲夏在歲旦之所起耳。宋皆省，而諸郡縣此禮往往猶存。

[1]葦茭：即葦索。用蒲葦編結的繩索。古代民俗，年節時懸掛門旁，以袪除邪鬼。　桃梗：用桃木雕刻的木偶。相傳鬼畏桃木，故立桃梗以辟邪鬼。

[2]磔（zhé）雞：古代禮俗，以牲血爲袪邪之物，牲爲祭神之物，故祭祀袪邪之禮，必殺牲滴血。歲時之小祭，則以禽代牲，而牲禽等以雄性方能見效。　百寺門：中華本校勘記云："'門'上《通典·禮典》《御覽》二九引有'之'字。"

[3]禳（ráng）：祭名。袪邪除惡之祭。這裏用作動詞，袪除、排除。

[4]《漢儀》：書名。即《漢舊儀》，亦作"《漢官舊儀》"，東漢衛宏撰。書中所記爲皇帝起居、官制、名號職掌、中宮及太子制度、二十級爵等。

[5]桃卯：刻桃木爲印挂在門户上，以爲可以辟邪。按：印、卯二字形近易誤，疑桃卯當作"桃印"，又桃印於正月卯日製成，故稱"桃卯"，亦未嘗不可。

[6]案明帝大修禳禮：中華本校勘記云："'明帝'上《晋書·禮志》有'魏'字。"

[7]何晏：人名。字平叔，南陽宛縣（今河南南陽市）人，東漢大將何進孫。《三國志》卷九有傳。　釁（xìn）：血祭。

[8]卯金：即"劉"字。劉字析之爲"卯""金""刀"，或省"刀"稱"卯金"，用作劉姓的代稱。《續漢書·禮儀志中》"桃印"劉昭注："桃印本漢制，所以輔卯金，魏除之也。"

　　上代聘享之禮，雖頗見經傳，然首尾不全。《叔孫通傳》載通所制漢元會儀，[1]綱紀粗舉，施於今，又未周備也。魏國初建，事多兼闕，故黃初三年，始奉璧朝賀。何承天云,[2]魏元會儀無存者。案何楨《許都賦》曰:[3]"元正大饗,[4]壇彼西南。旗幕峨峨,櫓宇弘深。"王沈《正會賦》又曰:[5]"華幄映於飛雲,朱幕張于前庭。緪青帷于兩階,[6]象紫極之崢嶸。[7]延百辟于和門,[8]等尊卑而奉璋。"此則大饗悉在城外,不在宮內也。臣案魏司空王朗奏事曰:"故事,正月朔,賀。殿下設兩百華鐙,對於二階之間。端門設庭燎火炬,端門外設五尺、三尺鐙。月照星明,雖夜猶晝矣。"如此,則不在城外也。何、王二賦,本不在洛京。何云《許都賦》,時在許昌也。王賦又云"朝四國於東巡",亦賦許昌正會也。

[1]《叔孫通傳》:見《史記》卷九九及《漢書》卷四三。叔孫通,人名。薛(今山東棗莊市)人。凡漢初儀法,皆其所論著。

元會:指元旦日皇帝朝會群臣之慶典。亦稱"正會"。

[2]何承天:人名。郯縣(今山東郯城縣)人。本書卷六四有傳。

[3]許都:東漢末,曹操迎獻帝遷都於許(今河南許昌縣),因稱許都。

[4]元正:元旦。 大饗:大張筵宴。

[5]王沈:人名。字處道,晉陽(今山西太原市)人。曹魏時任秘書監,典著作。入晉,為驃騎將軍錄尚書事,加散騎常侍,進爵為縣公。著有紀傳體《魏書》四十四卷(一作四十八卷或四十七卷),記三國時曹魏史事。已佚。《晉書》卷三九有傳。

[6]緪(gēng):通"亙"。連貫。 青帷:青色的圍幕。

[7]紫極:紫微垣(星座名)為皇極(帝之位)之地,因稱帝王宮殿為紫極。 崢嶸:高峻的樣子。

[8]延百辟于和門：邀請百官來到軍營之門。延，邀請，引進。百辟，泛指朝中官員。和門，軍門，軍營之門。《周禮・夏官・大司馬》：“以旌爲左右和之門。”鄭玄注：“軍門曰和，今謂之壘門，立兩旌以爲之。”

晋武帝世，更定元會注，今有《咸寧注》是也。[1]傅玄《元會賦》曰：[2]“考夏后之遺訓，綜殷、周之典藝，[3]采秦、漢之舊儀，定元正之嘉會。”此則兼采衆代可知矣。《咸寧注》，先正月一日，[4]守宮宿設王公卿校便坐於端門外，[5]大樂鼓吹又宿設四厢樂及牛馬帷閤於殿前。[6]夜漏未盡十刻，群臣集到，庭燎起火。[7]上賀謁報，又賀皇后。還從雲龍東中華門入謁，[8]詣東閤下便坐。漏未盡七刻，群司乘車輿百官及受贄郎下至計吏，[9]皆入，詣陛部立。[10]其陛衛者，如臨軒儀。漏未盡五刻，謁者僕射、大鴻臚各奏：“群臣就位定。”漏盡，[11]侍中奏：“外辦。”皇帝出。鍾鼓作，百官皆拜伏。太常導皇帝升御座。鍾鼓止。百官起。大鴻臚跪奏：“請朝賀。”治禮郎讚：[12]“皇帝延王登。”大鴻臚跪讚：“蕃王臣某等奉白璧各一，再拜賀。”太常報：“王悉登。”謁者引上殿，當御座。[13]皇帝興，[14]王再拜。皇帝坐，復再拜，跪置璧御座前，復再拜。成禮訖，謁者引下殿，還故位。治禮郎引公、特進、匈奴南單于子、金紫將軍當大鴻臚西，[15]中二千石、二千石、千石、六百石當大行令西，皆北面伏。大鴻臚跪讚：“太尉、中二千石等奉璧皮帛羔雁雉，再拜賀。”太常讚：“皇帝延君登。”治禮引公至金紫將軍上殿，[16]當御座。皇帝興，皆再拜。皇帝坐，又再拜。跪置璧皮帛御座前，復再拜。成禮訖，讚者引下殿，還故位。王公置璧成禮時，大行令並讚，[17]殿下中二千石以下同。成禮訖，以贄授受贄郎，[18]郎以璧帛付謁者，羔雁雉付太官。[19]太樂令跪請奏雅樂。[20]以次作樂。乘黃令乃出車。[21]皇帝罷入，百官皆坐。晝漏上水六刻，[22]諸蠻夷胡客以次入，[23]皆再拜訖，坐。御入三刻，又出。鍾鼓作。謁者僕射跪奏：“請群臣上。”謁者引王公至二千石上殿，[24]千石、六百石停本位。謁者引王詣尊酌壽酒，[25]跪授侍中。侍中跪置御座前。王還自酌，置位前。謁者跪奏：“蕃王臣某等奉觴再拜，上千萬歲壽。”侍中曰：“觴已上。”百官伏稱萬歲。四廂樂作。百官再拜。已飲，又再拜。謁者引諸王等還本位。陛者傳就席，群臣皆跪諾。侍中、中書令、尚書令各於殿上上壽酒，登歌樂升，[26]太官令又行御酒。御酒升階，太官令跪授侍郎，侍郎跪進御座前。乃行百官酒。太樂令跪奏：“奏登歌。”三。終，乃降。太官令跪請御飯到陛，群臣皆起。太官令持羹跪授司徒；持飯跪授大司農；尚食持案並授侍郎，[27]侍郎跪進御座前。[28]群臣就席。太樂令跪奏：“食。舉樂。”太官行百官飯案遍。食畢，太樂令跪奏：“請進儺。”儺以次作。鼓吹令又前跪奏：“請以次進眾伎。”乃召諸郡計吏前，授敕戒於階下。宴樂畢，謁者一人跪奏：“請罷退。”鍾鼓作，群臣北面再拜出。江左更隨事立位，大體亦無異也。宋有天下，多仍舊儀，所損益可知矣。

[1]《咸寧注》：書名。晋武帝咸寧年間，重新改定《元會儀注》，規定了晋代的朝賀、百官覲見以及賜宴等各種禮儀制度，稱《咸寧注》。詳見《晋書·禮志下》。

[2]傅玄：（217—278）人名。字休奕，北地泥陽（今陝西銅川市耀州區）人。《晋書》卷四七有傳。　《元會賦》：辭賦名。又稱《元日朝會賦》。清人嚴可均輯《全上古三代秦漢三國六朝文》收有此賦。

[3]典藝：有關禮儀方面的典籍。

[4]先正月一日：中華本校勘記云："各本並脱'月'字，據《通典·禮典》補。"

[5]守宫：官名。即守宫令。秦漢時，爲少府的屬官，職掌宫中御用紙、墨、筆及敕書用品等物之管理。魏以後，由少府轉屬光禄勳，原職掌不變。

[6]大樂鼓吹：官名。即大樂令、鼓吹令之省稱。均爲太常屬官。大樂令，亦作"太樂令"，掌管國家重大典禮儀式所奏之音樂。鼓吹令，西晋始置，掌管鼓吹樂人。　牛馬帷閤：指畫有牛馬圖形的帷幕閨閤。

[7]庭燎：庭中照明的火炬。

[8]雲龍東中華門：門名。即雲龍門、東中華門。洛陽城内宫城門。

[9]受贄郎：官名。接收、保管禮物之官。贄，禮物。　計吏：官名。即上計吏。郡國掌管計簿（記録人事、户口、賦税的簿籍）並負責將郡國政績呈報朝廷之官吏。中華本校勘記云："'郎'字下，《晋書·禮志》有'官以'二字。"

[10]部立：分布站立。部，分布，布列。

[11]漏盡：指夜間漏刻已盡。夜漏盡，同時亦即晝漏（白天計時）的開始。

[12]讚：贊禮，相禮。舉行重大典禮時，唱讀儀式叫人行禮。

[13]當：對著，向著。

[14]興：起，起立。

[15]特進：官名。西漢末期始置，以授列侯中有特殊地位者，得自辟僚屬。南北朝沿置，爲加官，無實職。　匈奴南單于子：東漢建武二十四年（48），匈奴分裂爲南北兩部，南部附漢稱南匈奴。南單于，南匈奴的最高首領。　金紫將軍：指位居一、二品，佩帶金印（金質印章）紫綬（繫印章用的紫色絲帶）之諸大將軍。當：在，處於。

[16]治禮引公至金紫將軍上殿：中華本校勘記云："各本並脱'治'字，《通典·禮典》避唐諱，引此作掌禮。晉武帝咸寧元會注作'治禮'，今於'禮'字上補'治'字。"

[17]大行令：官名。秦稱典客，西漢初沿置，景帝中元六年（前44）改稱大行令，掌少數民族接待、交往筆諸侯王入朝迎送等禮儀事務，秩中二千石。東漢大鴻臚屬官，秩六百石。

[18]以贊授受贊郎：中華本校勘記云："各本並脱'受'字，據《通典·禮典》補。"

[19]太官：官名。即太官令。太，亦作"大"。秦置，漢沿置，屬少府。掌宮中膳食、宴賜、釀酒及四時鮮果供應。晉改隸光禄勳，宋屬少府。

[20]請奏：中華本校勘記云："各本並脱'請'字，據《通典·禮典》補。"　雅樂：指用於宮廷祭祀、朝會所奏的高雅莊重的音樂。

[21]乘黃令：官名。亦稱乘黃厩令，曹魏改漢未央厩令而置，掌乘輿、厩馬，爲太僕屬官，宋屬太常。乘黃，古代駿馬名。

[22]晝漏：指白天的時間。　上水：亦稱"漏上""浮箭漏"。古代以漏壺滴水多寡，使潛心壺中的標竿（漏箭）上浮或下沉表示時間，前者稱浮箭漏，後者稱沉箭漏。上水，指浮箭漏。

[23]諸蠻夷胡客以次入：中華本校勘記云："'胡客'《通典·禮典》作'朝客'。"

[24]謁者引王公至二千石上殿：中華本校勘記云："'謁者'

二字上，各本並有'御'字。《晋書·禮志》《通典·禮典》無'御'字。按'御'字是衍文，今删去。"

[25]謁者引王詣尊酌壽酒：中華本校勘記云："'酒'各本並作'尊'，據《晋書·禮志》《通典·禮典》改。"

[26]登歌樂：祭祀、燕饗登堂時所奏的樂歌。登歌，亦稱"升歌"。　升：進。

[27]尚食：官名。宫庭中掌管帝王膳食之官。

[28]侍郎跪進御座前：中華本校勘記云："'進'各本並作'侍'，據《晋書·禮志》《通典·禮典》改。"

晋江左注，[1]皇太子出會者，則在三恪下、王公上。[2]宋文帝元嘉十一年，升在三恪上。

[1]注：儀注。
[2]三恪：封前代三王朝的子孫王侯名號，稱三恪，以示敬重。

魏制，蕃王不得朝覲。明帝時有朝者，皆由特恩，不得以爲常。晋泰始中，有司奏："諸侯之國，其王公以下入朝者，四方各爲二番，三歲而周，周則更始。若臨時有故，[1]却在明年。來朝之後，更滿三歲乃復，不得從本數。[2]朝禮執璧如舊朝之制。[3]不朝之歲，各遣卿奉聘。"奏可。江左王侯不之國，其有授任居外，則同方伯刺史二千石之禮，亦無朝聘之制，此禮遂廢。

[1]若臨時有故：中華本校勘記云："'故'各本並作'解'，據《晋書·禮志》《通典·禮典》改。"
[2]"諸侯之國"至"不得從本數"：周一良指出，本句文義

不甚清晰，易致誤解。《晋志》及《通典》較明確，足釋志文之疑。《晋志》云："若臨時有故，却在明年。明年來朝之後，更滿三歲乃復朝，不得違本數。"《通典》卷七四云："臨時有故，則明年來朝；明年朝後，更滿三歲乃朝，不得依恒數。"（參見周一良《魏晋南北朝史論集》，北京大學出版社 2010 年版，第461頁）奉聘，諸侯遣使向天子通問。

　　[3] 朝禮執璧如舊朝之制：中華本校勘記指出，"執璧"上，《晋書·禮志》有"皆親"二字。

　　正旦元會，設白虎樽於殿庭。樽蓋上施白虎，若有能獻直言者，則發此樽飲酒。案《禮記》，知悼子卒，[1] 未葬，平公飲酒，師曠、李調侍，[2] 鼓鍾。杜蕢自外來，[3] 聞鍾聲曰："安在？"曰："在寢。"杜蕢入寢，歷階而升，酌曰："曠飲斯。"又酌曰："調飲斯。"又酌，堂上北面坐飲之，降，趨而出。平公呼而進之曰："蕢，曩者爾心或開予，是以不與爾言。爾飲曠，何也？"曰："子卯不樂，知悼子在堂，斯其爲子卯也大矣。曠也，太師也。不以詔，是以飲之也。""爾飲調，何也？"曰："調也，君之褻臣也。爲一飲一食，忘君之疾，是以飲之也。""爾飲，何也？"曰："蕢也宰夫，[4] 唯刀匕是供，又敢與知防，是以飲也。"平公曰："寡人亦有過焉。酌而飲寡人。"杜蕢洗而揚觶。[5] 公謂侍者曰："如我死，則必無廢斯爵。"至于今，既畢獻，斯揚觶，謂之"杜舉"。白虎樽，蓋杜舉之遺式也。畫爲虎，宜是後代所加，欲令言者猛如虎，無所忌憚也。

　　[1] 知悼子：人名。即春秋時期晋大夫荀盈。

[2]師曠：人名。字子野，晉國樂師。 李調：人名。晉國樂師。

[3]杜蕢：人名。《左傳》作"屠蒯"。

[4]宰夫：掌管膳食的小吏，廚師。

[5]觶：飲酒器。圓腹，侈口，圈足，或有蓋，形似尊而小。青銅製，盛行於殷代和西周初期。

漢以高帝十月定秦旦爲歲首，[1]至武帝雖改用夏正，然朔猶常饗會，如元正之儀。魏、晉則冬至日受萬國及百僚稱賀，因小會。其儀亞於歲旦，晉有其注。宋永初元年八月，[2]詔曰："慶冬使或遣不，事役宜省，今可悉停。唯元正大慶，不得廢耳。郡縣遣冬使詣州及都督府者，亦宜同停。"[3]

[1]漢以高帝十月定秦旦爲歲首：丁福林《校議》指出，此句"文意費解，考'旦爲歲首'，《晉書·禮志下》作'且爲歲首'，蓋秦立國以十月爲歲首，而漢高劉邦以秦二世三年十月入關中滅秦，故一仍秦制，權且以十月爲歲首也……《晉志》是。此'但'乃'且'之形誤，應予改正并改標點爲'漢以高帝十月定秦，且爲歲首'。"丁氏説爲是。高帝，即劉邦。《史記》卷八有紀。

[2]永初：宋武帝劉裕年號（420—422）。

[3]慶冬使或遣不，事役宜省，今可悉停：中華本校勘記云："各本並脱'事'字，據本書《武帝紀》補。"周一良先生指出此詔書有缺文，"據永初元年八月紀：'詔曰，諸處冬使或遣或不，事役宜省，可悉停。'文義較完"（參見周一良《魏晉南北朝史論集》，第461頁）。

孫權始都武昌及建業，[1]不立郊兆。[2]至末年太元元

年十一月，[3]祭南郊，其地今秣陵縣南十餘里郊中是
也。[4]晋氏南遷，立南郊於巳地，[5]非禮所謂陽位之義
也。[6]宋孝武大明三年九月，[7]尚書右丞徐爰議：[8]“郊
祀之位，遠古蔑聞。《禮記》‘燔柴於泰壇，祭天也。’
‘兆於南郊，就陽位也。’漢初甘泉河東禋埋易位，終亦
徙於長安南北。光武紹祚，定二郊洛陽南北。晋氏過
江，悉在北。及郊兆之議，紛然不一。又南出道狹，未
議開闓，遂於東南巳地創立丘壇。皇宋受命，因而弗
改。且居民之中，非邑外之謂。今聖圖重造，舊章畢
新，南驛開塗，陽路修遠。謂宜移郊正午，以定天位。”
博士司馬興之、傅郁、太常丞陸澄並同爰議。[9]乃移郊
兆於秣陵牛頭山西，[10]正在宮之午地。世祖崩，前廢帝
即位，[11]以郊舊地爲吉祥，移還本處。

[1]孫權：人名。三國吳君主。《三國志》卷四七有傳。　武
昌：地名。在今湖北省鄂州市。　建業：地名。在今江蘇南京市。

[2]郊兆：祭壇外圍的土界。此處泛指祭壇。

[3]太元：三國吳大帝孫權年號（251—252）。

[4]秣陵：縣名。今江蘇南京市江寧區。

[5]巳地：東南面。

[6]陽位：正南方位。《禮記·郊特牲》：“兆於南郊，就陽
位也。”

[7]宋孝武帝：即劉駿。本書卷六有紀。中華本校勘記云：
“各本並脫‘孝’字，據本書《孝武帝紀》補。”　大明：宋孝武
帝劉駿年號（457—464）。

[8]尚書右丞：官名。尚書省佐官，位次尚書，爲尚書臺佐貳
官，與左丞掌尚書省庶務，率諸都令史監察稽核諸尚書曹、郎曹政

務，監察糾彈百官。六品。　徐爰：人名。字長玉。本書卷九四有傳。

[9]司馬興之：人名。大明年間爲太學博士，多次議禮。事見本書《禮志一》《禮志二》《禮志三》《禮志四》。　傅郁：人名。本書《禮志二》《禮志四》有其議禮事。　太常丞：官名。漢置，太常副貳，掌管宗廟祭祀禮儀的具體事務，總管本府諸曹，參議禮制。七品。　陸澄：人名。字彦淵。《南齊書》卷三九有傳。

[10]牛頭山：山名。在今江蘇南京南。

[11]前廢帝：即劉子業。本書卷七有紀。

　　北郊，晉成帝世始立，[1]本在覆舟山南。[2]宋太祖以其地爲樂游苑，移於山西北。後以其地爲北湖，移於湖塘西北。其地卑下泥濕，又移於白石邨東。其地又以爲湖，乃移於鍾山北原道西，[3]與南郊相對。後罷白石東湖，北郊還舊處。

[1]成帝：即司馬衍。《晉書》卷七有紀。

[2]覆舟山：即九華山。

[3]乃移於鍾山北原道西：中華本校勘記云：“‘原’各本並作‘京’，據《通典·禮典》改。”

　　南郊，皇帝散齋七日，[1]致齋三日。[2]官掌清者亦如之。致齋之朝，御太極殿幄坐。著絳紗袍，黑介幘，[3]通天金博山冠。[4]先郊日未晡五刻，夕牲。[5]公卿京兆尹衆官悉壇東就位，太祝史牽牲入。[6]到榜，稟犧令跪白：[7]“請省牲。”[8]舉手曰：“腯。”[9]太祝令繞牲，舉手曰：“充。”太祝令牽牲詣庖。以二陶豆酌毛血，[10]其一奠皇天神座前，其一奠太祖神座前。郊之日未明八刻，太祝令進饌，[11]郎施饌。[12]牲用繭栗二頭，[13]群神用牛一頭。醴用秬鬯，[14]藉用白茅。[15]玄酒一器，[16]器用匏陶，[17]以瓦樽盛酒，[18]瓦枓斟酒。[19]璧用蒼玉。蒯席各二，[20]不設茵蓐。[21]古者席藁，晋江左用蒯。車駕出，百官應齋及從駕填街先置者，各隨申攝從事。[22]上水一刻，御服龍袞，平天冠，[23]升金根車，[24]到壇東門外。博士、太常引入到黑攢。[25]太祝令跪執匏陶，酒以灌地。皇帝再拜，興。群臣皆再拜伏。治禮曰：“興。”博士、太常引皇帝至南階，脫舄升壇，[26]詣罍盥。[27]黃門侍郎洗爵，[28]跪授皇帝。執樽郎授爵，[29]酌秬鬯授皇帝。跪奠皇天神座前，再拜，興。次詣太祖配天神座前，執爵跪奠，如皇天之禮。南面北向，一拜伏。太祝令各酌福酒，[30]合置一爵中，[31]跪進皇帝，再拜伏。飲福酒訖，博士、太常引帝從東階下，還南階。謁者引太常升壇，亞獻。謁者又引光禄升壇，終獻。訖。各降階還本位。太祝送神，跪執匏陶，酒以灌地。興。直南行出壇門，治禮舉手白，群臣皆再拜伏。皇帝盤，治禮曰：“興。”博士跪曰：“祠事畢，就燎。”[32]博士、太常引皇帝就燎位，當壇東階，皇帝南向立。太祝令以案奉玉璧牲體爵酒黍飯諸饌物，登柴壇施設之。治禮舉手曰：“可燎。”三人持火炬上。火發。太祝令等各下壇。壇東西各二十人，以炬投壇，火半柴傾。博士仰白：“事畢。”皇帝出便坐。解嚴。天子有故，則三公行事，而太尉初獻，其亞獻、終獻，猶太常、光禄勳也。北郊齋、夕牲、進熟，及乘輿百官到壇三獻，悉如南郊之禮；唯事訖，太祝令牲玉饌物詣坎置牲上訖，[33]又以一牲覆其上。治禮舉手曰："可埋。"二十人俱時下土。填坎欲半，博士仰白："事畢。"帝出。自魏以來，多使三公行事，乘輿罕出矣。魏及晋初，儀注雖不具存，所損益漢制可知也。江左以後，官有其注。

　　[1]散齋：祭祀父母前七日不御、不樂、不吊。《禮記·祭義》："致齊於内，散齊於外。"鄭玄注："散齊，七日不御、不樂、不吊耳。"

　　[2]致齋：在舉行祭祀前清心潔身的儀式。

　　[3]介幘：一種長耳裏髮巾，始行於漢魏，即後來的進賢冠。

　　[4]通天金博山冠：皇帝的一種冠，金博山的形貌。

　　[5]夕牲：祭祀前夕，察看犧牲。《漢書》卷七四《魏相丙吉傳》："從祠高廟，至夕牲日，乃使出取齋衣。"顏師古注："未祭一日，其夕展視牲具，謂之夕牲。"

　　[6]太祝史：官名。太祝屬官，協助祭祀。

　　[7]廩犧令：官名。太祝屬官，專管祭祀之犧牲。

　　[8]省牲：祭祀前，主祭及助祭者須審查祭祀用的牲畜，以示虔誠。

　　[9]腯：肥壯。

　　[10]陶豆：陶製食器，亦用作裝酒肉的祭器。形似高足盤，大多有蓋。毛血：動物的毛與血。指祭祀時所用犧牲。

　　[11]太祝令：官名。掌祭祀。東漢秩六百石，劉宋品級不詳。進饌：送上食物。

　　[12]郎：官名。對中郎、侍郎、郎中等皇帝侍從官員的統稱。

　　[13]繭栗：謂小牛的角初生時狀如繭和栗子。借指牛犢。

　　[14]秬鬯：以黑黍和鬱金香草釀造的酒，用於祭祀降神及賞賜

有功的諸侯。

[15]藉：祭祀朝聘時陳列禮品的草墊。 白茅：植物名。多年生草本，花穗上密生白色柔毛，故名。古代常用以包裹祭品及分封諸侯，象徵土地所在方位之土。

[16]玄酒：祭禮中當酒用的清水。《禮記·禮運》："故玄酒在室，醴醆在戶。"孔穎達疏："玄酒，謂水也。以其色黑，謂之玄。而太古無酒，此水當酒所用，故謂之玄酒。"

[17]匏陶：匏製和陶製的酒器。

[18]瓦樽：陶製的注酒器，可作禮器。

[19]瓦圩：用土燒製的酒器。

[20]蒯席：一種草席。

[21]茵蓐：床墊子。

[22]申攝：申明宣攝。

[23]平天冠：皇帝的一種冠。《續漢書·輿服志下》："冕皆廣七寸，長尺二寸，前圓後方，朱綠裏，玄上，前垂四寸，後垂三寸，係白玉珠爲十二旒，以其綬采色爲組纓。三公諸侯七旒，青玉爲珠；卿大夫五旒，黑玉爲珠。皆有前無後，各以其綬采色爲組纓，旁垂黈纊。郊天地，宗祀，明堂，則冠之。"劉昭注引蔡邕曰："鄙人不識，謂之平天冠。"

[24]金根車：皇帝所乘的一種車。蔡邕《獨斷》卷下："上所乘曰金根車，駕六馬，有五色安車、五色立車各一，皆駕四馬，是爲五時副車。"

[25]黑攢：待考。

[26]舃：鞋。

[27]罍：一種容器。外形或圓或方，小口，廣肩，深腹，圈足，有蓋和鼻，與壺相似。用來盛酒或水。多用青銅鑄造，亦有陶製的。

[28]黃門侍郎：官名。秦、西漢爲郎官加"給事黃門"省稱。亦稱"黃門郎"，無員數。爲中朝官員，給事於宮門之內，侍從皇

帝、顧問應和，出則陪乘。與皇帝關係密切，多以重臣、外戚子弟、公主婿爲之。東漢與給事黃門合爲一官，魏晉至隋因之，爲侍中省或門下省次官，位頗重要。四品。

[29]執樽郎：祭祀時執酒器的官吏。

[30]福酒：祭祀所用的酒。

[31]爵：一種盛酒禮器，像雀形，比尊彞小，受一升。

[32]燎：燒柴祭天。

[33]埳（kǎn）：同"坎"。祭祀禮儀中埋玉、牲等的坑。

魏文帝詔曰："漢氏不拜日於東郊，而旦夕常於殿下東面拜日，[1]煩褻似家人之事，非事天郊神之道也。"黃初二年正月乙亥，[2]朝日于東門之外。按《禮》，天子以春分朝日於東，[3]秋分夕月於西，[4]今正月，非其時也。《漢·郊祀志》，[5]帝郊泰畤，[6]平旦出竹宮東向揖日，[7]其夕西向揖月。此爲即用郊日，[8]不俟二分也。明帝太和元年二月丁亥朔，[9]朝日于東郊，八月己丑，夕月于西郊，此古禮也。《白虎通》："王者父天、母地，兄日、姊月"，[10]此其義也。《尚書大傳》，迎日之詞曰："維某年某月上日。明光于上下，勤施于四方，旁作穆穆，[11]維予一人。某敬拜迎日于郊。"吳時郎陳融奏《東郊頌》，[12]吳時亦行此禮也。晉武帝太康二年，[13]有司奏："春分依舊請車駕祀朝日，[14]寒溫未適，可不親出。"詔曰："禮儀宜有常；如所奏，[15]與故太尉所撰不同，復爲無定制。間者方難未平，故每從所奏。今戎事弭息，唯此爲大。"案此詔，帝復爲親朝日也。此後廢。

[1]拜日：朝拜太陽。

[2]黄初：三國魏文帝曹丕年號（220—226）。

[3]朝日：早晨祭日的儀式。

[4]夕月：傍晚祭月的儀式。

[5]《漢·郊祀志》：中華本校勘記云："按《漢書·郊祀志》無此文。《漢書·武帝紀》注臣瓚曰引《漢儀注》有此文。"

[6]泰畤：天子祭天神之處。

[7]平旦：清晨。　竹宮：宮殿名。漢代甘泉宮中的宮殿，以竹建成。

[8]郊日：郊祀祭天之日。

[9]太和：三國魏明帝曹叡年號（227—233）。　二月丁亥朔：中華本校勘記云："按是月丁卯朔，丁亥爲二月二十一日，'朔'字疑衍文。《三國志·魏志·明帝紀》亦作'丁亥'。"

[10]父天：以天爲父。　母地：以地爲母。　兄日：以日爲兄。　姊月：以月爲姊。

[11]旁作穆穆：遍作和美。

[12]陳融：人名。《三國志·吳書·陸瑁傳》載其"單貧有志"，《隋書·經籍志三》載其官至豫章太守，著有《陳子要言》十四卷。

[13]太康：晉武帝司馬炎年號（280—289）。

[14]春分依舊請車駕祀朝日：中華本校勘記云："各本並脫'請'字及'祀'字。據《晉書·禮志》《元龜》三二下補。"

[15]如所奏：中華本校勘記云："'如'字上《晉書·禮志》、《元龜》三二下有'若'字。"

　　殷祠，[1]皇帝散齋七日，致齋三日。百官清者亦如之。[2]致齋之日，御太極殿幄坐，[3]著絳紗袍，黑介幘，通天金博山冠。祠之日，車駕出，百官應齋從駕留守填街先置者，各依宣攝從事。上水一刻，皇帝著平冕龍袞之服，升金根車，到廟北門訖。治禮、謁者各引太樂、太常、光禄勳、三公等皆入在位。[4]皇帝降車入廟，脱舄，盥及洗爵，訖，升殿。初獻，[5]奠爵，[6]樂奏。太祝令跪讀祝文，訖，進奠神座前，皇帝還本位。博士引太尉亞獻，訖，謁者又引光禄勳終獻。凡禘祫大祭，[7]則神主悉出廟堂，爲昭穆以安坐，[8]不復停室也。晉氏又有陰室四殤，[9]治禮引陰室以次奠爵于饌前。其功臣配饗者，[10]設坐於庭，謁者奠爵于饌前。皇帝不親祠，則三公行事，而太尉初獻，太常亞獻，光禄勳終獻也。四時祭祀，亦皆於將祭必先夕牲，其儀如郊。

[1]殷祠：大祭。指三年一次的祖廟大祭（祫）及五年一次合祭諸祖神主的大祭（禘）。

[2]百官清者亦如之：中華本校勘記云："'清'，《通典》作'掌事'。又各本並脱'之'字，據《通典·禮典》訂補。"

[3]幄：祭神所用篷帳。《周禮·天官·幕人》："掌帷、幕、幄、帟、綬之事。"鄭玄注："四合象宫室曰幄，王所居之帷也。"

[4]治禮：官名。即治禮郎。司禮之下級官吏。秦漢因之。掌賓贊受事，即爲天子傳達。　太樂：官名。凡國祭祀其掌奏樂及大饗之樂舞。　太常：官名。秦置奉常，漢景帝六年更名太常，掌宗廟禮儀，兼掌選試博士。歷代因之，則爲專掌祭祀禮樂之官。三品。　光禄勳：官名。三國魏，三公等大臣告老後，就家拜此職，也作爲在朝顯職的加官，以示優崇，亦常用作卒後贈官。三品。

[5]初獻：祭祀時首次奠爵。

[6]奠爵：用爵酒祭祀。

[7]禘祫：帝王祭祀始祖的一種隆重儀禮。或禘祫分稱而別義，或禘祫合稱而義同，歷代經傳，説解不一。章炳麟以爲，"禘祫之

言，詾詾争論既二千年。若以禘祫同爲殷祭，祫名大事，禘名有事，是爲禘小於祫，何大祭之云？故知周之廟祭有大嘗、大烝，有秋嘗、冬烝。禘祫者大嘗、大烝之異語"。（詳見《國故論衡·明解故下》）

[8]昭穆：宗法制度，宗廟或宗廟中神主的排列次序，始祖居中，以下父子（祖、父）遞爲昭穆，左爲昭，右爲穆。《周禮·春官·小宗伯》："辨廟祧之昭穆。"鄭玄注："父曰昭，子曰穆。"

[9]陰室四殤：《晉書·禮志上》："惠帝世，愍懷太子、二子哀太孫臧、沖太孫尚並祔廟。元帝世，懷帝殤太子又祔廟，號爲陰室四殤。"

[10]功臣配饗：指功臣祔祀於帝王宗廟。

晉武帝泰始七年四月，[1]帝將親祠，車駕夕牲，而儀注還不拜。詔問其故。博士奏："歷代相承如此。"帝曰："非致敬宗廟之禮也。"於是實拜而還，遂以爲制。太康中，有司奏議，十一月一日合朔奠、冬烝、夕牲同日，[2]可有司行事。詔曰："夕牲而令有司行事，非也。改擇上旬他日。"案此則武帝夕牲必躬臨拜，而江左以來復止也。晉元帝建武元年三月辛卯，[3]即晉王位，行天子殷祭之禮，非常之事也。孝武太元十一年九月，[4]皇女亡及應烝祠。中書侍郎范甯奏：[5]"案《喪服》傳，有死宫中者，三月不舉祭，不別長幼之與貴賤也。皇女雖在嬰孩，臣竊以爲疑。"於是尚書奏使三公行事。昔漢靈帝世，[6]立春尚齋迎氣東郊，尚書左丞郤殺陌使於南書寺，[7]於是詔書曰："議郎蔡邕、博士任敏，[8]問可齋祠不？得無不宜？"邕等對曰："按上帝之祠，無所爲廢。宫室至大，陌使至微，日又寬，可齋無疑。"[9]甯非不知有此議，然不從也。魏及晉初，祭儀雖不具存，江左則備矣。官有其注。

［1］泰始：晉武帝司馬炎年號（265—274）。

［2］朔奠：謂人死未葬，在朔日以新味祭奠。《禮記·檀弓上》："有薦新如朔奠。"孔穎達疏："薦新謂未葬中間得新味而薦亡者。如朔奠者，謂未葬前月朔，大奠于殯宮者。"

［3］晉元帝：即司馬睿。《晉書》卷六有紀。　建武：晉元帝司馬睿年號（317—318）。　三月：中華本校勘記云："'三月'三朝本、北監本、毛本、殿本作'十月'。今從局本。按晉元帝於建武元年三月辛卯即晉王位，見《晉書·元帝紀》。"

［4］太元：晉孝武帝司馬曜年號（376—396）。

［5］中書侍郎：官名。三國魏文帝黃初初年設中書省，在長官中書監、令以下有通事郎，後增設中書郎，亦稱中書侍郎。晉朝沿置，員四人。五品。　范甯：人名。《晉書》卷七五有附傳。

［6］漢靈帝：即劉宏。《後漢書》卷八有紀。

［7］尚書左丞：官名。與右丞掌尚書省庶務，率諸都令史監察稽核諸尚書曹、郎曹政務，督錄近道文書章奏，監察糾彈尚書令、僕射、尚書等文武百官，號稱"監司"，分管宗廟祠祀、朝儀禮制、選授官吏等文書奏事。六品。　陌使：官名。本書《百官志下》："《周禮·秋官》有條狼氏，掌執鞭以趨辟，王出入則八人夾道，公則六人，侯伯則四人，子男則二人，近之矣，名之異爾。又《漢官》中有伯使，主為諸官驅使闒路於道伯中，故言伯使，此其比也。"本書《百官志下》之"伯使"，當即此處之"陌使"，而當以陌為佳。　南書寺：官署名。據蔡邕《蔡中郎集》載此事，此處"南書寺"當為尚書官署。

［8］蔡邕：人名。字伯喈。《後漢書》卷六〇下有傳。

［9］按上帝之祠，無所為廢。宮室至大，陌使至微，日又寬，

可齋無疑：蔡邕《蔡中郎集》卷二《答齊議》與此文稍異："按上帝之祠"，《蔡中郎集》作"按禮上帝之祠"；陌使，《蔡中郎集》作"指使"；"日又寬"，《蔡中郎集》作"祠室又寬"。

祠太社、帝社、太稷，[1]常以歲二月八月二社日祠之。[2]太祝令夕牲進熟，如郊廟儀。司空、太常、大司農三獻也。官有其注。周禮王親祭，漢以來，有司行事。

[1]太社：天子爲百姓祈福、報功而設立的祭祀土神、穀神的場所。　帝社：帝王祭祀土神、穀神所設的壇。又名王社、藉田壇、先農壇。　太稷：天子祭穀神的處所。

[2]社日：祭祀土神的日子。

漢安帝元初六年，[1]立六宗祠於國西北戌亥地，[2]祠儀比泰社。[3]

[1]漢安帝：即劉祜。《後漢書》卷五有紀。　元初：漢安帝劉祜年號（114—120）。

[2]立六宗祠於國西北戌亥地：中華本校勘記云："各本並脫'六'字，《續漢書·祭祀志》：'安帝元初六年三月庚辰，初立六宗，祀於雒陽西北戌亥之地。'六宗謂上下四方之宗。今據補。又'戌亥'各本並訛'城亥'，據《續漢志》改。"

[3]泰社：即太社。

日月將交會，太史上合朔。[1]尚書先事三日，宣攝內外，戒嚴。摯虞《決疑》曰：[2]"凡救蝕者，皆著赤幘，[3]以助陽也。日將蝕，天子素服避正殿，内外嚴警，太史登靈臺，[4]伺候日變。更伐鼓於門，聞鼓音，侍臣皆著赤幘，帶劍入侍。三臺令史以上，[5]皆各持劍立其户前。衛尉卿馳繞宫，[6]伺察守備，周而復始。日復常，乃皆罷。”魯昭公十七年，六月朔，日有蝕之。祝史請所用幣，[7]叔孫昭子曰：“日有蝕之，天子不舉樂，[8]伐鼓於社；諸侯用幣於社，伐鼓於朝，禮也。”又以赤絲爲繩繫社，祝史陳辭以責之。社，勾龍之神，[9]天子之上公，故責之。合朔，官有其注。

[1]太史：官名。秦、西漢爲太常屬官，掌天文、曆法、撰史。東漢以後專司占候天文、修定曆法。　合朔：日月運行處於同宫同度，謂之合朔。一般指夏曆每月初一。

[2]摯虞：人名。字仲洽。《晋書》卷五一有傳。　《决疑》：《隋書·經籍志二》載摯虞撰《决疑要注》一卷，即此書。

[3]幘：包扎髮髻的巾。

[4]靈臺：帝王觀察天文星象、妖祥灾異的建築。《文選》張衡《東京賦》：“左制辟雍，右立靈臺。”薛綜注：“司歷紀候節氣者曰靈臺。”

[5]三臺：漢因秦制，以尚書爲中臺，御史爲憲臺，謁者爲外臺，合稱三臺。《後漢書·袁紹傳》：“坐召三臺，專制朝政。”李賢注引《晋書》：“漢官，尚書爲中臺，御史爲憲臺，謁者爲外臺，是謂三臺。”

[6]衛尉卿：官名。秦官，掌門衛屯兵，漢因之，九卿之一。中二千石。

[7]用幣：中華本校勘記云：“‘用幣’各本並作‘由’，據《左傳》昭公十七年改正。”

[8]天子不舉樂：中華本校勘記云：“《左傳》原文無‘樂’字。杜預釋‘不舉’爲‘不舉饌’。”

[9]勾龍：蔡邕《獨斷》卷上：“社神，蓋共工氏之子勾龍也，能水土，帝顓頊之世，舉以爲土正。天下賴其功，堯祠以爲社。”

　　昔漢建安中，[1]將正會，而太史上言正旦當日蝕，朝士疑會不。共詣尚書令荀文若諮之。[2]時廣平計吏劉劭在坐，[3]曰：“梓慎、裨竈，古之良史，猶占水火，錯失天時。《禮》諸侯旅見天子，[4]入門不得終禮者四，[5]日蝕在一。然則聖人垂制，不爲變異豫廢朝禮者，或災消異伏，或推術謬誤也。”文若及眾人咸喜而從之，遂朝會如舊，日亦不蝕。劭由此顯名，魏史美而書之。

[1]建安：漢獻帝劉協年號（196—220）。

[2]荀文若：人名。即荀彧。《三國志》卷一〇有傳。

[3]廣平：地名。在今河北省邯鄲市。　劉劭：人名。《三國志》卷二一有傳。

[4]旅：次序。

[5]終禮：完成、結束禮儀。

　　魏高貴鄉公正元二年三月朔，[1]太史奏日蝕而不蝕。晉文王時爲大將軍，[2]大推史官不驗之負。[3]史官答曰：“合朔之時，或有日掩月，或有月掩日。月掩日，則蔽障日體，使光景有虧，故謂之日蝕。日掩月，則日於月上過，謂之陰不侵陽，雖交無變。日月相掩必食之理，[4]無術以知，是以嘗禘郊社，日蝕則接祭，是亦前代史官不能審蝕也。自漢故事，以爲日蝕必當於交。每至其時，申警百官，以備日變。故《甲寅詔》有備蝕之制，無考負之法。古來黃帝、顓頊、夏、殷、周、魯六歷，皆無推日蝕法，但有考課疏密而已。負坐之條，由本無術可課，非司事之罪。”乃止。

[1]高貴鄉公：即曹髦。《三國志》卷四有紀。　正元：三國魏高貴鄉公曹髦年號（254—256）。
[2]晉文王：即司馬昭。《晉書》卷二有紀。
[3]推：推究，審問。
[4]日月相掩必食之理：中華本校勘記云：“‘日月’上，《通典·禮典》有‘至於’二字。”

晉武帝咸寧三年、四年，[1]並以正旦合朔却元會，改魏故事也。

[1]咸寧：晉武帝司馬炎年號（275—280）。

晉元帝太興元年四月合朔，[1]中書侍郎孔愉奏曰：[2]“《春秋》日有蝕之，天子伐鼓于社，攻諸陰也。諸侯伐鼓於朝，臣自攻也。案尚書符，若日有變，便伐鼓於諸門，有違舊典。”詔曰：“所陳有正義，輒敕外改之。”

[1]太興：晉元帝司馬睿年號（318—321）。
[2]孔愉：人名。字敬康，會稽山陰人。《晉書》卷七八有傳。

至康帝建元元年，太史上元日合朔，朝士復疑應却

會與否。庾冰輔政,[1]寫劉劭議以示八坐,[2]于時有謂劭
爲不得禮意,荀文若從之,是勝人之一失。故蔡謨遂著
議非之曰:[3]"劭論災消異伏,又以慎、竈猶有錯失,
太史上言亦不必審,其理誠然也。而云聖人垂制,不爲
變異豫廢朝禮,此則謬矣。災祥之發,所以譴告人君,
王者所重誡。故素服廢樂,退避正寢,[4]百官降物,用
幣伐鼓,躬親而救之。夫敬誡之事,與其疑而廢之,寧
慎而行之。故孔子、老聃助葬於巷黨,以喪不見星而
行,故日蝕而止柩,曰安知其不見星也。今史官言當
蝕,亦安知其不蝕乎?夫子、老聃豫行見星之防,而劭
廢之,是棄聖賢之成規也。魯桓公壬申有災,而以乙亥
嘗祭,《春秋》譏之。災事既過,猶追懼未已,[5]故廢宗
廟之祭;况聞天眚將至,[6]行慶樂之會,於禮乖矣。《禮
記》所云'諸侯入門不得終禮者',謂日官不豫言,諸
侯既入,見蝕乃知耳;非先聞當蝕,而朝會不廢也。劭
引此,[7]可謂失其義指。劉劭所執者《禮記》也;夫子、
老聃巷黨之事,亦《禮記》所言,復違而反之,進退無
據。荀令所善,漢朝所從,遂使此言至今見稱,莫知其
謬。後來君子,將擬以爲式,故正之云爾。"於是冰從
衆議,遂以却會。

[1]庾冰:人名。字季堅,潁川鄢陵(今河南鄢陵縣)人。
《晋書》卷七三有附傳。
[2]八坐:官名總稱。尚書令、僕射與尚書六曹長官合稱八坐,
有大事則合議。
[3]蔡謨:人名。字道明,陳留考城(今河南民權縣)人。

《晋書》卷七七有傳。

[4]正寢：正殿。《公羊傳》莊公三十二年：“公薨于路寢。路寢者何？正寢也。”《文選》張衡《西京賦》：“正殿路寢，用朝群辟。”薛綜注：“周曰路寢，漢曰正殿。”

[5]猶追懼未已：中華本校勘記云：“‘追’各本並作‘退’，據《元龜》五七二改。”

[6]天眚：此處指日蝕。

[7]劭引此：中華本校勘記云：“‘劭引’二字，三朝本、北監本、毛本、殿本訛作‘別’一字。局本作‘引’字。《通典·禮典》作‘劭引’二字。今據《通典》訂正。”

至永和中，[1]殷浩輔政，[2]又欲從劉劭議不却會。王彪之據咸寧、建元故事，[3]又曰：“《禮》云，諸侯旅見天子，不得終禮而廢者四，自謂卒暴有之，非爲先存其事而徼幸史官推術繆錯，[4]故不豫廢朝禮也。”於是又從彪之，相承至今。

[1]永和：晋穆帝司馬聃年號（345—356）。

[2]殷浩：人名。字深源，陳郡長平（今河南西華縣）人。《晋書》卷七七有傳。

[3]王彪之：人名。字叔武。《晋書》卷七六有附傳。

[4]非爲先存其事而徼幸史官推術繆錯：中華本校勘記云：“各本並奪‘先’字，據《三國志·魏志·劉劭傳》裴注、《晋書·禮志》、《通典·禮典》、《元龜》一○七補。”

耕籍之禮尚矣，[1]漢文帝修之。[2]及昭帝幼即大位，[3]耕於鉤盾弄田。[4]明帝永平十五年二月，[5]東巡，耕於下邳。[6]章帝元和三年正月北巡，[7]耕於懷縣。[8]魏三祖皆親耕籍。[9]晋武帝泰始四年，有司奏始耕祠先農，[10]可令有司行事。[11]詔曰："夫民之大事，在祀與農。是以古之聖王，躬耕帝籍，以供郊廟之粢盛，[12]且以訓化天下。近代以來，耕籍止於數步中，空有慕古之名，曾無供祀訓農之實，而有百官車徒之費。今修千畝之制，當與群公卿士，躬稼穡之艱難，以帥先天下。[13]主者詳具其制，并下河南處田地於東郊之南，洛水之北，平良中水者。[14]若無官田，隨宜便換，不得侵民人也。"自此之後，其事便廢。史注載多有闕。江左元、哀二帝，[15]將修耕籍，賀循等所上注，[16]及裴憲爲胡中所定儀，[17]又未詳允。

[1]耕籍之禮：春耕前，天子、諸侯躬耕藉田，以示對農業的重視。

[2]漢文帝：即劉恒。《史記》卷一○有紀。

[3]昭帝：即劉弗陵。《漢書》卷七有紀。

[4]鉤盾弄田：漢未央宮有弄田，供皇帝宴游。《漢書·昭帝紀》："己亥，上耕于鉤盾弄田。"顏師古注："應劭曰：'時帝年九歲，未能親耕帝籍，鉤盾，宦者近署，故往試耕爲戲弄也。'臣瓚曰：'《西京故事》弄田在未央宮中。'師古曰：'弄田爲宴游之田，天子所戲弄耳，非爲昭帝年幼創有此名。'"

[5]明帝：即劉莊。《後漢書》卷二有紀。　永平：漢明帝劉莊年號（58—75）。

[6]下邳：地名。在今江蘇睢寧縣西北。

[7]章帝：即劉炟。《後漢書》卷三有紀。　元和：漢章帝劉炟年號（84—87）。

[8]懷縣：在今河南武陟縣。

[9]魏三祖：指魏武帝曹操、魏文帝曹丕、魏明帝曹叡。

[10]先農：古代傳說中最先敎民耕種的農神。

[11]可令有司行事：中華本校勘記云："各本並脫'令'字，據《晉書·禮志》補。"

[12]粢盛：盛在祭器內以供祭祀的穀物。《公羊傳》桓公十四年："御廩者何？粢盛委之所藏也。"何休注："黍稷曰粢，在器曰盛。"

[13]以帥先天下：中華本校勘記云："各本並脫'先'字，據《晉書·禮志》補。"

[14]主者詳具其制，并下河南處田地於東郊之南，洛水之北，平良中水者：丁福林《校議》據文意及中華本《晉書·禮志上》，指出當標點爲"主者詳具其制，并下河南，處田地於東郊之南，洛水之北，平良中水者"。丁氏之說是。

[15]江左：中華本校勘記云："'江左'各本並作'止'一字，據《晉書·禮志》改。"　哀：即司馬丕。《晉書》卷八有紀。

[16]賀循：人名。字彥先，會稽山陰（今浙江紹興市）人。《晉書》卷六八有傳。

[17]裴憲：人名。字景思，河東聞喜（今山西聞喜縣）人。《晉書》卷三五有附傳。　胡中：指石勒後趙轄區。

元嘉二十年，太祖將親耕，以其久廢，使何承天撰定儀注。史學生山謙之已私鳩集，[1]因以奏聞。乃下詔曰："國以民爲本，民以食爲天。一夫輟耕，饑者必及。倉廩既實，禮節以興。自頃在所貧耗，家無宿積，陰陽暫偏，[2]則人懷愁墊；[3]年或不稔，而病乏比室。[4]誠由政德未孚，以臻斯弊，抑亦耕桑未廣，地利多遺。宰守微化導之方，萌庶忘勤分之義。[5]永言弘濟，[6]明發載懷。雖制令亟下，終莫懲勸，而坐望滋殖，庸可致乎。

有司其班宣舊條，務盡敦課。遊食之徒，咸令附業。考
覈勤惰，行其誅賞；觀察能殿，嚴加黜陟。古者從時脉
土，以訓農功，躬耕帝籍，敬供粢盛。仰瞻前王，思遵
令典，便可量處千畝，考卜元辰。[7]朕當親率百辟，致
禮郊甸。庶幾誠素，獎被斯民。"於是斟酌衆條，造定
圖注。先立春九日，尚書宣攝內外，各使隨局從事。司
空、大農、京尹、令、尉，度宮之辰地八里之外，[8]整
制千畝，開阡陌。立先農壇於中阡西陌南，御耕壇於中
阡東陌北。將耕，宿設青幕于耕壇之上。皇后帥六宮之
人出穜稑之種，[9]付籍田令。耕日，太祝以一太牢告祠
先農，悉如祠帝社之儀。孟春之月，擇上辛後吉亥
日，[10]御乘耕根三蓋車，駕蒼駟，青旂，[11]著通天冠，
青幘，朝服青袞，[12]帶佩蒼玉。蕃王以下至六百石皆衣
青。唯三臺武衛不耕，不改服章。車駕出，衆事如郊廟
之儀。車駕至籍田，侍中跪奏："尊降車。"臨壇，大司
農跪奏："先農已享，請皇帝親耕。"太史令讚曰："皇
帝親耕。"三推三反。於是群臣以次耕，王公五等開國
諸侯五推五反，孤卿大夫七推七反，士九推九反。籍田
令率其屬耕，竟畝，灑種，即穫，[13]禮畢。

[1]山謙之：人名。元嘉二十年（443）爲史學生，孝建前後
爲奉朝請，曾參與編撰《宋書》，著有《丹陽記》《南徐州記》《吳
興記》等。事見本書《禮志一》、卷九四《徐爰傳》、卷一〇〇
《自序》。

[2]陰陽蹔偏：中華本校勘記云："陰陽"本書《文帝紀》作
"賦役"。

[3]愁墊：極度的愁苦。

[4]比室：一家接連一家。

[5]萌庶：百姓。　勤分：勤於本分。

[6]永言：長言，吟咏。

[7]考卜：占卜。　元辰：良辰，吉辰。

[8]辰地：偏東南地方。

[9]穜稑：指先種後熟的穀類和後種先熟的穀類。《周禮·天官·內宰》：“上春，詔王后帥六宮之人，而生穜稑之種，而獻之于王。”鄭玄注引鄭司農曰：“先種後孰謂之穜，後種先孰謂之稑。”

[10]上辛：農曆每月上旬的辛日。

[11]旂：畫有兩龍並在竿頭懸鈴的旗。

[12]袞：帝王及上公穿的繪有卷龍的禮服。《周禮·春官·司服》：“享先王則袞冕。”鄭玄注引鄭司農曰：“袞，卷龍衣也。”

[13]耰：播種後用耰平土掩蓋種子，即覆種。

魏氏雖天子耕籍，其蕃鎮諸侯，並闕百畝之禮。晉武帝末，有司奏：“古諸侯耕籍百畝，躬秉末耜，以奉社稷宗廟，以勸率農功。今諸王治國，宜修耕籍之義。”然未施行。宋太祖東耕後，乃班下州郡縣，悉備其禮焉。

周禮，王后帥內外命婦，[1]蠶於北郊。[2]漢則東郊，非古也。魏則北郊，依周禮也。晉則西郊，宜是與籍田對其方也。魏文帝黃初七年正月，命中宮蠶于北郊。按韋誕《后蠶頌》，[3]則于時漢注已亡，更考撰其儀也。及至晉氏，先蠶多采魏法。[4]晉武帝太康六年，[5]散騎常侍華嶠奏：[6]“先王之制，天子諸侯親耕千畝，后夫人躬蠶桑宮。[7]今陛下以聖明至仁，修先王之緒，皇后體資生之德，合配乾之義，而教道未先，蠶禮尚闕。以爲宜依古式，備斯盛典。"詔曰："古者天子親籍以供粢盛，后夫人躬蠶以備祭服。所以聿遵孝敬，明教示訓也。今籍田有制，而蠶禮不修。中間務多，未暇崇備。今天下無事，宜修禮以示四海。其詳依古典及近代故事，以參今宜。明年施行。"於是使侍中成粲草定其儀。[8]皇后采桑壇在蠶室西，帷宮中門之外，桑林在其東，先蠶壇在宮外門之外而東南。取民妻六人爲蠶母。[9]蠶將生，擇吉日，皇后著十二笄，依漢魏故事，衣青衣，乘油蓋雲母安車，[10]駕六馬。女尚書著貂蟬，[11]佩璽，陪乘，載筐鉤。公主、三夫人、九嬪、世婦、諸太妃、公太夫人、公夫人，[12]及縣鄉君、郡公侯特進夫人、外世婦、命婦，皆步搖、衣青，[13]各載筐鉤從。蠶桑前一日，蠶宮生蠶著薄上。[14]躬桑日，[15]太祝令以一太牢祠先蠶。皇后至西郊，升壇，公主以下陪列壇東。皇后東面躬桑，采三條；諸妃公主各采五條；縣鄉君以下各采九條。悉以桑授蠶母。還蠶室。事訖，皇后還便坐，公主以下以次就位，設饗賜絹各有差。宋孝武大明四年，[16]又修此禮。

[1]命婦：受封號的婦人。在宮廷中則妃嬪等稱爲内命婦，在宮廷外則臣下之母妻稱爲外命婦。

[2]蠶：此處指行養蠶之禮。

[3]韋誕：人名。字仲將。參《三國志》卷二一《魏書·劉劭傳》裴松之注引《文章敘録》。

[4]先蠶：傳說始教民育蠶之神，即黄帝妻嫘祖。相傳周制王

后享先蠶，以後歷代由皇后主祭先蠶。此處指祭祀先蠶。

[5]太康：晋武帝司馬炎年號（280—289）。

[6]華嶠：人名。《晋書》卷四四有附傳。

[7]后夫人躬蠶桑宮：中華本校勘記云：“各本並脱‘宮’字，據《晋書·禮志》《元龜》五七四補。”

[8]於是使侍中成粲草定其儀：中華本校勘記云：“三朝本‘成’字空白。北監本、毛本、殿本、局本作‘袁粲’。按袁粲，宋孝武、明帝時人，豈能在晋武帝太康時儀定躬蠶儀，大誤。《晋書·禮志》、《元龜》五七二作成粲。成粲字伯陽，太康中，爲侍中，轉太常。作成粲是，今據改。”

[9]民妻：丁福林《校議》指出，《晋書·禮志上》爲“列侯妻”。何者爲正，待考。

[10]油蓋：油漆彩繪的車蓋。　雲母安車：用雲母裝飾的供貴婦人坐乘的小車。《周禮·春官·巾車》：“安車，彫面鷖總，皆有容蓋。”鄭玄注：“安車，坐乘車。凡婦人車皆坐乘。”

[11]貂蟬：貂尾和附蟬裝飾的冠。

[12]世婦：宮中女官名。《禮記·昏義》：“古者天子后立六宮、三夫人、九嬪、二十七世婦、八十一御妻，以聽天下之内治，以明章婦順，故天下内和而家理。”世婦亦可爲公侯夫人之號。《禮記·檀弓上》言“公侯有夫人，有世婦，有妻，有妾。”

[13]步搖：上有垂珠，行步則搖的一種首飾。

[14]蠶宮生蠶著薄上：中華本校勘記云：“‘蠶宮’各本並作‘蠶官’，據《晋書·禮志》、《通典·禮典》改。”

[15]躬桑日：中華本校勘記云：“各本並脱‘躬’字，據《通典·禮典》補。”

[16]大明：宋孝武帝劉駿年號（457—464）。

漢獻帝建安二十二年，魏國作泮宮于鄴城南。[1]魏文帝黃初五年，立太學於洛陽。齊王正始中，劉馥上疏曰：[2]"黃初以來，崇立太學，二十餘年，而成者蓋寡。由博士選輕，諸生避役，高門子弟，耻非其倫，故無學者。[3]雖有其名，而無其實，雖設其教，而無其功。宜高選博士，取行爲人表，經任人師者，掌教國子。依遵古法，使二千石以上子孫，[4]年從十五，皆入太學。明制黜陟，陳榮辱之路。"不從。晉武帝泰始八年，有司奏："太學生七千餘人，才任四品，聽留。"詔："已試經者留之，其餘遣還郡國。大臣子弟堪受教者，令入學。"咸寧二年，起國子學，蓋《周禮》國之貴遊子弟所謂國子，[5]受教於師氏者也。太康五年，修作明堂、辟雍、靈臺。[6]

[1]泮宫：西周諸侯所設大學。《詩·魯頌·泮水》："既作泮宫，淮夷攸服。"《漢書·郊祀志上》："周公相成王，王道大洽，制禮作樂，天子曰明堂辟雍，諸侯曰泮宫。"後泛指學宫。　鄴城：地名。在今河北臨漳縣。

[2]劉馥：人名。字元穎。《三國志》卷一五有傳。

[3]故無學者：中華本校勘記云："各本並脫'無'字，據《三國志·魏志·劉馥傳》補。"

[4]二千石：官秩等級。因所得俸禄以米穀爲準，故以"石"名之。漢朝二千石爲中央機構的太子太傅、太子少傅、將作大匠、詹事、水衡都尉、内史等列卿及州牧郡守、諸侯王國相一級官員。

[5]貴遊子弟：無官的王公貴族子弟。《周禮·地官·師氏》："掌國中失之事以教國子弟，凡國之貴遊子弟學焉。"鄭玄注："貴遊子弟，王公之子弟。遊，無官司者。"

[6]辟雍：本爲西周天子所設大學，校址圓形，圍以水池，前

門外有便橋。東漢以後，歷代皆有辟雍，爲行鄉飲、大射或祭祀之禮的地方。

孫休永安元年，[1]詔曰："古者建國，教學爲先。所以導世治性，爲時養器也。[2]自建興以來，[3]時事多故，吏民頗以目前趨務，棄本就末，不循古道。夫所尚不淳，則傷化敗俗。其按舊置學官，立《五經》博士，覈取應選，加其寵禄。科見吏之中及將吏子弟有志好者，[4]各令就業。一歲課試，差其品第，加以位賞。使見之者樂其榮，聞之者羨其譽。以淳王化，以隆風俗。"於是立學。

[1]孫休：三國吳君主。《三國志》卷四八有傳。　永安：三國吳景帝孫休年號（258—264）。

[2]養器：培養人才。

[3]建興：三國吳會稽王孫亮年號（252—253）。

[4]科見吏之中及將吏子弟有志好者：中華本校勘記云："'見吏'各本並作'見史'，據《三國志・吳志・孫休傳》改。"

元帝爲晉王，建武初，驃騎將軍王導上疏：[1]

夫治化之本，[2]在於正人倫。人倫之正，存乎設庠序。[3]庠序設而五教明，[4]則德化洽通，彝倫攸叙，[5]有耻且格也。父子兄弟夫婦長幼之序順，而君臣之義固矣。《易》所謂正家而天下定者也。故聖王蒙以養正，[6]少而教之，使化沾肌骨，習以成性，有若自然，日遷善遠罪，而不自知。行成德立，然後裁之以位。雖王之嫡子，猶與國子齒，[7]

使知道而後貴。其取才用士，咸先本之于學。故《周禮》，鄉大夫"獻賢能之書于王，王拜而受之"。所以尊道而貴士也。人知士之所貴，由乎道存。則退而修其身，修其身以及其家，正家以及於鄉，學於鄉以登於朝。反本復始，各求諸己，敦素之業著，浮偽之道息，教使然也。故以之事君則忠，用之蒞下則仁，即孟軻所謂"未有仁而遺其親，義而後其君者也"。

[1]驃騎將軍：官名。漢武帝置爲重號將軍，僅次於大將軍，東漢位比三公，地位尊崇。魏、晉、南北朝沿置，居諸名號將軍之首，僅作爲軍府名號，加授大臣、重要州郡長官，無具體職掌。二品。 王導：人名。字茂弘。《晉書》卷六五有傳。

[2]治化：治理國家，教化人民。

[3]庠序：學校。

[4]五教：五常之教，指父義、母慈、兄友、弟恭、子孝五種倫理道德的教育。《左傳》文公十八年云："舉八元，使布五教于四方，父義、母慈、兄友、弟共、子孝。"

[5]彝倫：常理，常道。

[6]蒙：蒙童。

[7]齒：並列，在一起。《左傳》隱公十一年云："寡人若朝于薛，不敢與諸任齒。"楊伯峻注："齒，列也。不敢與齒，謂不敢與並列。"

　　自頃皇綱失統，禮教陵替，頌聲不興，于今二紀。[1]傳曰"三年不爲禮，禮必壞；三年不爲樂，樂必崩"。而況如此其久者乎？先進漸忘揖讓之容,[2]後生唯聞金革之響,[3]干戈日尋,俎豆不設,[4]先王之道彌遠,華僞之風遂滋,非所以習民靖俗,端本抑末之謂也。殿下以命世之資,[5]屬當傾危之運,禮樂征伐,翼成中興,將滌穢蕩瑕,撥亂反正。誠宜經綸稽古,建明學校,闡揚六蓺,[6]以訓後生,使文武之道,墜而復興。方今《小雅》盡廢,[7]戎虜扇熾,節義陵遲,國耻未雪。忠臣義士,所以扼腕拊心,禮樂政刑,當並陳以俱濟者也。苟禮義膠固,純風載洽,則化之所陶者廣,而德之所被者大,義之所屬者深,而威之所震者遠矣。由斯而進,則可朝服濟河,[8]使帝典闕而復補,王綱弛而更張,饕餮改情,獸心革面,揖讓而蠻夷服,緩帶而天下從,得乎其道者,豈難也哉。故有虞舞干戚而三苗化,[9]魯僖作泮宮而淮夷平,桓、文之霸,皆先教而後戰。今若聿遵前典,興復教道,使朝之子弟,並入于學,立德出身者咸習之而後通。德路開而僞塗塞,則其化不肅而成,不嚴而治矣。選明博修禮之士以爲之師,隆教貴道,化成俗定,莫尚於斯也。

[1]紀：紀年的單位。十二年爲一紀。《尚書·畢命》：“既歷三紀。”孔傳：“十二年曰紀。”

[2]先進：前輩。　揖讓：賓主相見的禮儀。

[3]金革：借指戰爭。

[4]俎豆：祭祀、宴饗時盛食物用的兩種禮器。

[5]命世：用以稱譽有治國之才者。

[6]六蓺：即六藝。古代教育學生的六種科目。《周禮·地官·大司徒》："三曰六藝：禮、樂、射、御、書、數。"

[7]《小雅》盡廢：借指王綱廢弛，皇室不振。《小雅》，《詩經》組成部分之一。七十四篇。

[8]朝服濟河：此處借指回到中原。

[9]三苗：古國名。《尚書·舜典》："竄三苗于三危。"孔傳："三苗，國名，縉雲氏之後，爲諸侯，號饕餮。"《史記》卷一《五帝紀》："三苗在江淮、荆州數爲亂。"《正義》："吳起曰：'三苗之國，左洞庭而右彭蠡。'……以天子在北，故洞庭在西爲左，彭蠡在東爲右。今江州、鄂州、岳州，三苗之地也。"

散騎常侍戴邈又上表曰：[1]

臣聞天道之所運，莫大於陰陽；帝王之至務，莫重於禮學。是以古之建國，教學爲先。國有明堂辟雍之制，鄉有庠序黌校之儀，皆所以抽導幽滯，啓廣才思。蓋以六四有《困》《蒙》之吝，[2]君子大養正之功也。昔仲尼列國之大夫耳，興禮修學於洙、泗之間，[3]四方髦俊，斐然向風，受業身通者七十餘人。自兹以來，千載寂漠，豈天下小於魯國，賢哲乏於曩時，屬與不屬故也。

自頃遭無妄之禍，社稷有綴旒之危，寇羯飲馬於長江，凶狄虎步於萬里，遂使神州蕭條，鞠爲茂草，四海之内，人跡不交。霸主有旰食之憂，[4]黎民懷荼毒之痛，戎首交并于中原，何遽籩豆之事哉！[5]然"三年不爲禮，禮必壞，三年不爲樂，樂必崩"。況曠載累紀，如此之久邪！今末進後生，目不覩揖讓升降之禮，耳不聞鐘鼓管弦之音，[6]文章散滅胡馬之足，圖讖無復孑遺於世。此蓋聖達之所深悼，有識之所咨嗟也。夫治世尚文，遭亂尚武，文武迭用，久長之道。譬之天地，昏明之迭，[7]自古以來，未有不由之者也。今或以天下未壹，[8]非興禮學之時，此言似是而非。夫儒道深奧，不可倉卒而成，古之俊乂，[9]必三年而通一經，比須寇賊清夷，天下平泰，然後修之，則功成事定，誰與制禮作樂者哉！又貴遊之子，未必有斬將搴旗之才，[10]亦未有從軍征戍之役，不及盛年講肄道義，使明珠加瑩磨之功，荊、隨發采琢之美，[11]不亦良可惜乎。[12]

愚以世喪道久，民情玩於所習，純風日去，華競日彰，猶火之消膏而莫之覺也。[13]今天地造始，[14]萬物權輿，[15]聖朝以神武之德，值革命之運，蕩近世之流弊，繼千載之絕軌，篤道崇儒，創立大業。明主唱之於上，宰輔篤之於下，夫上之所好，下必有過之者焉。是故雙劍之節崇，而飛白之俗成；挾琴之容飾，而赴曲之和作。君子之德風，小人之德草，實在所以感之而已。臣以闇淺，不能遠識格言，謂宜以三時之隙，漸就經始。

[1] 戴邈：人名。字望之。《晉書》卷六九有附傳。

[2] 蓋以六四有《困》《蒙》之吝：丁福林《校議》云：“《周易·蒙》：‘六四，困蒙，吝。’高亨注：‘蒙借爲矇。愚昧無知之人處困窘之境，即謂之“困蒙”。若此者舉措艱難，故曰“困蒙吝”。’由是知此‘困蒙’非指《易》之第四《蒙》篇及第四十七

《困》篇。今標點於《困》《蒙》分別加書名號，大誤。則此二書名號應删。"丁氏之説是。

[3]洙、泗：洙水和泗水。古時二水自今山東泗水縣北合流而下，至曲阜市北，又分爲二水，洙水在北，泗水在南。春秋時屬魯國地。孔子在洙泗之間聚徒講學。《禮記·檀弓上》："吾與女事夫子於洙泗之間。"

[4]旰食：指事務繁忙不能按時吃飯。

[5]籩豆：指古代祭祀及宴會時常用的兩種禮器。竹製爲籩，木製爲豆。《禮記·禮器》："三牲魚臘，四海九州之美味也；籩豆之薦，四時之和氣也。"孔穎達疏："盛其饌者，即三牲魚臘籩豆是也。"此處用籩豆之事代指禮儀。

[6]鐘鼓管弦之音：此處指雅樂。

[7]昏明之迭：中華本校勘記云："'迭'各本並作'術'，據《晉書·戴若思傳》弟邈附傳改。"

[8]今或以天下未壹：中華本校勘記云："各本並脱'或'字，據《晉書·戴若思傳》弟邈附傳補。"

[9]俊乂：才德出衆的人。《尚書·皋陶謨》："翕受敷施，九德咸事，俊乂在官。"孔傳："謂天子如此，則俊德治能之士並在官。"孔穎達疏："乂，訓爲'治'，故云'治能'。馬、王、鄭皆云，才德過千人爲俊，百人爲乂。"

[10]搴旗：拔旗，謂剋敵制勝。

[11]荊、隨：和氏璧、隨侯珠，代指美質賢才。傳説古代隨國姬姓諸侯見一大蛇傷斷，以藥敷之而愈，後蛇於江中銜明月珠以報德，因曰隨侯珠，又稱靈蛇珠。楚人卞和於荊山得一璞玉，先後獻給武王、文王，均以爲石，和以欺君罪被砍斷兩足。成王登位，使人剖璞，果得夜光寶玉，因命之曰和氏璧。事見《韓非子·和氏》《淮南子·覽冥訓》。

[12]不亦良可惜乎：中華本校勘記云："各本並脱'可惜'二字，據《晉書·戴若思傳》弟邈附傳補。"

[13]膏：燈油。

[14]天地造始：指東晋王朝建立不久。

[15]權輿：起始。《詩·秦風·權輿》：“今也每食無餘，於嗟乎！不承權輿。”朱熹《集傳》：“權輿，始也。”

太興初，議欲修立學校，唯《周易》王氏、《尚書》鄭氏、《古文》孔氏、《毛詩》《周官》《禮記》《論語》《孝經》鄭氏、《春秋左傳》杜氏、服氏，[1]各置博士一人。其《儀禮》《公羊》《穀梁》及鄭《易》，皆省不置博士。太常荀崧上疏曰：[2]

臣聞孔子有云，“才難，[3]不其然乎”。自喪亂以來，經學尤寡。儒有席上之珍，然後能弘明道訓。今處學則闕朝廷之秀，仕朝則廢儒學之美。昔咸寧、太康、元康、永嘉之中，[4]侍中、常侍、黃門之深博道奧，通洽古今，行爲世表者，領國子博士。一則應對殿堂，奉酬顧問；二則參訓門子，以弘儒學；三則祠、儀二曹，及太常之職，以得藉用質疑。今皇朝中興，美隆往初，宜憲章令軌，祖述前典。

世祖武皇帝聖德欽明，[5]應運登禪，受終于魏。崇儒興學，治致升平。經始明堂，營建辟雍，告朔班政，鄉飲大射，[6]西閤東序，圖書禁籍，臺省有宗廟太府金墉故事，太學有《石經》《古文》。[7]先儒典訓，賈、馬、鄭、杜、服、孔、王、何、顏、尹之徒，[8]章句傳注衆家之學，置博士十九人。九州之中，師徒相傳，學士如林，猶是選張華、劉寔居太常之官，[9]以重儒教。

傳稱"孔子没而微言絶，七十子終而大義乖"。自頃中夏殄瘁，講誦遏密，斯文之道，將墜于地。陛下聖哲龍飛，闡弘祖烈，申命儒術，恢崇道教，樂正《雅》《頌》，於是乎在。江、揚二州，先漸聲教，學士遺文，於今爲盛；然方之疇昔，猶千之一也。臣學不章句，才不弘道，階緣光寵，遂忝非服，方之華、戾，儒風邈遠，思竭駑駘，[10]庶增萬分，願斯道隆於百代之上，搢紳詠於千載之下。

伏聞節省之制，皆三分置二，博士舊員十有九人，今五經合九人。準古計今，猶未中半。九人以外，猶宜增四。願陛下萬機餘暇，時垂省覽。《周易》一經，有鄭玄注，其書根源，誠可深惜，宜爲鄭《易》博士一人。《儀禮》一經，所謂曲禮，鄭玄於《禮》特明，皆有證據，宜置鄭《儀禮》博士一人。《春秋公羊》，其書精隱，明於斷獄，宜置博士一人。《穀梁》簡約隱要，宜存於世，置博士一人。昔周之衰，下陵上替，臣弑其君，子弑其父，上無天子，下無方伯，善者誰賞，惡者誰罰，綱紀亂矣。孔子懼而作《春秋》，諸侯諱妬，懼犯時禁，是以微辭妙旨，義不顯明，故曰"知我者其唯《春秋》，罪我者其唯《春秋》"。時左丘明、子夏造膝親受，無不精究。孔子既没，微言將絶，於是丘明退撰所聞而爲之《傳》。其書善禮，多膏腴美辭，張本繼末，以發明經意，信多奇偉，學者好之。儒者稱公羊高親受子夏，[11]立於漢朝，辭義清俊，斷決明審，多可采用，董仲舒之所善也。穀梁赤師徒相傳，[12]暫立於漢，時劉向父子，[13]漢之名儒、猶執一家，莫肯相從。其書文清義約，[14]諸所發明，或是《左氏》《公羊》所不載，亦足有所訂正，是以《三傳》並行於先代，通才未能孤廢。[15]今去聖久遠，斯文將墜，與其過廢，寧過而立也。臣以爲《三傳》雖同一《春秋》，而發端異趣。案如三家異同之説，此乃義則戰爭之場，[16]辭亦劍戟之鋒，於理不可得共。博士宜各置一人，以傳其學。

元帝詔曰："崧表如此，皆經國大務，而爲治所由。息馬投戈，猶可講藝。今雖日不暇給，豈忘本而遺存邪？[17]可共博議之。"有司奏宜如崧表。詔曰："《穀梁》膚淺，不足立博士。餘如所奏。"會王敦之難，[18]事不施行。

[1]《周易》王氏：即王弼注《周易》。　《尚書》鄭氏：即鄭玄注《尚書》。　《古文》孔氏：即孔安國傳《古文尚書》。《春秋左傳》杜氏、服氏：即杜預、服虔注《春秋左傳》。

[2]荀崧：人名。字景猷。《晋書》卷七五有傳。

[3]才難：人才難得。

[4]元康：晋惠帝司馬衷年號（291—299）。　永嘉：晋懷帝司馬熾年號（307—313）。

[5]世祖武皇帝：即晋武帝司馬炎。

[6]鄉飲大射：鄉飲酒禮與爲祭祀擇士而舉行的射禮。《後漢書》卷二一《李忠傳》："春秋鄉飲，選用明經，郡中向慕之。"

《周禮·天官·司裘》："王大射，則共虎侯、熊侯、豹侯，設其鵠；諸侯則共熊侯、豹侯；卿大夫則共麋侯，皆設其鵠。"鄭玄注："大射者，爲祭祀射。王將有郊廟之事，以射擇諸侯及群臣與邦國所貢之士可以與祭者……而中多者得與於祭。"

［7］《石經》《古文》：丁福林《校議》云："'石經'，指儒家之刻石經典，'石經古文'，指以古文所刻石之儒家經典，即魏正始石經也，非書名。標點於'石經古文'分別加書名號，誤。應删二書名號。"

［8］賈、馬、鄭、杜、服、孔、王、何、顏、尹：均人名。分別指賈逵（《後漢書》卷三六有傳）、馬融（《後漢書》卷六〇上有傳）、鄭玄（《後漢書》卷三五有傳）、杜預（《晋書》卷三四有傳）、服虔（《後漢書》卷七九下有傳）、孔安國（《漢書》卷八八有傳）、王弼（《三國志》卷二八《魏書·鍾會傳》裴松之注有何邵爲王弼所作傳））、何休（《後漢書》卷七九下有傳）、顏安樂（《漢書》卷八八有傳）、尹敏（《後漢書》卷七九上有傳）。

［9］張華：人名。字茂先。《晋書》卷三六有傳。　劉寔：人名。字子真。《晋書》卷四一有傳。

［10］駑駘：喻低劣的才能。

［11］公羊高：人名。《公羊傳》的作者。

［12］穀梁赤：人名。《穀梁傳》的作者。

［13］劉向父子：即劉向、劉歆。西漢經學家。《漢書》卷三六有附傳。

［14］其書文清義約：中華本校勘記云："各本並脱'義'字，據《晋書·荀崧傳》補。"

［15］通才未能孤廢：中華本校勘記云："各本並脱'孤'字，據《晋書·荀崧傳》補。"

［16］此乃義則戰争之場：中華本校勘記云："各本並脱'此乃'二字，據《晋書·荀崧傳》補。"

［17］豈忘本而遺存邪：中華本校勘記云："'遺'各本並作

'道'，據《晉書·荀崧傳》改。"

[18]王敦：人名。字處仲。《晉書》卷九八有傳。

成帝咸康三年，國子祭酒袁瓌、太常馮懷又上
疏曰：[1]

臣聞先王之教也，崇典訓，[2]明禮學，以示後
生，道萬物之性，暢爲善之道也。宗周既興，文史
載煥，端委治於南蠻，[3]頌聲逸於四海。故延州入
聘，[4]聞《雅》音而嗟咨，韓起適魯，[5]觀《易》
象而嘆息。何者？立人之道，於此爲首也。孔子恂
恂，[6]道化洙、泗，孟軻皇皇，誨誘無倦。是以仁
義之聲，于今猶存，禮讓之風，千載未泯。

疇昔陵替，[7]喪亂屢臻，儒林之教暫頹，庠序
之禮有闕，國學索然，墳卷莫啓，[8]有心之徒，抱
志無由。昔魏武身親介胄，務在武功，猶尚息鞍披
覽，投戈吟詠，以爲世之所須者，治之本宜崇。況
今陛下以聖明臨朝，百官以虔恭蒞事，朝野無虞，
江外靜謐。如之何泱泱之風，漠焉無聞，洋洋之
美，墜於聖世乎。古人有言，《詩》《書》義之府，
禮樂德之則。實宜留心經籍，闡明學義，使諷頌之
音，盈於京室，味道之賢，是則是詠，[9]豈不盛哉！

疏奏，帝有感焉。由是議立國學，徵集生徒，而世尚
莊、老，莫肯用心儒訓。穆帝永和八年，殷浩西征，以
軍興罷遣，由此遂廢。

[1]國子祭酒：官名。博士之首。　袁瓌：人名。《晉書》卷

八三有傳。　馮懷：人名。《晋書》卷三九《荀奕傳》、《通鑑》卷九四載馮懷咸和六年爲侍中；據《晋書・禮志上》咸康中其爲太常，卷三一《武悼楊皇后傳》馮懷官護軍將軍，《晋書》卷七七《陸曄傳》載其官黃門侍郎。

[2]典訓：《尚書》中《堯典》《伊訓》等篇的並稱。喻先代典則。

[3]端委：禮服。《左傳》昭公元年云："吾與子弁冕端委，以治民臨諸侯。"杜預注："端委，禮衣。"孔穎達疏引服虔曰："禮衣端正無殺，故曰端；文德之衣尚褒長，故曰委。"這裏代指禮儀。

[4]延州：春秋時吳公子季札本封延陵，復封州來，後因以"延州"借指季札。《文選》謝靈運《廬陵王墓下作》詩："延州協心許，楚老惜蘭芳。"李善注引《新序》："延陵季子將西聘晋，帶寶劍以過徐君，徐君不言而色欲之。季子爲有上國之事，未獻也，然心許之矣。使於晋，顧反，則徐君死。於是以劍帶徐君墓樹而去。"

[5]韓起：春秋晋國人。事見《春秋左傳》昭公二年。

[6]恂恂：善於誘導。

[7]疇昔陵替：此指西晋滅亡。中華本校勘記云："'陵替'上《晋書・袁瓌傳》有'皇運'二字。"

[8]墳卷：這裏指儒家經典。

[9]是則是詠：中華本校勘記云："'是則'二字，三朝本空白，北監本、毛本、殿本、局本作'典謨'。《晋書・袁瓌傳》作'是則'。今據《晋書・袁瓌傳》訂正。"

征西將軍庾亮在武昌，[1]開置學官。教曰：

　　人情重交而輕財，好逸而惡勞，學業致苦，而禄答未厚，由捷徑者多，故莫肯用心。洙、泗邈遠，《風》《雅》彌替，後生放任，不復憲章典謨。

臨官宰政者，務目前之治，不能閑以典誥。遂令《詩》《書》荒塵，頌聲寂漠，仰瞻俯省，能弗嘆慨。自胡夷交侵，殆三十年矣。而未革面嚮風者，豈威武之用盡，抑文教未洽，不足綏之邪？昔魯秉周禮，齊不敢侮；范會崇典，[2]晋國以治。楚、魏之君，皆阻帶山河，憑城據漢，國富民殷，而不能保其强大，吴起、屈完所以爲嘆也。[3]由此言之，禮義之固，孰與金城湯池？季路稱攝乎大國之間，[4]加之以師旅，因之以饑饉，爲之三年，猶欲行其義方。况今江表晏然，王道隆盛，而不能弘敷禮樂，敦明庠序，其何以訓彝倫而來遠人乎！魏武帝於馳騖之時，以馬上爲家，逮于建安之末，風塵未弭，[5]然猶留心遠覽，大學興業，[6]所謂顛沛必於是，真通才也。

今使三時既務，五教並修，軍旅已整，俎豆無廢，豈非兼善者哉！便處分安學校處所，籌量起立講舍。參佐大將子弟，悉令入學，吾家子弟，亦令受業。四府博學識義通涉文學經綸者，[7]建儒林祭酒，使班同三署，[8]厚其供給，皆妙選邦彦，必有其宜者，以充此舉。近臨川、臨賀二郡，[9]並求修復學校，可下聽之。若非束脩之流，[10]禮教所不及，而欲階緣免役者，不得爲生。明爲條制，令法清而人貴。

又繕造禮器俎豆之屬，將行大射之禮。亮尋薨，又廢。

[1]征西將軍：官名。將軍名號。三品。　庾亮：人名。字元

規。《晉書》卷七三有傳。

[2]范會：人名。春秋晉國人。

[3]吳起：人名。《史記》卷六五有列傳。　屈完：人名。春秋時楚國人。事見《春秋左傳》僖公四年。

[4]季路：人名。即子路。孔子的得意門生。事見《史記》卷六七《仲尼弟子列傳》。

[5]風塵未弭：天下未定，戰争未息。

[6]大學興業：指大興學業。

[7]四府：官署名。東漢以太尉、司徒、司空、大將軍（太傅）府爲四府。《後漢書》卷二七《趙典傳》：“建和初，四府表薦，徵拜議郎，侍講禁内，再遷爲侍中。”李賢注：“四府，太尉、司徒、司空、大將軍府也。”

[8]三署：官署名。漢時五官署、左署、右署之合稱。《後漢書》卷四《和帝紀》：“引三署郎召見禁中。”李賢注引《漢官儀》：“三署謂五官署也，左、右署也，各置中郎將以司之。郡國舉孝廉以補三署郎，年五十以上屬五官，其次分在左、右署。”

[9]臨川：地名。約在今江西撫州市。　臨賀：地名。在今廣西賀州市東南。

[10]束脩之流：此指真正的學生。

　　孝武帝太元九年，[1]尚書謝石又陳之曰：[2]

　　　　立人之道，曰仁與義。翼善輔性，唯禮與學。雖理出自然，必須誘導。故洙、泗闡弘道之風，《詩》《書》垂軌教之典。敦《詩》悦《禮》，王化以斯而隆；甄陶九流，[3]群生於是乎穆。世不常治，道亦時亡。光武投戈而習誦，魏武息馬以修學，懼墜斯文，若此之至也。大晉受命，值世多阻，雖聖化日融，而王道未備，庠序之業，或廢或興。遂令陶鑄闕日用之功，民性靡素絲之益，[4]亹亹玄緒，[5]翳焉莫抽，[6]臣所以遠尋伏念，寤寐永嘆者也。

今皇威遐震，戎車方靜，將灑玄風於四區，導斯民於至德。豈可不弘敷禮樂，使煥乎可觀。請興復國學，以訓胄子；班下州郡，普修鄉校。雕琢琳琅，和寶必至，大啓群蒙，茂茲成德。匪懈于事，必由之以通，則人競其業，道隆學備矣。

烈宗納其言。[7]其年，選公卿二千石子弟爲生，增造廟屋一百五十五間。而品課無章，士君子恥與其列。國子祭酒殷茂言之曰：[8]

臣聞弘化正俗，存乎禮教，輔性成德，必資於學。先王所以陶鑄天下，津梁萬物，閑邪納善，[9]潛被於日用者也。故能疏通玄理，窮綜幽微，一貫古今，彌綸治化。[10]且夫子稱回，[11]以好學爲本，七十希仰，[12]以善誘歸宗。《雅》《頌》之音，流詠千載，聖賢之淵範，哲王所同風。

自大晉中興，肇基江左，崇明學校，修建庠序，公卿子弟，並入國學。尋值多故，訓業不終。陛下以聖德玄一，思隆前美，順通居方，導達物性，興復儒肆，僉與後生。自學建彌年，而功無可名。憚業避役，就存者無幾，或假託親疾，真僞難知，聲實渾亂，莫此之甚。臣聞舊制，國子生皆冠族華胄，比列皇儲。而中者混雜蘭艾，遂令人情恥之。子貢去朔之餼羊，[13]仲尼猶愛其禮，況名實兼

喪，面牆一世者乎。若以當今急病，未遑斯典，權
宜停廢者，別一理也。若其不然，宜依舊準。竊謂
群臣內外，清官子姪，普應入學，制以程課。今者
見生，或年在扞格，方圓殊趣，宜聽其去就，各從
所安。所上謬合，乞付外參議。

烈宗下詔褒納，又不施行。朝廷及草萊之人有志於學
者，[14]莫不發憤嘆息。

[1]九年：中華本校勘記云：“‘九年’各本並作‘元年’。《通
典·禮典》作‘九年’。按《晋書·謝安傳》弟石附傳，石陳此議
在淝水戰後。淝水之戰在太元八年，則《通典》作石陳此議在太元
九年爲是，作元年者誤。今據改。”

[2]尚書謝石：丁福林《校議》據《晋書》卷七九《謝安傳》
及《晋書》卷九《孝武帝紀》指出，太元八年謝石爲尚書令，故
此處“尚書”後佚“令”字。 謝石：人名。字石奴。《晋書》卷
七九有附傳。

[3]甄陶：化育，培養造就。

[4]素絲：“素絲羔羊”之省稱。《詩·召南·羔羊》：“羔羊之
皮，素絲五紽。”毛傳：“素，白也；紽，數也。古者素絲以英裘，
不失其制。”朱熹《集傳》：“南國化文王之政，在位皆節儉正直，
故詩人美其衣服有常，而從容自得如此也。”後因以“素絲羔羊”
稱譽正直廉潔的官吏。

[5]亹亹：美妙，美好。 玄緒：謂先聖遺業。

[6]翳：遮蔽，隱藏，隱没。《楚辭·離騷》：“百神翳其備降
兮，九疑繽其並迎。”王逸注：“翳，蔽也。”

[7]烈宗：晋孝武帝司馬曜廟號。

[8]殷茂：人名。寧康二年（374）官散騎侍郎，晋安帝隆安
二年（398）官太常卿。

[9]閑：阻隔。

[10]彌綸：總括，貫通。

[11]回：顏回。孔子弟子。

[12]七十：孔子的七十弟子。

[13]餼羊：用爲祭品的羊。《論語·八佾》：“子貢欲去告朔之餼羊。子曰：‘賜也，爾愛其羊，我愛其禮。’”朱熹《集注》：“月朔，則以特羊告廟，請而行之。餼，生牲也。”

[14]草萊之人：鄉野、民間之人。

清河人李遼又上表曰：[1]“臣聞教者，治化之本，人倫之始，所以誘達群方，進德興仁，譬諸土石，陶冶成器。雖復百王殊禮，質文參差，至於斯道，其用不爽。自中華湮没，闕里荒毁，[2]先王之澤寢，聖賢之風絶，自此迄今，將及百年。造化有靈，否終以泰，河、濟夷徙，海、岱清通，黎庶蒙蘇，㲉藻奮化。[3]而典訓弗敷，《雅》《頌》寂蔑，久凋之俗，大弊未改。非演迪斯文，緝熙宏猷，[4]將何以光贊時邕，[5]克隆盛化哉。事有如賒而急，[6]實此之謂也。亡父先臣回，綏集邦邑，歸誠本朝。以太元十年，遣臣奉表。路經闕里，過覲孔廟，庭宇傾頓，軌式頹弛，萬世宗匠，忽焉淪廢，仰瞻俯慨，不覺涕流。既達京輦，表求興復聖祀，修建講學。至十四年十一月十七日，奉被明詔，采臣鄙議，敕下兖州魯郡，準舊營飾。故尚書令謝石令臣所須列上，又出家布，薄助興立。故鎮北將軍譙王恬版臣行北魯縣令，[7]賜許供遣。二臣薨徂，成規不遂。陛下體唐堯文思之美，訪宣尼善誘之勤，矜荒餘之凋昧，[8]愍聲教之未浹。[9]愚謂可重符兗州刺史，遂成舊廟，蠲復數户，以供掃灑。并賜給《六經》，講立庠序，延請宿學，廣集後進，使油然入道，發剖琢之功。[10]運仁義以征伐，敷道德以服遠，何招而不懷，何柔而不從。所爲者微，所弘甚大。臣自致身輦轂，[11]于今八稔，違親轉積，夙夜匪寧。振武將軍何澹之今震扞三齊，[12]臣當隨反。裴回天邑，[13]感戀罔極。乞臣表付外參議。"又不見省。

[1]清河：地名。相當於今河北清河縣及棗强縣、南宫市各一部分。

[2]闕里：孔子故里。在今山東曲阜城内闕里街。

[3]鳧藻：鳧戲於水藻。比喻歡悦。《後漢書》卷三一《杜詩傳》："陛下起兵十有三年，將帥和睦，士卒鳧藻。"李賢注："言其和睦歡悦，如鳧之戲於水藻也。"

[4]緝熙：光明。《詩·大雅·文王》："穆穆文王，於緝熙敬止。"毛傳："緝熙，光明也。" 宏猷：遠大的謀略，宏偉的計劃。

[5]時邕：時世太平。

[6]賖：遲緩，緩慢。

[7]鎮北將軍：官名。將軍名號。三品。 譙王恬：即司馬恬。《晋書》卷三七有附傳。

[8]凋昧：凋敝愚昧。

[9]浹：沾潤。

[10]剖琢：剖琢美玉，此處指培育人才。

[11]輦轂：皇帝的車輿。此處代指京城。

[12]振武將軍：官名。將軍名號。四品。 何澹之：人名。東晋末人，宋官至大司農。事見《晋書》卷九九《桓玄傳》。

[13]裴回：彷徨。徘徊不進貌。 天邑：謂帝王之都。指京都。

宋高祖受命，[1]詔有司立學，未就而崩。太祖元嘉二十年，復立國子學，二十七年廢。

[1]高祖：宋武帝劉裕廟號。

魏高貴鄉公甘露三年，[1]車駕親率群司行養老之禮於太學。於是王祥爲三老，[2]鄭小同爲五更。[3]今無其注，然漢禮具存也。

[1]甘露：三國魏高貴鄉公曹髦年號（256—260）。　三年：中華本校勘記云：“‘三年’各本並作‘二年’，據《三國志·魏志·高貴鄉公紀》改。”
[2]王祥：人名。字休徵。《晋書》卷三三有傳。　三老：古代設三老五更之位，天子以父兄之禮養之。《禮記·文王世子》：“適東序，釋奠於先師，遂設三老、五更、群老之席位焉。”鄭玄注：“三老五更各一人也，皆年老更事致仕者也，天子以父兄養之，示天下之孝悌也。名以三五者，取象三辰五星，天所因以照明天下者。”《禮記·樂記》：“食三老五更於大學。”鄭玄注：“三老五更，互言之耳，皆老人更知三德五事者也。”孔穎達疏：“三德謂正直、剛、柔。五事謂貌、言、視、聽、思也。”
[3]鄭小同：人名。鄭玄嫡孫。高貴鄉公正元二年（255）官侍中，甘露三年爵關内侯。事見《三國志》卷四《魏書·高貴鄉公髦紀》。

晋武帝泰始六年十二月，帝臨辟雍，行鄉飲酒之禮。[1]詔曰：“禮儀之廢久矣，乃今復講肄舊典。賜太常絹百匹，丞、博士及學生牛酒。”咸寧三年，惠帝元康九年，復行其禮。

[1]鄉飲酒之禮：周代鄉學三年業成大比，考其德行道藝優異者，薦於諸侯。將行之時，由鄉大夫設酒宴以賓禮相待，謂之"鄉飲酒禮"。歷朝沿用，亦指地方官按時在儒學舉行的一種敬老儀式。《儀禮·鄉飲酒禮》賈公彥疏引漢鄭玄《三禮目録》："諸侯之鄉大夫三年大比，獻賢者能于其君，以賓禮待之，與之飲酒。于五禮屬嘉禮。"

魏齊王正始中，齊王每講經遍，輒使太常釋奠先聖先師於辟雍，[1]弗躬親。晋惠帝、明帝之爲太子，及愍懷太子講經竟，[2]並親釋奠於太學，太子進爵於先師，中庶子進爵於顏淵。[3]元帝詔曰："吾識太子此事，祠訖便請王公以下者，昔在洛時，嘗豫清坐也。"[4]成、穆、孝武三帝，亦皆親釋奠。孝武時，以太學在水南懸遠，[5]有司議依升平元年，於中堂權立行太學。于時無復國子生，有司奏："應須二學生百二十人。太學生取見人六十，國子生權銓大臣子孫六十人，事訖罷。"奏可。釋奠禮畢，會百官六品以上。元嘉二十二年，太子釋奠，采晋故事，官有其注。祭畢，太祖親臨學宴會，太子以下悉豫。

[1]齊王每講經遍輒使太常釋奠先聖先師於辟雍：中華本校勘記指出："各本並脱'遍輒'二字，據《晋書·禮志》《通典·禮典》補。" 釋奠：設酒食祭奠。先聖先師，周公、孔子。
[2]愍懷太子：即司馬遹。《晋書》卷五三有傳。
[3]中庶子：官名。太子屬官。

[4]清坐：清雅的席位。

[5]水南：洛水之南。西晉太學所在地。在今河南偃師市東大郊村。

　　兵者，守國之備。孔子曰：“以不教民戰，是謂棄之。”兵，凶事，不可空設，因蒐狩而習之。[1]而凡師出曰治兵，入曰振旅，皆戰陳之事，辨鼓鐸鐲鐃之用，[2]以教坐作進退疾徐疏數之節，遂以蒐田。[3]獻禽以祭社。仲夏教茇舍，[4]如振旅之陳，遂以苗田，[5]如蒐之法。獻禽以享礿。[6]仲秋教治兵，如振旅之陳，遂以獮田，如蒐之法。致禽以祀方。[7]仲冬教大閱，遂以狩田。獻禽以享烝。[8]蒐者，蒐索取其不孕者也。苗者，爲苗除害而已。獮者，殺也。從秋氣所殺多也。狩者，冬物畢成，獲則取之，無所擇也。

[1]蒐狩：春獵爲蒐，冬獵爲狩，泛指狩獵。

[2]鐸：樂器，大鈴的一種。　鐲：軍中樂器，鐘狀的鈴。《周禮·地官·鼓人》：“以金鐲節鼓。”鄭玄注：“鐲，鉦也。形如小鐘，軍行鳴之，以爲鼓節。”

[3]蒐田：春日田獵。

[4]茇舍：言軍隊茇除草莽，即於野地宿息。《周禮·夏官·大司馬》：“中夏教茇舍，如振旅之陳。”鄭玄注：“茇舍，草止之也。軍有草止之法。”

[5]苗田：夏獵。《周禮·夏官·大司馬》：“遂以苗田，如蒐之法。車弊，獻禽以享礿。”鄭玄注：“夏田爲苗，擇取不孕任者，若治苗，去不秀實者。”

[6]享礿：祭祀宗廟。礿，宗廟時祭名。《禮記·王制》：“天

子諸侯宗廟之祭，春曰礿，夏曰禘，秋曰嘗，冬曰烝。"鄭玄注：
"此蓋夏殷之祭名，周則改之，春曰祠，夏曰礿。"

[7]祀方：秋祭四方之神。《詩·小雅·甫田》："以我齊明，
與我犧羊，以社以方。"朱熹《集傳》："方，秋祭四方，報成
萬物。"

[8]享烝：冬祭名。

漢儀，立秋日，郊禮畢，始揚威武，斬牲於郊，以
薦陵廟，名曰貙劉。其儀，乘輿御戎路，[1]白馬朱鬣，
躬執弩射牲。太宰令以獲車送陵廟。[2]於是乘輿還宮，
遣使以束帛賜武官，[3]肄孫、吳兵法戰陳之儀，[4]率以爲
常。至獻帝建安二十一年，魏國有司奏："古四時講
武，[5]皆於農隙。漢西京承秦制，三時不講，唯十月都
試。今兵革未偃，士民素習，[6]可無四時講武。但以立
秋擇吉日大朝車騎，號曰治兵。上合禮名，下承漢制。"
奏可。是冬，治兵。魏王親金鼓以令進退。[7]

[1]戎路：帝王在軍中所乘的車。《周禮·春官·車僕》："車
僕，掌戎路之萃。"鄭玄注："戎路，王在軍所乘也。"

[2]太宰：官名。西晉置太師、太傅、太保三上公，因避司馬
師諱，改太師爲太宰，居上公之首。常與太師、太保並掌朝政，爲
宰相之任。東晉、南朝作贈官，多用以安置元老勳舊大臣，名義尊
榮，無職掌。一品。　獲車：載禽獸等獵獲物之車。《文選》宋玉
《高唐賦》："飛鳥未及起，走獸未及發，何節奄忽，蹄足灑血，舉
功先得，獲車已實。"呂向注："獲車，載獸車也。"

[3]束帛：捆爲一束的五匹帛。古代用爲聘問、饋贈的禮物。
《周禮·春官·大宗伯》："孤執皮帛。"漢鄭玄注："皮帛者，束帛

而表以皮爲之。"賈公彥疏:"束者十端,每端丈八尺,皆兩端合卷,總爲五匹,故云束帛也。"

[4]孫、吳:人名。即孫武、吳起。孫武,著有《孫子兵法》。《史記》卷六五有列傳。吳起,原爲戰國魏人,因在魏受到排斥,而投奔楚國,楚悼王任他爲令尹,進行政治、軍事改革,楚國一度强盛,大敗魏國。因其改革侵犯楚國舊貴族利益,故楚悼王死後,舊貴族發動政變,吳起被亂箭射死。

[5]講武:講習武事。《國語·周語上》:"三時務農,而一時講武。"韋昭注:"講,習也。"

[6]士民素習:中華本校勘記云:"各本並作'士民習素',據《三國志·魏志·武帝紀》裴注引《魏書》《通典·禮典》改正。"

[7]魏王:即曹操。後被其子魏文帝曹丕追謚爲武帝。《三國志》卷一有紀。

延康元年,魏文帝爲魏王,是年六月立秋,治兵于東郊,公卿相儀。王御華蓋,[1]親令金鼓之節。

[1]華蓋:這裏指帝王車上的傘蓋。

明帝太和元年十月,治兵于東郊。

晋武帝泰始四年、九年、咸寧元年、太康四年、六年冬,皆自臨宣武觀,大習衆軍。然不自令進退也。自惠帝以後,其禮遂廢。

元帝太興四年,詔左右衛及諸營教習,[1]依大習儀作雁羽仗。成帝咸和中,[2]詔內外諸軍戲兵於南郊之場,故其地因名鬭場。自後蕃鎮桓、庾諸方伯,[3]往往閱習,然朝廷無事焉。

[1]左右衛：軍署名。掌伙飛、虎賁及前驅、由基、强弩三部司馬，屬下還有虎賁、羽林、上騎、異力、命中虎賁等五部督，負責宫禁宿衛。

[2]咸和：晋成帝司馬衍年號（326—334）。

[3]桓、庾：人名。即桓温、庾亮。《晋書》卷九八、卷七三有傳。

太祖在位，依故事肄習衆軍，兼用漢、魏之禮。其後以時講武於宣武堂。元嘉二十五年閏二月，大蒐於宣武場，主司奉詔列奏申攝，[1]克日校獵，百官備辦。設行宫殿便坐武帳於幕府山南岡。[2]設王公百官便坐幔省如常儀，設南北左右四行旌門。[3]建獲旗以表獲車。殿中郎一人典獲車。[4]主者二人收禽。吏二十四人配獲車。備獲車十二兩。校獵之官著袴褶。[5]有帶武冠者。脱冠者上纓。[6]二品以上擁刀，備槊、麾幡，三品以下帶刀。皆騎乘。將領部曲先獵一日，[7]遣屯布圍。領軍將軍一人督右甄；[8]護軍一人督左甄；[9]大司馬一人居中，[10]董正諸軍，[11]悉受節度。殿中郎率獲車部曲，在司馬之後。尚書僕射、都官尚書、五兵尚書、左右丞、都官諸曹郎、都令史、都官諸曹令史幹、蘭臺治書侍御史令史、諸曹令史幹，[12]督攝糾司，校獵非違。至日，會於宣武場，列爲重圍。設留守填街位於雲龍門外内官道北，[13]外官道南，[14]以西爲上。設從官位於雲龍門内大官階北，小官階南，以西爲上。設先置官位於行止車門外内官道西，外官道東，以北爲上。設先置官還位於廣莫門外道之東西，[15]以南爲上。校獵日平旦，正直侍中奏嚴。[16]上水一刻，奏："搥一鼓。"爲一嚴。上水二刻，奏："搥二鼓。"爲再嚴。殿中侍御史奏開東中華雲龍門，引仗爲小駕鹵簿。[17]百官非校獵之官，著朱服，集列廣莫門外。應還省者還省。留守塡街後部從官就位；前部從官依鹵簿；先置官先行。上水三刻，奏："搥三鼓。"爲三嚴。上水四刻，奏："外辦。"正次直侍中、散騎常侍、給事黃門侍郎、軍校劍履進夾上閤。正直侍郎負璽，通事令史帶龜印中書之印。上水五刻，皇帝出。著黑介幘單衣，乘輦。正直侍中負璽陪乘，不帶劍。殿中侍御史督攝黃麾以内。[18]次直侍中、次直黃門侍郎護駕在前。又次直侍中佩信璽、行璽，與正直黃門侍郎從護駕在後。不鳴鼓角，不得諠譁，以次引出，警蹕如常儀。[19]車駕出，驂讚，[20]陛者再拜。[21]皇太子入守。車駕將至，威儀唱：[22]"引先置前部從官就位。"再拜。車駕至行殿前回輦，正直侍中跪奏："降輦。"次直侍中稱制曰："可。"正直侍中俛伏起。皇帝降輦登御坐，侍臣升殿。直衛靫戟虎賁，[23]旄頭文衣，鶡尾，[24]以次列階。正直侍中奏："解嚴。"先置從駕百官還便坐幔省。[25]

[1]主司奉詔列奏申攝：中華本校勘記云："'主司'各本並作'主胄'，據《通典·禮典》改。按主司，即指主辦之有司。"

[2]幕府山：山名。在今江蘇南京市長江邊。

[3]旌門：帝王出行，張帷幕爲行宮，宮前樹旌旗爲門。稱旌門，《周禮·天官·掌舍》："爲帷宮，設旌門。"賈公彦疏："食息之時，則張帷爲宮，樹立旌旗以表門。"

[4]殿中郎：官名。尚書省殿中曹長官的通稱，掌擬詔書，多用文學之士。六品。

[5]袴褶：上穿褶，下著褲，外不加裘裳，故稱。

[6]纓：繫冠的帶子。以二組繫於冠，結在頷下。

[7]部曲：漢時爲軍隊之編制，這裏借指軍隊。

[8]領軍將軍：官名。掌禁衛軍。三品。　甄：打獵或作戰陣形的一翼。《左傳》文公十年云："子朱及文之無畏爲左司馬。"杜預注："將獵，張兩甄，故置二左司馬。"

[9]護軍：官名。將軍名號。三品。

[10]大司馬：官名。兩晋十六國多爲大臣加官，八公之一，居三公之上，三師之下，開府置僚屬，無具體職司。一品。

[11]董正：監督糾正，督察整頓。

[12]尚書僕射：官名。尚書省次官。三品。或單置，或並置左右，輔助尚書令執行政務，參議大政，諫諍得失，監察糾彈百官，可封還詔旨，常受命主管官吏選舉。　都官尚書：官名。領尚書省都官、水部、庫部、功部四曹。　五兵尚書：官名。領尚書省中兵、外兵二曹。　都官諸曹郎：官名。都官尚書諸曹郎官。　都官諸曹令史幹：官名。都官諸曹下級官吏。　蘭臺治書侍御史令史：官名。蘭臺侍御史、治書御史、蘭臺令史、治書令史。

[13]雲龍門：宮殿門名。内官：官名。帝王近侍之臣。《左傳》宣公十二年："内官序當其夜，以待不虞，不可謂無備。"杜預注："内官，近官。"孔穎達疏："其内官親近王者，爲次序以當其夜，若今宿直遞持更也。"

[14]外官：官名。侍衛臣僚以外官員的通稱。

[15]廣莫門：建康宮殿門名。

[16]嚴：戒夜。

[17]小駕：帝王車駕之一，較大駕減損部分車馬儀仗。　鹵簿：帝王駕出時扈從的儀仗隊。

[18]殿中侍御史：官名。監察考科百官政務，亦或受遣出使，

執行專項監察任務。七品。　黃麾：古代天子或大臣所乘車輿的裝飾品。

　　[19]警蹕：帝王出入時，於所經路途侍衛警戒，清道止行。

　　[20]驂讚：佐助駕車的人。

　　[21]陛者：執兵杖侍立於陛側的警衛。

　　[22]威儀：此指引導禮儀儀式進行的下級官吏。

　　[23]直衛鈒戟虎賁：手執鈒戟（古兵器，皇帝及后妃的儀仗之一）的宿衛虎賁（衛士）。

　　[24]鶡尾：鶡的尾羽。用作冠飾。

　　[25]幔省：用帳幔張蓋的臨時官署。

　　帝若躬親射禽，變御戎服，內外從官以及虎賁悉變服，如校獵儀。鈒戟抽鞘，以備武衛。黃麾內官，從入圍裏。列置部曲，廣張甄圍，[1]旗鼓相望，銜枚而進。[2]甄周圍會，督甄令史奔騎號法施令曰：[3]“春禽懷孕，蒐而不射；鳥獸之肉不登於俎，不射；皮革齒牙骨角毛羽不登於器，不射。”甄會。大司馬鳴鼓蹙圍，眾軍鼓譟警角，至宣武場止。大司馬屯北旌門；二甄帥屯左右旌門；殿中中郎率獲車部曲入次北旌門內之右。皇帝從南旌門入射禽。謁者以獲車收載，還陳於獲旗北。王公以下以次射禽，各送詣獲旗下，付收禽主者。事畢。大司馬鳴鼓解圍復屯，殿中郎率其屬收禽，以實獲車，充庖廚。列言統曹正廚，置尊酒俎肉于中逵，[4]以犒饗校獵眾軍。至晡，[5]正直侍中量宜奏嚴，從官還著朱服，鈒戟復鞘。再嚴，先置官先還。三嚴後二刻，正直侍中奏：“外辦。”皇帝著黑介幘單衣。正次直侍中、散騎常侍、給事黃門侍郎、軍校進夾御坐。正直侍中跪奏：

"還宮。"次直侍中稱制曰："可。"正直侍中俛伏起。乘輿登輦還，衛從如常儀。大司馬鳴鼓散屯，以次就舍。車駕將至，威儀唱："引留守填街先置前部從官就位。"再拜。車駕至殿前回輦，正直侍中跪奏："降輦。"次直侍中稱制曰："可。"正直侍中俛伏起。乘輿降入。正直次直侍中、散騎常侍、給事黃門侍郎、散騎侍郎、軍校從至閣，亦如常儀。正直侍中奏："解嚴。"內外百官拜表問訊如常儀，訖，罷。

[1]圍：打獵的圍場。

[2]銜枚：橫銜枚於口中，以防喧嘩或叫喊。枚，形如筷子，兩端有帶，可繫於頸上。

[3]督甄令史：官名。狩獵時督察各翼的官員。

[4]中逵：大路。

[5]晡：申時。即十五時至十七時。

宋書　卷一五

志第五

禮二

古者天子巡狩之禮,[1]布在方策。[2]至秦、漢巡幸,
或以厭望氣之祥,[3]或以希神仙之應,煩擾之役,多非
舊典。唯後漢諸帝,頗有古禮焉。魏文帝值參分初
創,[4]方隅事多,皇輿亟動,略無寧歲。蓋應時之務,
又非舊章也。明帝凡三東巡,[5]所過存問高年,[6]恤人疾
苦,或賜穀帛,有古巡幸之風焉。齊王正始元年,[7]巡
洛陽、賜高年、力田各有差。

[1]巡狩:天子出行,視察邦國州郡。
[2]方策:即方冊、簡冊、典籍,後亦指史冊。《禮記‧中
庸》:"哀公問政。子曰:'文武之政,布在方策,其人存,則其政
舉;其人亡,則其政息。'"鄭玄注:"方,版也。策,簡也。"孔
穎達疏:"言文王、武王爲政之道皆布列在於方牘簡策。"
[3]厭:本指以迷信的方法,鎮服或驅避可能出現的灾禍,或
致灾禍於人。《史記》卷八《高祖本紀》:"秦始皇帝常曰'東南有

天子氣’，於是因東游以厭之。”　望氣：一種占候術。觀察雲氣以預測吉凶。《漢書》卷八《宣帝紀》：“至後元二年，武帝疾，往來長楊、五柞宫，望氣者言長安獄中有天子氣，上遣使者分條中都官獄繫者，輕重皆殺之。”此處“厭望氣之祥”當即指這些事情。

[4]魏文帝：即曹丕。《三國志》卷二有紀。

[5]明帝：魏明帝曹叡。《三國志》卷三有紀。

[6]存問：慰問、慰勞，多指尊對卑，上對下。

[7]齊王：即曹芳。《三國志》卷四有紀。　正始：三國魏齊王曹芳年號（240—249）。

　　晋武帝泰始四年，詔刺史二千石長吏曰：[1]“古之王者，以歲時巡狩方嶽，[2]其次則二伯述職，[3]不然則行人巡省，[4]撢人誦志。[5]故雖幽遐側微，[6]心無壅隔。人情上通，上指遠喻。至于鰥寡，罔不得所。用垂風遺烈，[7]休聲猶存。朕在位累載，如臨深泉，夙興夕惕，[8]明發不寐，[9]坐而待旦。思四方水旱災眚，爲之怛然。勤躬約己，欲令事事當宜。當恐衆吏用情，[10]誠心未著，萬機兼猥，[11]慮有不周；政刑失謬，而弗獲備覽。百姓有過，在予一人。惟歲之不易，未遑卜征巡省之事。[12]人之未乂，其何以恤之。今使使持節侍中、副給事黄門侍郎，[13]銜命四出，周行天下，親見刺史二千石長吏，申喻朕心懇誠至意，訪求得失損益諸宜，觀省政治，問人間患苦。周典有之曰：‘其萬民利害爲一書，[14]其禮俗政事教治刑禁之逆順爲一書，其悖逆暴亂作慝犯令爲一書，其札喪凶荒厄貧爲一書，[15]其康樂和親安平爲一書。每國辨異之，以反命于王，以周知天下

之故。’斯舊章前訓，今率由之。還具條奏，俾朕昭然
鑒于幽遠，若親行焉。大夫君子，其各悉乃心，各敬乃
事，嘉謀令圖，苦言至戒，與使者盡之，無所隱諱。方
將虛心以俟。其勉哉勗之，稱朕意焉。”

[1]晋武帝：即司馬炎。《晋書》卷三有紀。　泰始：晋武帝
司馬炎年號（265—274）。　刺史二千石：州郡長官。

[2]方嶽：四方之山嶽。古指東嶽泰山、西嶽華山、南嶽霍山
（一指衡山）、北嶽恒山。

[3]二伯：指周初分別主管東方和西方諸侯的兩位重臣周公和
召公。《禮記·王制》：“八伯各以其屬，屬于天子之老二人，分天
下以爲左右，曰二伯。”鄭玄注：“自陝以東，周公主之，自陝以
西，召公主之。”　述職：諸侯向天子陳述職守。《孟子·梁惠王
下》：“諸侯朝于天子曰述職。述職者，述所職也。”

[4]行人：使者。《管子·侈靡》：“行人可不有私。”尹知章
注：“行人，使人也。”

[5]撢人：官名。掌探取帝王旨意告訴國人。《周禮·夏官·
序官》：“撢人，中士四人，史四人，徒八人。”鄭玄注：“撢人，
主撢序王意以語天下。”

[6]幽遐：深幽僻遠。　側微：卑賤。《尚書·舜典》：“虞舜
側微。”孔穎達疏：“此云側微，即《堯典》側陋也。不在朝廷謂
之側，其人貧賤謂之微。”

[7]用：猶有。《楚辭·離騷》：“夫維聖哲以茂行兮，苟得用
此下土。”游國恩《纂義》引汪瑗曰：“用，猶有也。”　垂風遺
烈：垂示的風範、遺留的功業。

[8]夙興：早起。《禮記·昏義》：“夙興，婦沐浴以俟見。”孫
希旦《集解》：“夙，早也，謂昏明日之早晨也。興，起也。”此處
指早早起來處理政事。夕惕：至夜晚仍懷憂懼。

　　[9]明發不寐：黎明時就不再睡覺。《詩·小雅·小宛》：“明發不寐，有懷二人。”朱熹《集傳》：“明發，謂將旦而光明開發也。二人，父母也。”

　　[10]用情：循私情。

　　[11]猥：積弊。《漢書·五行志上》：“夫繼二敝之後，承其下流，兼受其猥，難治甚矣。”顏師古注：“猥，積也，謂積敝也。”

　　[12]卜征：占卜巡狩之吉凶。《左傳》襄公十三年云：“先王卜征五年，而歲習其祥，祥習則行，不習則增，修德而改卜。”

　　[13]侍中：官名。掌儐贊威儀，備切問近對，拾遺補闕。三品。　　副給事黃門侍郎：官名。給事黃門侍郎之副，給事黃門侍郎，秦始置，漢以後並因之，與侍中俱管門下衆事。五品。

　　[14]民：中華本校勘記云：“‘民’各本並作‘人’，據《周禮》秋官小行人職文改。”

　　[15]札喪：疫病死亡。《周禮·地官·司市》：“國凶荒札喪，則市無征而作布。”賈公彥疏：“札謂疫病，喪謂死喪。”

　　摯虞新禮議曰：[1]“魏氏無巡狩故事，新禮則巡狩方岳，柴望告至，[2]設壇宮，[3]如禮諸侯之覲者，[4]擯及執贊皆如朝儀，[5]而不建其旗。臣虞案覲禮，諸侯覲天子，各建其旗章，所以殊爵命，示等威。《詩》稱‘君子至止，言觀其旂’。[6]宜定新禮建旗如舊禮。”然終晉世巡狩廢矣！

　　[1]摯虞：人名。字仲洽。《晋書》卷五一有傳。

　　[2]柴望：柴指燒柴祭天，望謂祭國中山川。《尚書·武成》：“越三日，庚戌，柴望，大告武成。”孔傳：“燔柴，郊天，望，祀山川。”

　　[3]壇宮：天子外出，在平地休息住宿時設置的一種有土墻的

臨時宮室。《周禮·天官·掌舍》："爲壇、壝宮、棘門。"鄭玄注："謂王行，止宿平地，築壇，又委壝土起堳埒以爲宮。"賈公彦疏："止宿之間，不可築作牆壁，宜掘地爲宮，土在坑畔而高則堳埒也。"

[4]覲：諸侯秋季朝見天子。《詩·大雅·韓奕》："四牡奕奕，孔脩且張。韓侯入覲，以其介圭，入覲于王。"鄭玄《箋》："諸侯秋見天子曰覲。"

[5]擯：接待賓客。《周禮·秋官·小行人》："凡四方之使者，大客則擯，小客則受其幣。"鄭玄注："擯者，擯而見之，王使得親言也。" 執贄：謁見人時攜禮物相贈。執謂持，贄指所攜禮品。《禮記·檀弓上》："魯人有周豐也者，哀公執贄請見之。"贄，陸德明《經典釋文》作"贊"。《儀禮·士相見禮》："士相見之禮，贄。冬用雉，夏用腒。"鄭玄注："贄，所執以至者，君子見于所尊敬，必執贄以將其厚意也。"

[6]旂：畫有兩龍並在竿頭懸鈴的旗。

宋武帝永初元年，[1]詔遣大使分行四方，舉善旌賢，問其疾苦。

[1]宋武帝：即劉裕。本書卷一、二、三有紀。 永初：宋武帝劉裕年號（420—422）。

元嘉四年二月乙卯，[1]太祖東巡。[2]丁卯，至丹徒。[3]己巳，告覲園陵。三月甲戌，幸丹徒離宮，升京城北顧。[4]乙亥，饗父老舊勳于丹徒行宮，加賜衣裳各有差，蠲丹徒縣其年租布之半，繫囚見徒五歲刑以下，悉皆原遣。登城三戰及先大將家并青泥關頭敗没餘口，[5]老疾單孤，又諸戰亡家不能自存者，並隨宜隱恤。[6]二十六年二月己亥，上東巡。辛丑，幸京城。[7]辛亥，謁二陵。丁巳，會舊京故老萬餘人，往還饗勞，孤疾勤勞之家咸蒙恤賚，發赦令，蠲徭役。

[1]二月乙卯：中華本校勘記云：“‘乙卯’原作‘己卯’，據局本及本書《文帝紀》改。按是年二月乙巳朔，十一日乙卯，是月無己卯。”

[2]太祖：宋文帝劉義隆廟號。本書卷五有紀。

[3]丹徒：在今江蘇鎮江市丹徒區。

[4]北顧：此指北固山。

[5]登城三戰及先大將家并青泥關頭敗没餘口：中華本校勘記云：“‘家’各本並作‘軍’，據《文帝紀》改。‘青泥’各本並作‘貴泥’。孫彪《宋書考論》云：‘當作青泥’。按孫説是，今改正。”青泥關，今陝西藍田縣藍橋。

[6]隱恤：哀憐撫恤。

[7]京城：地名。又稱北府、京口，在今江蘇鎮江市。

其時皇太子監國，[1]有司奏儀注。
某曹關某事云云。[2]被令，儀宜如是。請爲牋如左。[3]謹關。

　　　　右署衆官如常儀。

尚書僕射、尚書左右丞某甲，[4]死罪死罪。某事云云。參議以爲宜如是事諾。奉行。某年月日。某曹上。

　　　　右牋儀準於啓事年月右方，關門下位及尚書官署。[5]其言選事者，依舊不經它官。

太常主者寺押。[6]某署令某甲辭。言某事云云。求告報如所稱。詳檢相應。今聽如所上處事諾。明詳旨申勒，[7]依承不得有虧。[8]符到奉行。[9]年月日。起尚書某曹。

右符儀。

某曹關太常甲乙啓辭。押。某署令某甲上言。某事云云。請臺告報如所稱。主者詳檢相應。請聽如所上事諾。別符申攝奉行。謹關。

年月日。

右關事儀準於黃案年月日右方，[10]關門下位年月下左方，下附列尚書衆官署。

其尚書名下應云奏者，今言關。餘皆如黃案式。

某曹關司徒長史王甲啓辭。押。某州刺史丙丁解騰某郡縣令長李乙書言某事云云。請臺告報如所稱。尚書某甲參議，以爲所論正如法令，告報聽如所上。[11]請爲令書如左。謹關。

右關門下位及尚書署，如上儀。

司徒長史王甲啓辭。押。某州刺史丙丁解騰某郡縣令長李乙書言某事云云。州府緣案允值。請臺告報。

年月日。尚書令某甲上。

建康宮無令，稱僕射。

右令日下司徒，[12]令報聽如某所上。某宣攝奉行如故事。[13]文書如千里驛行。

年月朔日子。[14]尚書令某甲下。無令稱僕射。司徒承書從事到上起某曹。

右外上事，內處報，下令書儀。[15]

某曹關某事云云。令如是，請爲令書如右。謹關。

　　　右關署如前式。令司徒。某事云云。令如
　　是，其下所屬，奉行如故事。文書如千里
　　驛行。

年月日子，下起某曹。

　　　右令書自內出下外儀。

令書前某官某甲。令以甲爲某官，如故事。

年月日。侍御史某甲受。[16]

　　　右令書板文準於詔事板文。

尚書下云云。奏行如故事。

　　　右以準尚書勅儀。　　起某曹。

　　　右並白紙書。凡內外應關牋之事，一準此
　　爲儀。其經宮臣者，[17]依臣禮。

拜刺史二千石誡敕文曰制詔云云。某動靜屢聞。

　　　右若拜詔書除者如舊文。其拜令書除者，
　　“令”代“制詔”，餘如常儀。辭關板文云：
　　“某官糞土臣某甲臨官。[18]稽首再拜辭。”制曰
　　右除糞土臣及稽首云云。某官某甲再拜辭。以
　　“令曰”代“制曰”。某官宮臣者，稱臣。

皇太子夜開諸門，墨令，銀子榮傳令信。

[1]監國：監管國事。

[2]曹：分科辦事的官署或部門。《墨子·號令》：“吏卒侍大
門中者曹無過二人。”岑仲勉注：“曹猶今言‘處’或‘科’。”
關：稟告。《周禮·秋官·條狼氏》：“誓大夫曰敢不關，鞭五百。”
孫詒讓《正義》：“此不關亦謂不通告于君也。”

[3]牋：表文之一種，魏晋以後多用以上皇后、太子及諸王。

[4]尚書僕射：官名。主持尚書省政務。三品。　尚書左右丞：官名。尚書僕射之佐，掌尚書省庶務。六品。

[5]門下：官署名。門下諸省——集書省、侍中省、西省代稱，其署設於宮禁中，其官得出入宮禁，爲皇帝的親近侍從官，協助皇帝處理政事。　尚書：官署名。分六曹，主全國政事。

[6]太常：官名。掌宗廟祭祀，文化教育。三品。　寺押：官署畫押。

[7]申勒：指明令約束。中華本校勘記云：“‘勒’各本並作‘勤’，孫虨《宋書考論》云：‘勤當作勒’。按孫説是，今改正。”

[8]依承：依此承受（辦理）。　虧：違背。

[9]符：蓋有官府印信的下行公文的一種。《文心雕龍·書記》：“符者，孚也。徵召防僞，事資中孚，三代玉瑞，漢世金竹，末代從省，易以書翰矣。”

[10]黄案：尚書省的案卷、文書。《南齊書·百官志》：“凡諸除署、功論、封爵、貶黜、八議、疑讞、通關案，則左僕射主，右僕射次經，維是黄案，左僕射右僕射署朱符見字，經都丞竟，右僕射横畫成目，左僕射畫，令畫。”

[11]告報聽如所上：中華本校勘記云：“各本並脱‘告’字，據《通典·禮典》補。按下有‘請臺告報’之語，蓋告報爲當時公文程式用語。”

[12]右令曰下司徒：中華本校勘記云：“各本並脱‘右’字，據《通典·禮典》補。”

[13]奉：中華本校勘記云：“各本並脱‘奉’字，據《通典·禮典》補。”

[14]年月朔日子：中華本校勘記云：“三朝本、毛本作‘年月朔日子’。北監本、殿本、局本作‘年月朔日甲子’。按《文選》四四陳琳《檄吳將校部曲文》亦作‘年月朔日子’。”

[15]下令書儀：下行令書的體式。

[16]年月日。侍御史某甲受：中華本校勘記云："各本並在'右令書板文準於詔事板文'一行之下，今據《通典·禮典》，前後對易。"

[17]宮臣：太子的屬官。

[18]糞土臣：下對上時之謙稱。

太史每歲上其年曆。[1]先立春立夏大暑立秋立冬，常讀五時令。[2]皇帝所服，各隨五時之色。[3]帝升御坐，尚書令以下就席位，尚書三公郎以令著錄案上，奉以入，就席伏讀訖，賜酒一卮。官有其注。[4]傅咸曰："立秋一日，白路光於紫庭，[5]白旂陳於玉階。"[6]然則其日旂、路皆白也。

[1]太史每歲上其年曆：中華本校勘記云："'其'各本並作'某'，據《晉書·禮志》、《通典·禮典》改。"

[2]時令：此處指按季節制定有關農事的政令。

[3]五時之色：與立春、立夏、大暑、立秋、立冬五個時段相應的顏色。

[4]注：記載、登記。

[5]白路：皇帝在秋季所乘的車子，白色。

[6]玉階：天子宮殿前玉石做的階梯，代指朝廷。《文選》張衡《思玄賦》："勔自强而不息兮，蹈玉階之嶢崝。"舊注："玉階，天子階也。言我雖欲去，猶戀玉階不思去。"

晉成帝咸和五年六月丁未，[1]有司奏讀秋令。兼侍中散騎侍郎荀弈、兼黃門侍郎散騎侍郎曹宇駁曰：[2]"尚書三公曹奏讀秋令儀注。[3]新荒以來，舊典未備。臣等參議，光禄大夫臣華恒議，[4]武皇帝以秋夏盛暑，[5]常闕不讀令，在春冬不廢也。夫先王所以從時讀令者，[6]蓋後天而奉天時。[7]正服，[8]尊嚴之所重，今服章多闕如。比熱隆赫，[9]臣等謂可如恒議，依故事闕而不讀。"詔可。六年三月，有司奏："今月十六日立夏。案五年六月三十日門下駁，依武皇夏闕讀令。今正服漸備，四時讀令，[10]是祇述天和隆赫之道。謂今故宜讀夏令。"奏可。

[1]晉成帝：即司馬衍。《晉書》卷七有紀。　丁未：中華本校勘記云："按是月丙寅朔，無丁未。"　咸和：晉成帝司馬衍年號（326—334）。

[2]侍中散騎侍郎：平尚書奏事，侍從皇帝，顧問應對、諫諍拾遺。五品。　荀奕：人名。字玄欣，潁川潁陰人。《晉書》卷三九有附傳。　黃門侍郎散騎侍郎：官名。掌管門下衆事。五品。

[3]三公曹：官署名。尚書臺諸郎曹之一，掌斷獄及宣讀五季時令儀注。

[4]光禄大夫：官名。文散官，無常事，備顧問、應對詔命。三品。　華恒：人名。字敬則。《晉書》卷四四有附傳。

[5]武皇帝：即司馬炎。

[6]從：中華本校勘記云："《晉書·禮志》、《通典·禮典》作'順'，蓋沈約爲梁武帝父蕭順之諱而改。"

[7]後天：後於天時而行事。《易·乾卦》："先天而天弗違，後天而奉天時。"孔穎達疏："後天而奉天時者，若在天時之後行事，能奉順上天，是大人合天也。"

[8]正服：禮儀所規定的正式服裝。《論語·鄉黨》"紅紫不以爲褻服。"何晏《集解》引三國魏王肅曰："褻服，私居服，非公會之服，皆不正。褻尚不衣，正服無所施。"

　　[9]隆赫：高厚。

　　[10]四時：本指四季，這裏指立春、立夏、立秋、立冬四個
時令。

　　宋文帝元嘉六年六月辛酉朔，駙馬都尉奉朝請徐道
娛上表曰：[1]"謹案晋博士曹弘之議，[2]立秋御讀令，上
應著緗幘，[3]遂改用素，相承至今。臣淺學管見，竊有
惟疑。伏尋《禮記·月令》，王者四時之服正云駕倉
龍，[4]載赤旂，衣白衣，服黑玉。季夏則黄，文極於此，
無白冠則某履某舄也。[5]且幘又非古服，出自後代。上
附於冠，下不屬衣。冠固不革，而幘豈容異色，愚謂應
恒與冠同色，不宜隨節變綵。土令在近，謹以上聞。如
或可採，乞付外詳議。"太學博士荀萬秋議：[6]"伏尋幘
非古者冠冕之服，《禮》無其文。案蔡邕《獨斷》云：
'幘是古卑賤供事不冠人所服。'又董仲舒《止雨書》
曰：'其執事皆赤幘。'[7]知並不冠之服也。[8]漢元始
用，[9]衆臣率從。故司馬彪《輿服志》曰：[10]'尚書幘
名曰納言。[11]迎氣五郊，[12]各如其色，從章服也。'[13]自
兹相承，迄于有晋。大宋受命，禮制因循。斯既歷代成
準，謂宜仍舊。"有司奏："謹案道娛啓事，以土令在
近，謂幘不宜變。萬秋雖云幘宜仍舊，而不明無讀土令
之文。今書舊事于左。《魏臺雜訪》曰：[14]'前後但見
讀春夏秋冬四時令，至於服黄之時，獨闕不讀。今不解
其故。'魏明帝景初元年十二月二十一日，[15]散騎常侍
領太史令高堂隆上言曰：[16]'黄於五行，中央土也。王
四季各十八日。土生於火，故於火用事之末服黄，三季

則否。其令則隨四時，不以五行爲分也。是以服黃無令。'"其後太祖常謂土令，[17]三公郎每讀時令，[18]皇帝臨軒，[19]百僚備位，多震悚失常儀。[20]宋唯世祖世劉勰、太宗世謝緯爲三公郎，[21]善于其事，人主及公卿並屬目稱嘆。勰見《宗室傳》。緯，謝綜弟也。

[1]駙馬都尉奉朝請：官名。駙馬所封之官，無職事。六品。徐道娛：人名。高平（今山西高平市）人，晋給事中徐乾之子。

[2]博士：官名。此指太學博士，太學的教官，亦常參與討論國家禮儀之事。六品。　曹弘之：人名。晋哀帝初太學博士。

[3]緗幘：淺黃色頭巾。

[4]云：中華本校勘記云："'云'字三朝本空白。北監本、毛本、殿本、局本作'見'字，《元龜》五七六作'云'字。今據《元龜》改。"

[5]舄：以木爲複底的鞋。崔豹《古今注·輿服》："舄，以木置履下，乾臘不畏泥濕也。"

[6]荀萬秋：人名。字元寶，潁川潁陰（今河南許昌市）人。

[7]董仲舒：人名。西漢大儒。《史記》卷一二一有傳。

[8]不冠：不戴冠。

[9]漢元：即漢元帝劉奭。《漢書》卷九有紀。

[10]司馬彪：人名。著有《續漢書》。《晋書》卷八二有傳。

[11]尚書幘：《續漢書·輿服志下》："尚書幘收，方三寸，名曰納言，示以忠正，顯近職也。"

[12]迎氣五郊：立春日於東郊祭青帝，立夏日於南郊祭赤帝，立秋日於西郊祭白帝，立冬日於北郊祭黑帝，立秋前十八日於中郊祭黃帝。用以迎接四季，祈求豐年。

[13]各如其色，從章服也：繡有日月、星辰等圖案的古代禮服，每圖爲一章，天子十二章，群臣按品級以九、七、五、三章

遞降。

[14]《魏臺雜訪》：書名。又名《魏臺雜訪記》，三國魏高堂隆撰，見《隋書·經籍志二》。

[15]景初：三國魏明帝曹叡年號（237—239）。

[16]太史令：官名。掌三辰時日祥瑞妖災、天文曆法。　高堂隆：人名。字升平，泰山平陽（今山東泰安市）人。《三國志》卷二五有傳。

[17]太祖：晋文帝司馬昭廟號。《晋書》卷二有紀。

[18]三公郎：官名。尚書省三公曹長官通稱，其職分管三公曹政務。六品。

[19]臨軒：皇帝不坐正殿而御前殿。殿前堂陛之間近檐處兩邊有欄楯，如車之軒，故稱。

[20]震悚：震驚惶恐。

[21]劉虬：人名。字彦和。《南史》卷七二有傳。　謝緯：人名。謝綜之弟，謝述之子。事見本書卷五二《謝述傳》。

　　舊説後漢有郭虞者，[1]有三女。以三月上辰産二女，[2]上巳産一女。[3]二日之中，而三女並亡。俗以爲大忌。至此月此日，不敢止家，皆於東流水上爲祈禳，自潔濯，謂之禊祠。[4]分流行觴，遂成曲水。史臣案《周禮》女巫掌歲時祓除釁浴，如今三月上巳如水上之類也。釁浴謂以香薰草藥沐浴也。《韓詩》曰：“鄭國之俗，三月上巳，之溱、洧兩水之上，[5]招魂續魄。秉蘭草，拂不祥。”[6]此則其來甚久，非起郭虞之遺風、今世之度水也。《月令》，暮春，天子始乘舟。蔡邕章句曰：“陽氣和暖，鮪魚時至，將取以薦寝廟，[7]故因是乘舟禊於名川也。《論語》，暮春浴乎沂。[8]自上及下，古有此禮。今三月上巳，祓於水濱，蓋出此也。"邕之言然。
張衡《南都賦》祓於陽濱又是也。[9]或用秋，《漢書》
八月祓於霸上。[10]劉楨《魯都賦》：[11]"素秋二七，[12]
天漢指隅，人胥祓除，國子水嬉。"又是用七月十四日
也。自魏以後但用三日，不以巳也。

[1]郭虞：人名。其事不詳。

[2]上辰：上旬的辰日。

[3]上巳：上旬的巳日。

[4]禊：祓除不祥之祭。《玉篇·示部》"禊"字下引《史記》：
"漢武禊毀上。"《史記》卷四九《外戚世家》作"祓霸上"。《集
解》引徐廣曰："三月上巳，臨水祓除謂之禊。"

[5]溱、洧兩水：溱水與洧水。在今河南新密市。

[6]拂不祥：中華本校勘記云："《後漢書·禮儀志》劉昭注
引、《通典·禮典》作'祓除不祥'。"

[7]寢廟：宗廟的正殿稱廟，後殿稱寢，合稱寢廟。《禮記·
月令》："寢廟畢備。"鄭玄注："凡廟，前曰廟，後曰寢。"孔穎達
疏："廟是接神之處，其處尊，故在前，寢，衣冠所藏之處，對廟
爲卑，故在後。但廟制有東西廂，有序牆，寢制唯室而已。故《釋
宮》云'室有東西廂曰廟，無東西廂有室曰寢'是也。"

[8]沂：古水名。源出山東曲阜市東南的尼山，西流至滋陽縣
合於泗水。

[9]張衡：人名。《後漢書》卷五九有傳。　陽濱：水之北岸。

[10]霸上：今陝西西安市東。

[11]劉楨：人名。中華本校勘記云："'楨'各本並作'禎'。
按劉楨，字公幹，則'禎'當作'楨'，今改正。"

[12]素秋：秋季。按五行之說，秋屬金，其色白，故稱素秋。

魏明帝天淵池南，[1] 設流杯石溝，燕群臣。晋海西鍾山後流杯曲水，[2] 延百僚，皆其事也。官人循之至今。

[1] 天淵池：《三國志》卷二《魏書·文帝紀》黃初五年“穿天淵池”，《通鑑》卷一二〇胡三省注曰在洛陽。

[2] 晋海西：即晋廢帝海西公司馬奕。《晋書》卷八有紀。
鍾山：即紫金山。在今江蘇南京市東北。

漢文帝始革三年喪制。[1] 臨終詔曰：“天下吏民臨三日，皆釋服。[2] 無禁取婦、嫁女、祠祀、飲酒、食肉。其當給喪事者，無跣。経帶無過三寸。[3] 當臨者，[4] 皆旦夕各十五舉音。[5] 服大紅十五日，小紅十四日，纖七日而釋服。”[6] 文帝以己亥崩，乙巳葬，其間凡七日。自是之後，天下遵令，無復三年之禮。案《尸子》，[7] 禹冶水，爲喪法，曰毀必杖，[8] 哀必三年。是則水不救也。故使死於陵者葬於陵，死於澤者葬於澤。桐棺三寸，制喪三日。然則聖人之於急病，必爲權制也。但漢文治致升平，四海寧晏，廢禮開薄，非也。宣帝地節四年，[9] 詔曰：“今百姓或遭衰経凶災，而吏徭事不得葬，傷孝子心。自今諸有大父母、父母喪者，勿徭事，使得收斂送終，盡其子道。”[10] 至成帝時，丞相翟方進事父母孝謹，母終，既葬，三十六日，除服視事。[11] 自以爲身備漢相，不敢踰國家典章。然而原涉行父喪三年，[12] 顯名天下。河間惠王行母喪三年，[13] 詔書褒稱，以爲宗室儀表。薛脩服母喪三年，[14] 而兄宣曰：[15]“人少能行之。”遂兄弟不同，宣卒以此獲譏於世。是則喪禮見貴常存矣。至漢平帝崩，王莽欲眩惑天下示忠孝，使六百石以上皆服喪三年。[16] 及莽母死，但服天子弔諸侯之服，一弔再會而已。而令子新都侯宇服喪三年。[17] 及元后崩，[18] 莽乃自服三年之禮。事皆姦妄，天下疾之。漢安帝初，長吏多避事棄官。[19] 乃令自非父母服，不得去職。是後吏又守職居官，不行三年喪服。其後又開長吏以下告寧，[20] 言事者或以爲刺史二千石宜同此制，帝從之。建光元年，尚書孟布奏宜復如建武、永平故事，[21] 絕刺史二千石告寧及父母喪服，又從之。至桓帝永興二年，[22] 復令刺史二千石行三年服。永壽二年，又使中常侍以下行三年服。[23] 至延熹元年，[24] 又皆絕之。

[1] 漢文帝：即劉恒。《史記》卷一〇、《漢書》卷四有紀。

[2] 釋服：除去喪服，謂除喪。

[3] 絰帶：喪服所用的麻布帶子。

[4] 臨：臨喪，親臨喪禮。

[5] 舉音：爲悼死者而放聲哀哭。

[6] 纖：細紋布。《史記》卷一〇《孝文本紀》："已下，服大紅十五日，小紅十四日，纖七日，釋服。"《集解》引服虔曰："當言大功、小功布也。纖，細布衣也。"

[7]《尸子》：書名。先秦雜家著作，早佚，現有輯本存世。

[8] 毀：哀毀，居喪時因悲哀過度而損害健康。

[9] 宣帝：即劉詢。《漢書》卷八有紀。　地節：漢宣帝劉詢年號（前69—前66）。

[10] 大父母：祖父母。

[11] 成帝：即劉驁。《漢書》卷一〇有紀。　翟方進：人名。字子威，汝南上蔡（今河南上蔡縣）人。《漢書》卷八四有傳。

除服：脱去喪服，不再守喪。

〔12〕原涉：人名。字巨先。《漢書》卷九二有傳。

〔13〕河間惠王：即劉良。河間獻王之後。事見《漢書》卷五三《河間獻王劉德傳》。

〔14〕薛脩：人名。事見《漢書》卷八三《薛宣傳》。

〔15〕宣：人名。即薛宣。字贛君。《漢書》卷八三有傳。

〔16〕漢平帝：即劉衎。《漢書》卷一二有紀。　王莽：人名。字巨君，孝元皇后之弟子也，代西漢自立。《漢書》卷九九有傳。

六百石：官秩等級。太史令、郡丞等爲此級。

〔17〕新都侯宇：即王宇。王莽之子。事見《漢書·王莽傳》。

〔18〕元后：西漢孝元帝皇后，王莽之姑。《漢書》卷九八有傳。

〔19〕安帝：即劉祜。《後漢書》卷五有紀。

〔20〕告寧：告假奔喪。寧，謂官吏親喪，歸家服喪。《後漢書》卷四六《陳忠傳》：“光武皇帝絶告寧之典，貽則萬世，誠不可改。”李賢注引《前漢書音義》：“告寧，休謁之名，吉曰告，凶曰寧。”

〔21〕建光：漢安帝劉祜年號（121—122）。中華本校勘記云：“‘建光’各本並作‘建元’，據《元龜》六〇改。按漢安帝年號有‘建光’，無‘建元’。”

〔22〕桓帝：即劉志。《後漢書》卷七有紀。　永興：漢桓帝劉志年號（153—154）。

〔23〕永壽：漢桓帝劉志年號（155—158）。　中常侍：官名。宮廷内侍官。東漢由宦官專任，無定員，掌侍皇帝左右，出入内宫，贊導宫内衆事，備顧問應對。

〔24〕延熹：漢桓帝劉志年號（158—167）。

後漢世，諸帝不豫，並告泰山、弘農、廬江、常山、潁川、南陽、河東、東郡、廣陵太守禱祠五岳四瀆，遣司徒分詣郊廟社稷。[1]

[1]司徒：官名。三公之一。一品。

魏武臨終遺令曰：[1]"天下尚未安定，未得遵古。百官臨殿中者，十五舉音。葬畢便除服。其將兵屯戍者，不得離部。"帝以正月庚子崩，辛丑即殯。是月丁卯葬，[2]葬畢反吉，是爲不踰月也。諸葛亮受劉備遺詔，[3]既崩，群臣發喪，滿三日除服，到葬復如禮。其郡國太守、相、尉、縣令長三日便除服。此則魏、蜀喪制，又並異於漢也。孫權令諸居任遭三年之喪，[4]皆須交代乃去，然多犯者。嘉禾六年，[5]使群臣議立制，胡綜以爲宜定大辟之科。[6]又使代未至，不得告，告者抵罪。顧雍等同綜議，[7]從之。其後吳令孟仁聞喪輒去，[8]陸遜陳其素行，[9]得減死一等，自此遂絕。

[1]魏武：即曹操。《三國志》卷一有紀。
[2]是月：丁福林《校議》云："'是月'，應指正月。考魏武以建安二十五年正月庚子崩，是月戊寅朔，庚子爲二十三日，辛丑爲二十四日，然無丁卯日。《三國志·魏志·武帝紀》云魏武建安二十五年'二月丁卯，葬高陵'。則魏武之葬，乃二月事，非正月。是年二月丁未朔，丁卯月之二十一。則魏武以正月二十三日庚子崩至二月二十一日丁卯葬，前後凡二十八日，時與'不逾月'者正合。見此'是月'，乃'二月'之訛。"
[3]諸葛亮：人名。字孔明。《三國志》卷三五有傳。　劉備：人名。字玄德。《三國志》卷三二有傳。

[4]孫權：人名。字仲謀。《三國志》卷四七有傳。

[5]嘉禾：三國吳大帝孫權年號（232—238）。

[6]胡綜：人名。字偉則，汝南固始人。《三國志》卷六二有傳。　大辟：謂死刑。《尚書·呂刑》："大辟疑赦，其罰千鍰。"孔傳："死刑也。"　科：法規，刑律。

[7]顧雍：人名。字元嘆。《三國志》卷五二有傳。

[8]孟仁：人名。字恭武。事見《三國志》卷四八《吳書·孫皓傳》裴松之注引《吳錄》。

[9]陸遜：人名。字伯言。《三國志》卷五八有傳。

晉宣帝崩，[1]文、景並從權制。[2]及文帝崩，國内行服三日。武帝亦遵漢、魏之典，既葬除喪，然猶深衣素冠，[3]降席撤膳。[4]太宰司馬孚、太傅鄭沖、太保王祥、太尉何曾、司徒領中領軍司馬望、司空荀顗、車騎將軍賈充、尚書令裴秀、尚書僕射武陔、都護大將軍郭建、侍中郭綏、中書監荀勖、中軍將軍羊祜等奏曰：[5]"臣聞禮典軌度，豐殺隨時，虞、夏、商、周，咸不相襲，蓋有由也。大晉紹承漢、魏，有革有因，期於足以興化致治而已。故未皆得返情太素，[6]同規上古也。陛下既已俯遵漢、魏降喪之典，以濟時務；而躬蹈大孝，情過乎哀，素冠深衣，降席撤膳。雖武丁行之於殷世，[7]曾、閔履之於布衣，[8]未足以喻。方今荆蠻未夷，[9]庶政未乂，萬機事殷，動勞神慮。[10]豈遑全遂聖旨，以從至情。加歲時變易，期運忽過，山陵彌遠，攀慕永絶。[11]臣等以爲陛下宜回慮割情，以康時濟治。輒敕御府易服，内省改坐，太官復膳。[12]諸所施行，皆如舊制。"

詔曰：“每感念幽冥，而不得終苴絰於草土，[13]以存此痛，況當食稻衣錦，誠俀然激切其心，非所以相解也。吾本諸生家，傳禮來久，何心一旦便易此情於所天。[14]相從已多，可試省孔子答宰我之言，[15]無事紛紜也。言及悲剝，奈何奈何！”[16]孚等重奏：“伏讀明詔，感以悲懷。輒思仲尼所以抑宰我之問，聖思所以不能已已，甚深甚篤。然今者干戈未戢，武事未偃，萬機至重，天下至衆。陛下以萬乘之尊，履布衣之禮，服粗席藁，水飲疏食，殷憂內盈，毀悴外表，而躬勤萬機，坐而待旦，降心接下，仄不遑食，所以勞力者如斯之甚。是以臣等悚息不寧，誠懼神氣用損，以疚大事。輒敕有司改坐復常，率由舊典。惟陛下察納愚款，以慰皇太后之心。”又詔曰：“重覽奏議，益以悲剝，不能自勝，奈何奈何！三年之喪，自古達禮，誠聖人稱心立哀，明恕而行也。神靈日遠，無所告訴。雖薄於情，食旨服美，朕更所不堪也。不宜反覆，重傷其心，言用斷絶，奈何奈何！”帝遂以此禮終三年。後居太后之喪，亦如之。

[1]晉宣帝：即司馬懿。《晉書》卷一有紀。

[2]文、景：即司馬昭、司馬師。《晉書》卷二有紀。

[3]深衣：上衣、下裳相連綴的一種服裝。爲古代諸侯、大夫、士家居常穿的衣服，也是庶人的常禮服。《禮記·深衣》：“古者深衣，蓋有制度，以應規矩，繩權衡。”鄭玄注：“名曰深衣者，謂連衣裳而純之以采也。”孔穎達疏：“凡深衣皆用諸侯、大夫、士夕時所著之服，故《玉藻》云：‘朝玄端，夕深衣。’庶人吉服，亦深衣。” 素冠：白色的帽子，遭凶喪事時所戴。

[4]降席撤膳：减撤宴席。

[5]太宰：官名。三公之一。論道經邦，燮理陰陽。一品。
司馬孚：人名。字叔達，宣帝司馬懿之弟。《晋書》卷三七有傳。
太傅：官名。三公之一。一品。　鄭沖：人名。字文和，榮陽開
封人。《晋書》卷三三有傳。　太保：官名。三公之一。一品。
王祥：人名。字休徵。《晋書》卷三三有傳。　太尉：官名。東漢
時爲三公之首。一品。　何曾：人名。字穎考。《晋書》卷三三有
傳。　中領軍：官名。禁衛軍最高統領。三品。　司馬望：人名。
司馬孚之子。《晋書》卷三七有附傳。　司空：官名。宋時爲名譽
宰相。一品。　荀顗：人名。字景倩。《晋書》卷三九有傳。　車
騎將軍：官名。無具體職掌，加授大臣、重要州郡長官。二品。
賈充：人名。字公閭，平陽襄陵人。《晋書》卷四○有傳。　尚書
令：官名。尚書省長官，總理政務，實爲百官之長。三品。　裴
秀：人名。字季彦。《晋書》卷三五有傳。　武陔：人名。字元夏。
《晋書》卷四五有傳。　都護大將軍：官名。西晋置。二品。若開
府位從公者，一品。　中書監：官名。中書省長官之一，掌出納帝
命。三品。　荀勖：人名。字公曾。《晋書》卷三九有傳。　中軍
將軍：官名。統左右衛、前、後、左、右驍騎等宿衛七營禁軍，主
管京師及宮廷警衛。三品。　羊祜：人名。字叔子。《晋書》卷三
四有傳。

[6]太素：指起始、原始。《白虎通·天地》：“始起先有太初，
後有太始，形兆既成，名曰太素。”中華本校勘記云：“各本並脱
‘太’字，據《晋書·禮志》補。”

[7]武丁：人名。商王，後世稱爲高宗。盤庚弟小乙之子。相
傳少時生活在民間，即位後，重用傅説、甘盤爲大臣，力求鞏固統
治，在位五十九年。

[8]曾閔：曾參與閔損（閔子騫）的並稱。皆孔子弟子，以孝
行著稱。事見《史記》卷六七《仲尼弟子列傳》。

[9]荆蠻：指三國中的吳國。

[10]神慮：天子的心意、意圖。

[11]攀慕：哀悼思慕。

[12]太官：官名。掌皇帝膳食及宴享之事。

[13]苴絰：喪服中麻布製的無頂冠與腰帶。《儀禮·喪服》："喪服：斬衰裳，苴絰、杖、絞帶。"賈公彥疏："苴絰、杖、絞帶者，以一苴目此三事，謂苴麻爲首絰、要絰；又以苴竹爲杖；又以苴麻爲絞帶。"《儀禮·士喪禮》："苴絰大鬲。"鄭玄注："苴絰，斬衰之絰也。苴麻者，其貌苴以爲絰，服重者尚粗惡。"

[14]所天：稱所依靠的人，指父。

[15]宰我：即宰予。字子我，孔子弟子。事見《史記》卷六七《仲尼弟子列傳》。

[16]奈何奈何：魏晉時父母去世時一種哭法。參見周一良《魏晉南北朝史論集》（北京大學出版社1997年版，第456—457頁）。

　　泰始二年八月，[1]詔書曰："此上旬，先帝棄天下日也。便以周年，吾煢煢，當復何時壹得叙人子情邪？思慕煩毒，[2]欲詣陵瞻侍，以盡哀憤。主者具行備。"[3]太宰司馬孚、尚書令裴秀、尚書僕射武陔等奏："陛下至孝蒸蒸，[4]哀思罔極，衰麻雖除，[5]毀領過禮，疏食粗服，有損神和。今雖秋節，尚有餘暑，謁見山陵，悲感摧傷，群下竊用悚息。平議以爲宜惟遠體，降抑聖情，以慰萬國。"詔曰："孤煢忽爾，日月已周，痛慕摧感，永無逮及。欲奉瞻山陵，以叙哀債。體氣自佳，其又已凉，便當行，不得如所奏也。主者便具行備。"又詔曰："昔者哀適三十日，便爲梓宮所棄，[6]遂離衰絰，[7]感痛豈可勝言。顧漢文不使天下盡哀，亦先帝至謙之志，是以自割，不以副諸君子。有三年之愛，而身體廓然，當見山陵，何心而無服，其以衰絰行。”孚等重奏：“臣聞上古喪期無數，後世乃有年月之漸。漢文帝隨時之義，制爲短喪，傳之于後。陛下以社稷宗廟之重，萬方億兆之故，既從權制，釋降衰麻。群臣庶僚吉服。[8]今者謁陵，以叙哀慕，若加衰絰，近臣期服，當復受制。進退無當，不敢奉詔。”詔曰：“亦知不在此麻布耳。然人子情思，爲欲令哀喪之物在身，蓋近情也。群臣自當案舊制。期服之義，非先帝意也。”孚等又奏：“臣聞聖人制作，必從時宜。故五帝殊樂，三王異禮。此古今所以不同，質文所以迭用也。陛下隨時之宜，既降心克己，俯就權制，既除衰麻，而行心喪之禮。[9]今復制服，義無所依。若君服而臣不服，雖先帝厚恩，亦未之敢安也。參量平議，宜如前奏。臣等敢固以請。”詔曰：“患情不能企及耳，衣服何在。諸君勤勤之至，[10]豈苟相違。”

[1]泰始：晋武帝司馬炎年號（265—274）。

[2]煩毒：煩憂。《文選》張衡《思玄賦》：“增煩毒以迷惑兮，嗟孰可爲言己。”劉良注：“毒，憂也。”

[3]具：中華本校勘記云：“‘具’各本並作‘奏’。據《晋書·禮志》、《元龜》二七改。下文亦有‘主者便具行備’語。”

[4]蒸蒸：孝順。《文選》張衡《東京賦》：“蒸蒸之心，感物曾思。”薛綜注：“《廣雅》曰：蒸蒸，孝也。”

[5]衰麻：衰衣麻絰，喪服。

[6]梓宮：皇帝、皇后的棺材。《漢書》卷六八《霍光傳》：“賜金錢、繒絮，繡被百領，衣五十篋，璧珠璣玉衣，梓宮……皆如乘輿制度。”服虔曰：“棺也。”師古曰：“以梓木爲之，親身之棺也。爲天子制，故亦稱梓宮。”

[7]衰絰：喪服。古人喪服胸前當心處綴有長六寸、廣四寸的麻布，名衰，因名此衣爲衰。圍在頭上的散麻繩爲首絰，纏在腰間的爲腰絰。衰、絰是喪服的主要部分，故代指喪服。

[8]吉服：禮服。

[9]心喪：身無喪服而心存哀悼。《禮記·檀弓上》：“事師無犯無隱，左右就養無方，服勤至死，心喪三年。”鄭玄注：“心喪，戚容如父而無服也。”

[10]勤勤：懇切至誠。

泰始四年，皇太后崩。[1]有司奏：“前代故事，倚廬中施白縑賬蓐，[2]素牀，[3]以布巾裹凷草。輅輦板輿細犢車皆施縑裏。”[4]詔不聽，但令以布衣車而已。其餘居喪之制，一如禮文。有司又奏：“大行皇太后當以四月二十五日安厝。故事，虞著衰服，[5]既虞而除。其內外官僚，皆就朝晡臨位。[6]御除服訖，各還所次除衰服。”詔曰：“夫三年之喪，天下之達禮也。[7]受終身之愛，而無數年之報，奈何葬而便即吉，情所不忍也。”有司又奏：“世有險易，道有洿隆，[8]所遇之時異，誠有由然，非忽禮也。方今戎馬未散，王事至殷，更須聽斷，以熙庶績。昔周康王始登翌室，[9]猶戴冕臨朝。降於漢、魏，既葬除釋，諒暗闇之禮，[10]自遠代而廢矣。唯陛下割高宗之制，[11]從當時之宜。敢固以請。”詔曰：“攬省奏事，益增感剝。夫三年之喪，所以盡情致禮。恭已便除，所不堪也。當叙吾哀懷，言用斷絶，奈何奈何！”有司又固請。詔曰：“不能篤孝，勿以毀傷爲憂也。誠知衣服末事耳。然今思存草土，率常以吉物奪之，[12]乃所以重傷至心，非見念也。每代禮典質文皆不同，此身何爲限以近制，使達喪闋然乎。”群臣又固請，帝流涕久之乃許。

[1]皇太后：即文明王皇后。名元姬。《晋書》卷三一有傳。

[2]倚廬：爲父母守喪時居住的簡陋棚屋。《左傳》襄公十七年云：“齊晏桓子卒，晏嬰粗縗斬，苴絰帶、杖，菅屨，食鬻，居倚廬，寢苫、枕草。”　縑：絹。《漢書》卷九七上《史皇孫王夫人》：“媼爲翁須作縑單衣。”顔師古注：“縑，即今之絹也。”蓐：草席，草墊子。

[3]素牀：未加油漆雕飾的白木床。

[4]軺：小車，輕車。《文選》左思《吳都賦》：“吳王乃巾玉輅，軺驌驦，旗魚須。”吕向注：“軺，輕車也。”　板輿：用人擡的代步工具。　細犢車：小牛車。

[5]虞：既葬而祭爲虞，有安神之意。

[6]朝晡：朝時（辰時）至晡時（申時），亦指朝時與晡時。

[7]達禮：通行的禮儀。《禮記·檀弓下》：“葬于北方北首，三代之達禮也。”

[8]洿隆：高下。

[9]翌室：即翼室。路寢旁的左右室。《尚書·顧命》：“延入翼室，恤宅宗。”曾運乾《尚書正讀》：“江聲云：路寢旁室也。翼是左右兩旁之名。”

[10]諒闇：居喪時所住的房子。《禮記·喪服四制》：“《書》曰：‘高宗諒闇，三年不言。’善之也。”鄭玄注：“闇，謂廬也。”《文選》潘岳《閑居賦》：“今天子諒闇之際，領太傅主簿。”李善注：“諒闇，今謂凶廬裹寒凉幽闇之處，故曰諒闇。”

[11]高宗：商代賢君武丁廟號。

[12]吉物：中華本校勘記云：“各本並奪‘物’字，據《晋

書·禮志》補。"

文帝崇陽陵先開一日，[1]遣侍臣侍梓宮，又遣將軍校尉當直尉中監各一人，[2]將殿中將軍以下及先帝時左右常給使詣陵宿衛，[3]文明皇后崩及武元楊后崩，天下將吏發哀三日止。[4]

[1]崇陽陵：晋文帝司馬昭之陵，在今河南偃師市潘屯、杜樓二村北枕頭山。

[2]殿中監：官名。領禁兵，掌殿中宿衛，管理皇帝生活事務，亦代宣詔旨。七品。

[3]殿中將軍：官名。隸左、右衛將軍。朝會宴饗及乘輿出入，直侍左右，夜開宮城諸門，則執白虎幡監之，多選清望之士充之。六品。

[4]武元楊后：即楊艷。字瓊芝，弘農華陰人。《晋書》卷三一有傳。

泰始元年，詔諸將吏二千石以下遭三年喪，聽歸終寧，[1]庶人復除徭役。

[1]寧：謂守父母之喪。

太康七年，[1]大鴻臚鄭默母喪，[2]既葬，當依舊攝職，[3]固陳不起。於是始制大臣得終喪三年。然元康中，[4]陳準、傅咸之徒，[5]猶以權奪，不得終禮。自茲至今，往往以爲成比也。[6]

[1]太康：晋武帝司馬炎年號（280—289）。

[2]大鴻臚：官名。九卿之一，掌少數民族君長、諸侯王、列侯的迎送、接待、安排朝會、封授、襲爵及奪爵削土之典禮。諸侯王死，則奉詔護理喪事，宣讀謚號；百官朝會，掌贊襄引導。兼管京師之郡國邸舍及郡國上計吏之接待。　鄭默：人名。字思元。《晋書》卷四四有附傳。

[3]攝：代理。

[4]元康：晋惠帝司馬衷年號（291—299）。

[5]陳準：人名。字道基。事見《晋書》卷三四《羊祜傳》。傅咸：字長虞。《晋書》卷四七有附傳。

[6]成比：舊例。

晋文帝之崩也，羊祜謂傅玄曰：[1]"三年之喪，自天子達。漢文除之，毀禮傷義。今上有曾、閔之性，實行喪禮。喪禮實行，何爲除服。若因此守先王之法，不亦善乎？"玄曰："漢文以末世淺薄，不能復行國君之喪，故因而除之。數百年一旦復古，恐難行也。"祜曰："且使主上遂服，猶爲善乎？"玄曰："若上不除而臣下除，此爲但有父子，無復君臣，三綱之道虧矣。"習鑿齒曰：[2]"傅玄知無君臣之傷教，而不知兼無父子爲重，豈不蔽哉。且漢廢君臣之喪，不降父子之服，故四海黎庶，莫不盡情於其親。三綱之道，二服恒用於私室，而王者獨盡廢之，豈所以孝治天下乎。《詩》云'猷之未遠'，其傅玄之謂也。"

[1]傅玄：人名。字休奕。《晋書》卷四七有傳。

[2]習鑿齒：人名。字彥威。《晋書》卷八二有傳。

　　泰始十年，武元楊皇后崩。博士張靖議："太子宜依漢文權制，割情除服。"[1]博士陳逵議："太子宜令服重。"尚書僕射盧欽、尚書魏舒、杜預奏：[2]"諒闇之制，乃因自古，是以高宗無服喪之文，唯稱不言而已。漢文限三十六日，魏氏以既虞爲斷。皇太子與國爲體，理宜釋服。"博士段暢承述預旨，[3]推引《禮》傳以成其説。既卒哭，[4]太子及三夫人以下皆隨御除服。[5]

　　[1]張靖：人名。《晋書》卷二〇《禮志中》載本事及其所參議禮。

　　[2]盧欽：人名。字子若。《晋書》卷四四有傳。　魏舒：人名。字陽元。《晋書》卷四一有傳。　杜預：人名。字元凱。《晋書》卷三四有傳。

　　[3]段暢：人名。西晋初太學博士。《晋書·禮志中》載其於太康元年議禮，杜預與其論喪禮事見《通典》卷八二《禮典·皇太子爲太后不終三年服議》。

　　[4]卒哭：喪禮中，百日祭後，止無時之哭，變爲朝夕一哭，名爲卒哭。《儀禮·既夕禮》："三虞卒哭。"鄭玄注："卒哭，三虞之後祭名。始朝夕之間，哀至則哭，至此祭，止也。朝夕哭而已。"

　　[5]三夫人：貴人、夫人、貴嬪。

　　自漢文用權禮，無復□禁，[1]歷代遵用之。至晋孝武崩，[2]太傅録尚書會稽王道子議：[3]"山陵之後通婚嫁，不得作樂，以一朞爲限。"[4]宋高祖崩，葬畢，吏民至于宫掖，悉通樂，唯殿内禁。

[1]無復□禁：丁福林《校議》云：“此及下文乃述國喪禁樂事。古禮，國喪行三年喪制，喪期則禁樂。《漢書・文帝紀》載文帝臨終遺詔云：“其令天下吏民，令到出臨三日，皆釋服……殿中當臨者，皆以旦夕各十五舉音，禮畢罷。”則漢文臨終而變其制，是所謂“權禮”也。《晋書・禮志中》：“魏武以正月崩，魏文以其年七月設妓樂百戲，是則魏不以喪廢樂也。武帝以來，國有大喪，輒廢樂終三年。”則魏文即位之初已革舊制，是所謂“歷代遵用之”也。故頗疑此“□”爲“樂”字。至下文述晋孝武崩後司馬道子議以一年爲限之樂禁，宋武崩後葬畢即通樂事，皆可爲證。”丁氏之説爲是。

[2]晋孝武：即司馬曜。《晋書》卷九有紀。

[3]道子：人名。即司馬道子。《晋書》卷六四有傳。

[4]朞：周年。

　　宋武帝永初元年，[1]黄門侍郎王準之議：“鄭玄喪制二十七月而終，學者多云得禮。[2]晋初用王肅議，祥禫共月，遂以爲制。[3]江左以來，唯晋朝施用；[4]搢紳之士，猶多遵玄議。宜使朝野一體。”詔可。

[1]永初：宋武帝劉裕年號（420—422）。

[2]王準之：人名。字元魯。中華本校勘記云：“各本並脱‘王’字，據《通典・禮典》補。”本書卷六〇有傳。　鄭玄：人名。字康成。《後漢書》卷三五有傳。

[3]王肅：人名。字子雍。《三國志》卷一三有傳。　祥禫：喪祭名。語出《禮記・雜記下》：“期之喪，十一月而練，十三月而祥，十五月而禫。”

[4]江左：代指東晋。

晋惠帝永康元年,[1]愍懷太子薨,[2]帝依禮服長子三年，群臣服齊衰朞。[3]

[1]晋惠帝：即司馬衷。《晋書》卷四有紀。　永康：晋惠帝司馬衷年號（300—301）。

[2]愍懷太子：即司馬遹。《晋書》卷五三有傳。

[3]齊衰：喪服名。爲五服之一，喪服用粗麻布製成，以其緝邊縫齊，故稱。

晋孝武太元二十一年,[1]孝武帝崩，李太后制三年之制。[2]

[1]太元：晋孝武帝司馬曜年號（376—396）。

[2]李太后：即李陵容。孝武帝之母。《晋書》卷三二有傳。

宋武帝永初三年，武帝崩，蕭太后制三年之服。[1]

[1]蕭太后：宋武帝劉裕繼母孝懿皇后蕭文壽。本書卷四一有傳。

晋惠帝太安元年三月,[1]皇太孫尚薨。[2]有司奏："御服齊衰朞。"詔通議。散騎常侍謝衡以爲諸侯之太子,[3]誓與未誓,[4]尊卑體殊，《喪服》云，爲嫡子長殤。[5]謂未誓也。已誓則不殤也。中書令卞粹曰:[6]"太子始生，故已尊重，不待命誓。若衡議已誓不殤，則元服之子,[7]當斬衰三年;[8]未誓而殤，則雖十九，當大功九月。[9]誓與未誓，其爲升降也微；斬與大功，其爲輕重也遠。而今注云，諸侯不降嫡殤，重嫌於無服，[10]以大功爲重嫡之服。大功爲重嫡之服，則雖誓，無復有三年之理明矣。男能奉衛社稷，女能奉婦道，各以可成之年，而有已成之事，故可無殤，非孩亂之謂也。謂殤後者，尊之如父，猶無所加，而止殤服。況以天子之尊，爲無服之殤，行成人之制邪。凡諸宜重之殤，皆士大夫不加服，而令至尊獨居其重，未之前聞也。"博士蔡克同粹。[11]秘書監摯虞議:[12]"太子初生，舉以成人之禮，則殤理除矣。太孫亦體君傳重，[13]由位成而服全，非以年也。天子無服殤之儀，絕朞故也。"於是御史以上皆服齊衰。

[1]太安:晋惠帝司馬衷年號（302—304）。

[2]皇太孫尚:愍懷太子司馬遹之子司馬尚，永寧元年（301）八月立爲皇太孫。《晋書》卷五三有附傳。

[3]謝衡:人名。謝鯤之父。事見《晋書》卷四九《謝鯤傳》。

[4]誓:接受爵命。《周禮·春官·典命》:"凡諸侯之適子，誓于天子，攝其君，則下其君之禮一等。"鄭玄注:"誓，猶命也。言誓者，明天子既命以爲之嗣，樹子不易也。"

[5]殤:未至成年而死。

[6]中書令:官名。中書省長官之一，掌收納掌奏、草擬、發布皇帝詔令之機要政務，西晋常以宰相、諸公兼領。三品。　卞粹:人名。字元仁。事見《晋書》卷七〇《卞壺傳》。

[7]元服:冠。行冠禮爲加元服。《儀禮·士冠禮》:"令月吉日，始加元服。"《漢書》卷七《昭帝紀》:"（元鳳）四年春正月丁亥，帝加元服。"顔師古注:"元，首也。冠者，首之所著，故曰元服。"

[8]斬衰：五種喪服中最重的一種。用粗麻布製成，左右和下邊不縫，服制三年。

[9]大功：喪服五服之一。服期九月，其服用熟麻布做成，較齊衰稍細，較小功爲粗，故稱大功。

[10]無服：中華本校勘記云："各本並脱'服'字，據《晋書·禮志》補。"

[11]蔡克：人名。字子尼。事見《晋書》卷七七《蔡謨傳》。

[12]秘書監：官名。秘書省長官，掌國家藝文圖籍。三品。

[13]傳：中華本校勘記云："三朝本、北監本、毛本、殿本並脱'傳'字，今從局本。"丁福林《校議》云："《晋書·禮志中》各本正作'體君傳重'，校從局本是也。"

晋康帝建元元年正月晦，[1]成恭杜皇后周忌。[2]有司奏："至尊朞年應改服。"詔曰："君親，名教之重也。權制出於近代耳。"於是素服如舊。非漢、魏之典。

[1]晋康帝：即司馬岳。《晋書》卷七有紀。　建元元年正月晦：丁福林《校議》云："《晋書·成帝紀》、《建康實録》卷七《通鑑》卷九六皆記成帝杜皇后崩于咸康七年（341）三月戊戌。考《晋書·后妃·成恭杜皇后傳》亦云'（咸康）七年三月，后崩，年二十一'。按咸康七年三月甲午朔，戊戌爲月之初五日，距建元元年（343）正月晦日凡二十三月。則此云建元元年（343）正月晦日爲杜后之周忌，恐非是。"

[2]成恭杜皇后：即晋成帝司馬衍之皇后。《晋書》卷三二有傳。

晋孝武太元九年，[1]崇德太后褚氏崩。[2]后於帝爲從嫂，或疑其服。太學博士徐藻議：[3]"資父事君而敬同。

又《禮》傳，其夫屬乎父道者，妻皆母道也。則夫屬君道，妻亦后道矣。服后宜以資母之義。魯譏逆祀，以明尊尊。今上躬奉康、穆、哀皇及靖后之祀，[4]致敬同於所天。豈可敬之以君道，而服廢於本親。謂應服齊衰朞。”於是帝制朞服。

[1]九年：中華本校勘記云：“‘九年’各本並作‘元年’。據錢氏《考異》説改。錢大昕《廿二史考異》云：‘太元元年，當作太元九年。字涉相似而訛。’按《晋書·康獻褚皇后傳》，卒於太元九年。”

[2]崇德太后褚氏：即康獻皇后褚蒜子。晋康帝之皇后。《晋書》卷三二有傳。中華本校勘記云：“‘崇德’各本並作‘崇憲’，據局本及《晋書·禮志》、《晋書·康獻褚皇后傳》改。”

[3]徐藻：人名。徐邈之父。事見《晋書》卷九一《徐邈傳》。中華本校勘記云：‘徐藻’各本並作‘徐恭’，據《晋書·禮志》、《晋書·康獻褚皇后傳》、《通典·禮典》、《元龜》五七五改。”

[4]穆、哀皇：指司馬聃、司馬丕。《晋書》卷八有紀。　靖后：即哀靖皇后王穆之。哀帝之皇后。《晋書》卷三二有傳。

晋安帝隆安四年，[1]太皇太后李氏崩。尚書祠部郎徐廣議：[2]“太皇太后名位允正，體同皇極，理制備盡，情禮彌申。《陽秋》之義，[3]母以子貴。既稱夫人，禮服從正。故成風顯夫人之號，文公服三年之喪，[4]子於父之所生，體尊義重。且禮祖不厭孫，[5]宜遂服無屈。而緣情立制，若嫌明文不存，則疑斯從重。謂應同於爲祖母後齊衰朞。[6]永安皇后無服，[7]但一舉哀。百官亦一朞。”詔可。

[1]晋安帝：即司馬德宗。《晋書》卷一〇有紀。　隆安：晋安帝司馬德宗年號（397—401）。

[2]尚書祠部郎：官名。尚書祠部曹長官，掌宗廟祭祀禮樂制度。六品。　徐廣：人名。字野民。《晋書》卷八二有傳。

[3]《陽秋》：指孔子所著《春秋》，晋時因避晋簡文帝鄭后阿春諱，改春爲“陽”。

[4]文公：中華本校勘記云：“‘文公’各本及《南史》《晋書·禮志》作‘昭公’。《宋書·徐廣傳》作‘僖公’。《通典·禮典》作‘文公’。錢大昕《廿二史考異》云：‘昭公，《徐廣傳》作僖公。然成風之薨，不在僖公之世。且安帝於李后爲祖母，非僖公於成風之比。竊謂當是文公之訛也。’按據錢氏《考異》之説，則《通典》作‘文公’者是，今據改。”

[5]且禮祖不厭孫：丁福林《校議》云：“此載晋安帝祖母李氏崩時，尚書祠部郎徐廣援古禮以議安帝服喪事。標點於‘且禮祖不厭孫’連續作一句，文義費解。應改標作：‘且禮，祖不厭孫，宜遂服無屈。’”厭，指壓降、降低。

[6]謂應同於爲祖母後齊衰朞：丁福林《校議》云：“考《晋書·禮志中》：‘謂應同于爲祖母後齊衰期。’中華書局點校本校勘記云：‘《考異》：《后妃傳》作“齊衰三年”。《斠注》《宋書·徐廣傳》亦作“三年”。按據《喪服小記》，作“三年”是。’此與《晋志》同誤。”

[7]永安皇后：即穆章皇后何法倪。穆帝皇后。《晋書》卷三二有傳。

　　宋文帝元嘉十七年七月壬子，元皇后崩。[1]兼司徒給事中劉温持節監喪。[2]神虎門設凶門柏歷至西上閤，[3]皇太子於東宮崇正殿及永福省並設廬。諸皇子未有府第者，於西廨設廬。[4]

[1]元皇后：即文帝皇后袁齊嫣。本書卷四一有傳。

[2]給事中：官名。爲加官。五品。

[3]凶門柏歷：辦喪事時在門外用白絹或白布結扎成門形，稱“凶門”。人始死，立木於庭中，上橫一木如門，叫重。橫木下懸鬲，即“歷”。中盛粥，謂爲死者神所憑依，是爲柏歷。

[4]西廨：西邊官署。

元嘉十七年，元皇后崩。皇太子心喪三年。禮心喪者，有禫無禫，禮無成文，世或兩行。皇太子心喪畢，詔使博議。有司奏：“喪禮有禫，以祥變有漸，[1]不宜便除即吉，故其間服以緦縞也。[2]心喪已經十三月，大祥十五月，祥禫變除，[3]禮畢餘一朞，不應復有禫。宣下以爲永制。”詔可。

[1]祥：親喪的祭名。居父母、親人之喪，滿一年或二年而祭的統稱。《周禮·春官·大祝》：“付練、祥掌國事。”孫詒讓《周禮正義》：“依《士虞》，大祥祭辭，則祥主薦祭而言。”

[2]緦：黑白相間的絲織物。《禮記·雜記下》“朝服”漢鄭玄注：“朝服，緦冠。”陸德明《釋文》：“黑經白緯曰緦。”　縞：細白的生絹。《尚書·禹貢》：“厥篚玄纖縞。”孔傳：“縞，白繒。”

[3]祥禫：中華本校勘記云：“各本並脫‘祥’字，據《通典·禮典》補。”

孝武孝建三年三月，[1]有司奏：“故散騎常侍、右光禄大夫、開府儀同三司義陽王師王偃喪逝。[2]至尊爲服緦三月，[3]成服，仍即公除。[4]至三月竟，未詳當除服與不？又皇后依朝制服心喪，行喪三十日公除。至祖葬日，臨葬當著何服？又舊事，皇后心喪，服終除之日，更還著未公除時服，然後就除。未詳今皇后除心制日，當依舊更服？爲但釋心制中所著布素而已？勒禮官處正。”太學博士王膺之議：“尊卑殊制，輕重有級，五服雖同，降厭則異。禮，天子止降旁親，外舅緦麻，本在服例，但衰絰不可以臨朝饗，故有公除之議。雖釋衰襲冕，尚有緦麻之制。愚謂至尊服三月既竟，猶宜除釋。”又議：“吉凶異容，情禮相稱。皇后一月之限雖過，二功之服已釋，[5]哀情所極，[6]莫深於尸柩，親見之重，不可以無服。案周禮，爲兄弟既除喪已，及其葬也，反服其服。輕喪雖除，猶齊衰以臨葬。舉輕明重，則其理可知也。愚謂王右光禄祖葬之日，[7]皇后宜反齊衰。”又議：“喪禮即遠，變除漸輕，情與日殺，服隨時改。權禮既行，服制已變，豈容終除之日，而更重服乎？案晋泰始三年，武帝以昔除之月，欲反重服拜陵，頻詔勤勤，思申棘心。[8]于時朝議譬執，[9]亦遂不果。愚謂皇后終除之日，不宜還著重服，直當釋除布素而已。”太常丞朱膺之議：[10]“凡云公除，非全除之稱。今朝臣私服，亦有公除，猶自窮其本制。膺之云，晋武拜陵不遂反服，此時是權制，既除衰麻，不可以重制耳。與公除不同。愚謂皇后除心制日，宜如舊反服未公除時服，以申創巨之情。”[11]餘同膺之議。國子助教蘇瑋生議：[12]“案三日成服即除，及皇后行喪三十日，禮無其文。若並謂之公除，則可粗相依准。凡諸公除之設，蓋以王制奪禮。葬及祥除，皆宜反服。未有服之於前，不除於後。雖有齊斬重制，猶爲功緦除喪。夫公除暫奪，豈可遂以即吉邪。愚謂至尊三月服竟，故應依禮除釋。皇后臨祖，及一周祥除，並宜反服齊衰。”尚書令、中軍將軍建平王宏議謂：[13]“至尊總制終，止舉哀而已。不須釋服。”餘同朱膺之議。前祠部郎中周景遠議：[14]“權事變禮，五服俱革，[15]緦麻輕制，不容獨異。”謂：“至尊既已公除，至三月竟，不復有除釋之義。”其餘同朱膺之議。重加研詳，以宏議爲允。詔可。

[1]孝武：指劉駿。本書卷六有紀。　孝建：宋孝武帝劉駿年號（454—456）。

[2]右光禄大夫：官名。作爲在朝顯職的加官，或授予年老有病者爲致仕之官，亦常用於卒後贈官，以示優崇，無職掌。二品。
開府儀同三司：官名。爲大臣加號，意謂與三司即太尉、司徒、司空禮制、待遇相同，許開設府署，自辟僚屬。　義陽王師：義陽王之師。義陽王，人名。即劉昶。本書卷七二有傳。　王偃：人名。字子游。《南史》卷二三有傳。

[3]緦：喪服名。五種喪服之最輕者，以細麻布爲孝服，服喪三個月。

[4]公除：指帝王身負國事之重，因公權宜禮制，而除喪服。《通鑑》卷一三七齊武帝永明八年：“于是諸王公皆詣闕上表，‘請時定兆域，及依漢、魏故事，并太皇太后終制，既葬，公除’。”胡三省注：“公除者，以天下爲公而除服也。”

[5]二功：大功、小功。

[6]哀情：中華本校勘記云：“‘情’各本並作‘喪’，據《通

典·禮典》改。”

[7]祖葬：奠祭送葬。

[8]棘心：棘木之心。《詩·邶風·凱風》：“凱風自南，吹彼棘心。”朱熹《集傳》：“棘，小木，叢生，多刺，難長，而心又其稚弱，而未成者也……以凱風比母，棘心比子之幼時。”後以喻人子的稚弱或思親之心。

[9]譬執：謂闡明並堅持意見。

[10]朱膺之：人名。本書卷九三《郭希林傳》曰：元嘉十三（436）年，雷次宗“於雞籠山，聚徒教授，置生百餘人。會稽朱膺之、潁川庾蔚之並以儒學，監總諸生”。本書《禮志二》《禮志三》《禮志四》均有朱膺之議禮之事，可參看。

[11]創巨：創傷深重，指父母之喪。《禮記·三年問》：“創鉅者其日久，痛甚者其愈遲。”孔穎達疏：“‘創鉅者其日久’者，以釋重喪所以三年也。其事既大，故爲譬也。鉅，大也。”

[12]蘇瑋生：人名。本書《禮志三》有其議禮事。

[13]建平王宏：即建平宣簡王劉宏。文帝之子。本書卷七二有傳。

[14]祠部郎中：官名。即尚書祠部郎。　周景遠：人名。據本書卷九三《周續之傳》，其乃周續之之兄子。

[15]五服：以親疏爲差等的五種喪服。《禮記·學記》：“師無當於五服，五服弗得不親。”孔傳：“五服，斬衰至緦麻之親。”孔穎達疏：“五服，斬衰也，齊衰也，大功也，小功也，緦麻也。”

大明二年正月，[1]有司奏：“故右光禄大夫王偃喪，依格皇后服期，心喪三年，應再周來二月晦。檢元嘉十九年舊事，武康公主出適，[2]二十五月心制終盡，[3]從禮即吉。昔國哀再周，孝建二年二月，其月末，諸公主心制終，則應從吉。於時猶心禫素衣，二十七月乃除，二事不同。"領儀曹郎朱膺之議：[4] "詳尋禮文，心喪不應有禫，皇代考檢，[5] 已爲定制。元嘉季年，禍難深酷，聖心天至，喪紀過哀。是以出適公主，還同在室，[6] 即情變禮，非革舊章。今皇后二月晦，宜依元嘉十九年制，釋素即吉。以爲永準。"詔可。[7]

[1]大明：宋孝武帝劉駿年號（457—464）。

[2]武康公主：名英娥，文帝袁皇后所生。

[3]心制：心喪。

[4]領儀曹郎：中華本校勘記云："各本並脱'儀'字，據《元龜》五七六補。"

[5]檢：中華本校勘記云："各本並作'驗'，據《通典·禮典》改。"

[6]在室：指未嫁。

[7]以爲永準。詔可：中華本校勘記云："各本並脱'爲永準詔可'五字，據《通典·禮典》補。"

文帝元嘉十五年，皇太子妃祖父右光禄大夫殷和喪，[1]變除之禮，儀同皇后。

[1]皇太子妃：宋文帝太子劉劭之妻殷氏，殷淳之女。 殷和：人名。即殷穆。殷淳之父。事見本書卷五九《殷淳傳》。

晋孝武太元十五年，淑媛陳氏卒，[1]皇太子所生也。[2]有司參詳母以子貴，贈淑媛爲夫人，置家令典喪事。[3]太子前衛率徐邈議：[4] "《喪服傳》稱，與尊者爲體，則不服其私親。又君父所不服，子亦不敢服。故王公妾子服其所生母，練冠麻衣，[5]既葬而除。非五服之常，則謂之無服。"從之。

[1]淑媛陳氏：即孝武帝司馬曜之淑媛。名歸女，後稱安德陳太后，生安帝、恭帝。《晋書》卷三二有傳。

[2]皇太子：此指晋安帝司馬德宗。《晋書》卷一〇有紀。

[3]家令：官名。主管太子家事。

[4]徐邈：人名。《晋書》卷九一有傳。

[5]練冠：厚繒或粗布之冠。《左傳》昭公三十一年云："季孫練冠麻衣跣行。"孔穎達疏："練冠蓋如喪服斬衰，既練之後布冠也。"

宋孝武大明五年閏月，皇太子妃薨。[1]樟木爲櫬，[2]號曰樟宮。載以龍輴。[3]造陵於龍山，置大匠卿斷草，[4]司空告后土。[5]謂葬曰山塋。祔文元皇后廟之陰室，在正常後壁之外，北向。御服大功九月，設位太極東宮堂殿。中監、黃門侍郎、僕射並從服。從服者，御服衰乃從服，他日則否。宮臣服齊衰三月，其居宮者處寧假。

[1]皇太子妃：即前廢帝劉子業皇后何令婉。本書卷四一有傳。

[2]櫬：内棺。

[3]龍輴：載天子棺柩的車，其車轅畫以龍。《禮記·檀弓上》："天子之殯也，菆塗龍輴以椁。"鄭玄注："天子殯以輴車，畫轅爲龍。"

[4]大匠卿：官名。九卿之一，掌領徒隸修建宮室、宗廟、陵寢及其他土木工程。宋有事則置，無事則省。三品。　斷草：去除雜草。此處實指開始動工（營造陵寢）。

[5]后土：土神或地神，亦指祀土地神的社壇。《周禮·春官·

大宗伯》：“王大封，則先告后土。”鄭玄注：“后土，土神也。”《禮記·檀弓上》：“君舉而哭於后土。”鄭玄注：“后土，社也。”

大明五年閏月，有司奏：“依禮皇太后服太子妃小功五月，皇后大功九月。”右丞徐爰參議：“宮人從服者，若二御哭臨應著衰時，[1]從服者悉著衰，非其日如常儀。太子既有妃朞服，詔見之日，還著公服。若至尊非哭臨日幸東宮，太子見亦如之。宮臣見至尊，皆著朱衣。”

[1]二御：此處指皇太后與皇后。

大明五年閏月，有司奏：“皇太子妃薨，至尊、皇后並服大功九月，皇太后小功五月。未詳二御何當得作鼓吹及樂？”[1]博士司馬興之議：[2]“案《禮》，‘齊衰大功之喪，三月不從改’。今臨軒拜授，則人君之大典，今古既異，賒促不同。愚謂皇太子妃祔廟之後，便可臨軒作樂及鼓吹。”右丞徐爰議：“皇太子妃雖未山塋，臨軒拜官，舊不爲礙。樟棺在殯，應縣而不作。祔後三御樂，[3]宜使學官擬禮上。”興之又議：“案禮，大功至則辟琴瑟，誠無自奏之理。但王者體大，理絕凡庶。故漢文既葬，悉皆復吉，唯縣而不樂，以此表哀。今準其輕重，侔其降殺，則下流大功，不容撤樂以終服。[4]夫金石賓饗之禮，簫管警塗之衛，[5]實人君之盛典，當陽之威飾，[6]固亦不可久廢於朝。又禮無天王服嫡婦之文，[7]直後學推貴嫡之義耳。既已制服成喪，虛懸終窆，[8]亦足以甄崇冢正，[9]標明禮歸矣。"爰參議，皇太子朞服内，不合作樂及鼓吹。

[1]鼓吹：鼓吹樂。

[2]司馬興之：人名。大明年間爲太學博士，多次議禮。

[3]三御樂：皇帝、皇太后、皇后之樂。

[4]不容撤樂以終服：中華本校勘記云："各本並脱'以'字，據《通典·禮典》補。"

[5]警塗：戒備、警衛道路。

[6]當陽：帝王登位，此指皇帝。《春秋繁露·天辨在人》："不當陽者，臣子是也；當陽者，君父是也。故人主南面，以陽爲位也。"

[7]天王：天子。春秋時特指周天子。

[8]窆：將棺木葬入壙穴。《周禮·地官·鄉師》："及窆，執斧以涖匠師。"鄭玄注引鄭司農曰："窆，謂葬下棺也。"賈公彦疏："窆，是下棺也。至壙下棺之時，鄉師執斧以涖匠師。"

[9]甄崇：彰明尊崇。

明帝泰始中，[1]陳貴妃父金寶卒。[2]貴妃制服三十日滿，公除。晉穆帝時，東海國言哀王薨踰年，[3]嗣王乃來繼，不復追服，群臣皆已反吉，國妃亦宜同除。詔曰："朝廷所以從權制者，以王事奪之，非爲變禮也。婦人傳重義大，若從權制，義將安託。"於是國妃終三年之制。孫盛曰：[4]"廢三年之禮，開偷薄之源，漢、魏失之大者也。今若以丈夫宜奪以王事，婦人可終本服，是爲吉凶之儀，雜陳於宮寢，綷素之制，乖異於内外，無乃情禮俱違，哀樂失所乎。蕃國寡務，宜如聖典，可無疑矣。”

[1]明帝：即劉彧。本書卷八有紀。

[2]陳貴妃：即宋明帝貴妃陳妙登。本書卷四一有傳。　金寶：人名。即陳金寶。陳妙登之父。事見本書《明帝陳貴妃傳》。

[3]哀王：即東海哀王司馬沖。元帝之子。《晉書》卷六四有傳。

[4]孫盛：人名。字安國。《晉書》卷八二有傳。

　　宋文帝元嘉四年八月，太傅長沙景王神主隨子南兗州刺史義欣鎮廣陵，[1]備所加殊禮下船，及至鎮，入行廟。[2]大司馬臨川烈武王神主隨子荆州刺史義慶江陵，[3]亦如之。

[1]長沙景王：即劉道憐。高祖之弟。本書卷五一有傳。　神主：爲已死的君主、諸侯做的牌位，用木或石製成。《後漢書》卷一上《光武帝紀上》：“大司徒鄧禹入長安，遣府掾奉十一帝神主，納于高廟。”李賢注：“神主，以木爲之，方尺二寸，穿中央，達四方。天子主長尺二寸，諸侯主長一尺。”　南兗州：晉南渡後僑置。治廣陵（今江蘇江都縣）。宋改曰南兗。　義欣：人名。即劉義欣。事見本書卷五一《長沙景王道憐傳》。中華本校勘記云：“‘義欣’各本並作‘義興’。按長沙王道憐子有義欣，無義興。義欣元嘉三年爲南兗州刺史。今據《長沙景王傳》子義欣附傳改正。”

[2]行廟：此處指臨時所立的廟。

[3]大司馬：官名。多作贈官，無具體職司。一品。　臨川烈武王：即劉道規。宋高祖劉裕之弟。宋書卷五一有傳。　荆州：治所在今湖北荆州市荆州區。　義慶：人名。即劉義慶。劉道憐之子，出繼劉道規爲嗣。本書卷五一有附傳。　江陵：縣名。荆州治

所，在今湖北荆州市荆州區。

元嘉二十三年七月，白衣領御史中丞何承天奏：[1]

尚書剌："海鹽公主所生母蔣美人喪。[2]海鹽公主先離婚，今應成服，撰儀注參詳，宜下二學禮官博士議公主所服輕重。[3]太學博士顧雅議：[4]'今既咸用士禮，[5]便宜同齊衰削杖，布帶疏履，朞，禮畢，心喪三年。'博士周野王議又云：[6]'今諸王公主咸用士禮。譙王、衡陽王爲所生太妃皆居重服，[7]則公主情禮，亦宜家中朞服爲允。'其博士庾邃之、顔測、殷明、王淵之四人同雅議；[8]何惔、王羅雲二人同野王議。"[9]如所上臺案。今之諸王，雖行士禮，是施於傍親及自己以下。至於爲帝王所厭，猶一依古典。又永初三年九月，符修儀亡，[10]廣德三主以餘尊所厭，[11]猶服大功。海鹽公主體自宸極，當上厭至尊，豈得遂服。臺據《經》傳正文，并引事例，依源責失。而博士顧雅、周野王等捍不肯怗，[12]方稱"自有宋以來，皇子蕃王，皆無厭降，同之士禮，著於故事。總功之服，不廢於末戚，[13]顧獨貶於所生，是申其所輕，奪其所重。奪其所重，豈緣情之謂。"臺伏尋聖朝受終于晋，凡所施行，莫不上稽禮文，兼用晋事。又太元中，晋恭帝時爲皇子，服其所生陳氏，[14]練冠縓緣，[15]此則前代施行故事，謹依禮文者也。又廣德三公主爲所生母符修儀服大功，此先君餘尊之所厭者也。[16]元嘉十三年，第七皇子不服曹婕好，[17]止於麻衣，此厭乎至尊者也。博士既不據古，又不依今，背違施行見事，而多作浮辭自衛。[18]乃云五帝之時，三王之季。又言長子去斬衰，除禫杖，皆是古禮，不少今世。博士雖復引此諸條，無救於失。又詰臺云：“蕃國得遂其私情，此義出何經記？”臣案南譙、衡陽太妃並受朝命，爲國小君，是以二王得遂其服，豈可爲美人比例。尋蕃王得遂者，聖朝之所許也。皇子公主不得申者，由有厭而然也。臺登重更責失制不得過十日，而復不酬答。既被催攝二三日，[19]甫輸怗辭。[20]雖理屈事窮，猶聞義恥服。臣聞喪紀有制，禮之大經；降殺攸宜，家國舊典。古之諸侯衆子，猶以尊厭；況在王室，而欲同之士庶。此之僻謬，[21]不俟言而顯。太常統寺，曾不研却，所謂同乎失者，亦未得之。宜加裁正，弘明國典。

　　謹案太學博士顧雅、國子助教周野王、博士王羅雲、顏測、殷明、何惔、王淵之、前博士遷員外散騎侍郎庾遼之等，咸蒙抽飾，備位前疑，[22]既不謹守舊文，又不審據前准，遂上背經典，下違故事，率意妄作，自造禮章。太常臣敬叔位居宗伯，[23]問禮所司，騰述往反，[24]了無研却，混同兹失，亦宜及咎。請以見事並免今所居官，解野王領國子助教。[25]雅、野王初立議乖舛，中執捍愆失，未違十日之限，雖起一事，合成三愆，羅雲掌押捍失，三人加禁固五年。

詔叔敬白衣領職。餘如奏。

[1]白衣：官制用語。因過錯被免去官爵而以白衣身份任職。
御史中丞：官名。專掌監察、執法，領治書侍御史、侍御史，常受命領兵，出督軍旅，世族名士多不樂爲之。四品。 何承天：人名。本書卷六四有傳。

[2]海鹽公主：宋文帝第四女，先與始興王劉濬私通，後嫁趙倩，不睦，離婚。事見本書卷四六《趙倫之傳》。 蔣美人：文帝美人，因海鹽公主與劉濬私通及離婚事被殺。事見本書《趙倫之傳》。

[3]二學：國子學和太學。

[4]顧雅：人名。其事不詳。

[5]士禮：《儀禮》的別名。

[6]周野王：人名。事見本書卷五五《傅隆傳》。

[7]譙王：丁福林《校議》云："此元嘉二十三年海鹽公主生母蔣美人喪時，御史中丞何承天奏章中語。此云'今諸王公主'，下文又有'今之諸王'等語，則此'譙王、衡陽王'乃文帝時諸王也。考衡陽王乃武帝第七子義季，呂美人生。而宋世則無譙王之封，當指南譙王義宣，武帝第六子，孫美人生，依序南譙當列於衡陽前。下文又載何承天議又有'臣案南譙、衡陽太妃並受朝命，爲國小君'之語，是也。此於'譙'前佚'南'字，應補。"譙王，即劉義宣。本書卷六八有傳。衡陽王，即劉義季。人名。本書卷六一有傳。 太妃：指孫美人與呂美人。

[8]顏測：人名。本書卷六一《江夏文獻王義恭傳》。

[9]何恢：人名。本書卷六六《何尚之傳》載何尚之祖何恢官至南康太守，當即此人。 王羅雲：人名。《南齊書》卷四三《王思遠傳》曰："琅邪臨沂人……父羅雲，平西長史。"二者當爲一人。

[10]符修儀：當爲劉裕之修儀，他事待考。

[11]廣德三主：即廣德三公主。劉裕之第三女，他事待考。

[12]怗：服罪。

[13]末戚：遠親。

[14]陳氏：即安德陳太后。《晉書》卷三二有傳。

[15]縓緣：淺紅色的邊。

[16]厭：中華本校勘記云："'厭'各本並作'廢'，今從局本。"

[17]第七皇子：即建平宣簡王劉宏。本書卷七二有傳。

[18]浮辭：虛浮不實的話。

[19]催攝：催促威懾。

[20]怗辭：伏罪狀詞。

[21]僻謬：乖僻荒謬，違背正理。

[22]前疑：古官名。四輔之一。《尚書大傳》卷二："古者天子必有四鄰，前曰疑，後曰丞，左曰輔，右曰弼。"

[23]敬叔：當爲郗敬叔。本書卷六六《何尚之傳》載其元嘉二十四年官太常，與本處相合，另《建康實錄》卷一二《太祖文皇帝》元嘉九年條載郗敬叔事，可參看。　宗伯：官名。掌禮之官，周代六卿之一，掌宗廟祭祀等事。

[24]騰述：傳遞記述。

[25]國子助教：官名。協助博士教授國子學生徒儒學。

元嘉二十九年，南平王鑠所生母吳淑儀薨。[1]依禮無服，麻衣練冠，既葬而除。有司奏："古者與尊者爲體，不得服其私親。而比世諸侯咸用士禮，五服之內，悉皆成服，於其所生，反不得遂。"於是皇子皆申母服。

[1]南平王鑠：即南平穆王劉鑠。字休玄，宋文帝第四子。本

書卷七二有傳。　吳淑儀：宋文帝淑儀。丁福林《校議》云："本
書《文九王・南平穆王鑠傳》載吳淑儀之薨在元嘉二十八年七月，
與此有異。"

孝武帝孝建元年六月己巳，有司奏："故第十六皇
弟休倩薨夭，[1]年始及殤，追贈諡東平沖王。服制未有
成准，輒下禮官詳議。"太學博士陸澄議：[2]"案禮有成
人道，則不爲殤。今既追胙土宇，[3]遠崇封秩，圭黻備
典，[4]成孰大焉。典文式昭，[5]殤名去矣。夫典文垂式，
元服表身，猶以免孺子之制，全丈夫之義。安有名頒爵
首，而可服以殤禮。"有司尋澄議無明證，却使秉正更
上。澄重議："竊謂贈之爲義，所以追加名器。故贈公
者便成公，贈卿者便成卿。贈之以王，得不爲王乎？然
則有在生而封，或既没而爵，俱受帝命，不爲吉凶殊
典；同備文物，[6]豈以存亡異數。今璽策咸秩，[7]是成人
之禮；群后臨哀，非下殤之制。[8]若喪用成人，親以殤
服，末學含疑，未之或辨。敢求詳衷如所稱。"左丞臣
羊希參議：[9]"尋澄議，既無畫然前例，不合准據。案
《禮》，子不殤父，臣不殤君。君父至尊，臣子恩重，不
得以幼年而降。又曰，‘尊同則服其親服’，[10]推此文
旨，旁親自宜服殤，[11]所不殤者唯施臣子而已。"詔可。

[1]休倩：人名。宋文帝第十六子劉休倩，孝建元年疾篤，封
東平王，時年九歲。本書卷七二有傳。

[2]陸澄：人名。字彦淵。《南齊書》卷三九有傳。

[3]追胙：追封。

[4]圭：帝王諸侯朝聘、祭祀、喪葬等舉行隆重儀式時所用的玉製禮器。長條形，上尖下方。其名稱、大小因爵位及用途不同而異。《儀禮·聘禮》：“所以朝天子，圭與繅皆九寸，剡上寸半，厚半寸，博三寸。”鄭玄注：“圭，所執以爲瑞節也，剡上象天圜地方也……九寸，上公之圭也。”賈公彥疏：“凡圭，天子鎮圭，公桓圭，侯信圭，皆博三寸，厚半寸，剡上左右各寸半，唯長短依命數不同。” 韍：冕服。《新唐書·車服志》：“朝服謂之韠，冕服謂之韍。”

[5]典文：記載典章制度的文獻。 式昭：用以光大。《後漢書》卷五九《張衡傳》：“朝有所聞，則夕行之。立功立事，式昭德音。”李賢注：“《逸詩》曰：‘祈招之愔愔，式昭德音。’式，用也；昭，明也。”

[6]文物：車服旌旗儀仗之類。

[7]璽策：同“璽册”。玉璽和册命文書。 咸秩：皆依次序行事。

[8]下殤：人年齡在八至十一歲間死爲下殤。《儀禮·喪服》：“年十九至十六爲長殤，十五至十二爲中殤，十一至八歲爲下殤，不滿八歲以下，皆爲無服之殤。”

[9]左丞：官名。即尚書左丞。與右丞掌尚書省庶務，率諸都令史監察稽核諸尚書曹、郎曹政務，督録近道文書章奏，監察糾彈尚書令、僕射、尚書等文武百官，號稱“監司”，分管宗廟祠祀、朝儀禮制、選授官吏等文書奏事。六品。 羊希：人名。字泰聞。事見本書卷五四《羊玄保傳》。

[10]親服：此處指父母等級的喪服。

[11]旁親：旁系親屬。

孝建元年六月，湘東國刺稱“國太妃以去三十年閏六月二十八日薨。[1]未詳周忌當在六月？爲取七月？勒

禮官議正。"博士丘邁之議:"案吳商議,^[2]閏月亡者,
應以本正之月爲忌。^[3]謂正閏論雖各有所執,商議爲允。
宜以今六月爲忌。"左僕射建平王宏謂:^[4]"邁之議不可
准據。案晉世及皇代以來,閏月亡者,以閏之後月祥。
宜以來七月爲祥忌。"及大明元年二月,有司又奏:"太
常鄱陽哀王去年閏三月十八日薨。^[5]今爲何月末祥除?"
下禮官議正。博士傅休議:"尋《三禮》,^[6]喪遇閏,月
數者數閏,歲數者没閏,閏在朞内故也。鄱陽哀王去年
閏三月薨,月次節物,^[7]則定是四月之分,應以今年四
月末爲祥。晉元、明二帝,^[8]並以閏二月崩,以閏後月
祥,先代成准,則是今比。"太常丞庾蔚之議:^[9]"禮,
正月存親,故有忌日之感。四時既已變,人情亦已衰,
故有二祥之殺。^[10]是則祥忌皆以同月爲議,而閏亡者,
明年必無其月,不可以無其月而不祥忌,故必宜用閏所
附之月。閏月附正,《公羊》明議,故班固以閏九月爲
後九月,^[11]月名既不殊,天時亦不異。若用閏之後月,
則春夏永革,節候亦舛。設有人以閏臘月亡者,^[12]若用
閏後月爲祥忌,則祥忌應在後年正月。祥涉三載,既失
周朞之義,^[13]冬亡而春忌,又乖致感之本。譬今年末三
十日亡,明年末月小,若以去年二十九日親尚存,則應
用後年正朝爲忌,^[14]此必不然。則閏亡可知也。"通關
並同蔚之議,三月末祥。

[1]去三十年:即元嘉三十年(453)。
[2]吳商:人名。字彦聲,故鄣人,通五經及百代之書,太康
初徵爲東宮校書郎,四方從學者不可勝數,歷官侍中。

[3]本正之月：即所聞之月。

[4]左僕射：官名。即尚書左僕射。主持尚書省政務，又領殿中、主客二郎曹。三品。

[5]鄱陽哀王：即劉休業。本書卷七二有傳。

[6]《三禮》：《周禮》《儀禮》《禮記》的合稱。

[7]節物：節氣物候。

[8]晋元、明二帝：即晋元帝司馬睿、晋明帝司馬紹。《晋書》卷六有紀。

[9]庾蔚之：人名。事見本書卷五五《傅隆傳》。

[10]二祥：大祥和小祥。

[11]班固：人名。漢代歷史學家，著《漢書》。《後漢書》卷四〇有傳。

[12]臘月：農曆十二月。

[13]義：中華本校勘記云："'義'各本並作'議'，據《通典·禮典》改。"

[14]正朝：此指正月初一。

　　大明五年七月，有司奏："故永陽縣開國侯劉叔子夭喪，[1]年始四歲，傍親服制有疑。"太學博士虞龢、領軍長史周景遠、司馬朱膺之、前太常丞庾蔚之等議，[2]並云"宜同成人之服。東平沖王服殤，實由追贈，異於已受茅土"。[3]博士司馬興之議："應同東平殤服。"左丞荀萬秋等參議："南面君國，繼體承家，雖則佩觿，未闕成德，君父名正，臣子不容服殤，[4]故云'臣不殤君，子不殤父'。推此，則知傍親故依殤制。東平沖王已經前議。若升仕朝列，則爲大成，故鄱陽哀王追贈太常，親戚不降。愚謂下殤以上，身居封爵，宜同成人。

年在無服之殤，以登官爲斷。今永陽國臣，自應全服，^[5]至於傍親，宜從殤禮。"詔"景遠議爲允"。

[1]劉叔子：人名。江夏文獻王劉義恭之子。事見本書卷六一《江夏文獻王義恭傳》。

[2]虞穌：人名。會稽餘姚（今浙江餘姚市）人，官至中書郎、廷尉。

[3]茅土：指王、侯的封爵。

[4]雖則佩觿，未闞成德，君父名正，臣子不容服殤：中華本校勘記云："各本並作'雖則佩觿未闞成人得君父名也不容服殤'，文字舛訛不可通。今據《通典·禮典》改正。"佩觿，用象骨製成的形如錐的佩飾。《禮記·內則》："左佩紛帨、刀、礪、小觿、金燧。"鄭玄注："觿，貌如錐，以象骨爲之。"

[5]全服：全其喪服。

後廢帝元徽二年七月，^[1]有司奏："第七皇弟訓養母鄭修容喪。^[2]未詳服制，下禮官正議。"太學博士周山文議："案庶母慈己者，^[3]小功五月。鄭玄云：'其使養之不命爲母子，^[4]亦服庶母慈己之服。'愚謂第七皇弟宜從小功之制。"參議並同。

[1]後廢帝：即劉昱。本書卷九有紀。　元徽：宋後廢帝劉昱年號（473—476）。

[2]第七皇弟：即邵陵殤王劉友。本書卷九〇有傳。　鄭修容：宋明帝之修容。事見本書卷九〇《明四王傳》。

[3]庶母：父親的妾。《儀禮·士昏禮》："庶母及門內施鞶，申之以父母之命。"鄭玄注："庶母，父之妾也。"

[4]其使養之不命爲母子：中華本校勘記云："各本並作'其

使養之命不爲母子'，今據《儀禮·喪服》鄭玄注原文改正。"

漢、魏廢帝喪親三年之制，而魏世或爲舊君服三年者。[1]至晉泰始四年，尚書何楨奏：[2]"故辟舉綱紀吏，[3]不計違適，皆反服舊君齊衰三月。"於是詔書下其奏，所適無貴賤，悉同依古典。

[1]舊君：已死之君。
[2]何楨：人名。中華本校勘記云："'楨'各本作'禎'。按《三國志·魏志·管寧傳》注引《文士傳》：'楨字元幹，廬江人。入晉爲尚書、光禄大夫。'當即其人，則'禎'當作"楨"，今改正。按：《御覽》卷三八五引《何禎別傳》曰："禎，廬江潛人。父他，字文奇，有儁才，早卒。禎在孕而孤，生遇荒亂，歸于舅氏。韶亂乃追行喪，哀泣合禮，鄉邑稱焉。十餘耽志博覽，研精群籍，名馳淮泗。"
[3]辟舉：徵召薦舉。

魏武以正月崩，魏文以其年七月設伎樂百戲，[1]是魏不以喪廢樂也。晉武帝以來，國有大喪未除，正會亦廢樂。[2]太安元年，太子喪未除，正會亦廢樂。穆帝永和中，爲中原山陵未修復，[3]頻年會，輒廢樂。是時太后臨朝，后父褚裒薨，[4]元會又廢樂。

[1]伎樂百戲：音樂舞蹈和雜技。
[2]正會：皇帝元旦朝會群臣，接受朝賀的禮儀。
[3]中原山陵：指東晉穆帝之前諸帝后在中原的陵墓。
[4]褚裒：人名。字季野，褚太后之父。《晉書》卷九三有傳。

晋世孝武太元六年，爲皇后王氏喪，亦廢樂。宋大喪則廢樂。

漢獻帝建安末，[1]魏武帝作終令曰：“古之葬者，必在瘠薄之地，其規西原上爲壽陵。因高爲基，不封不樹。[2]《周禮》，冢人掌公墓之地，[3]凡諸侯居左右以前，卿大夫居後。漢制亦謂之陪陵。其公卿大臣列將有功者，宜陪壽陵。其廣爲兆域，[4]使足相容。”魏武以送終制衣服四篋，[5]題識其上，春秋冬夏日有不諱，[6]隨時以斂。金珥珠玉銅鐵之物，[7]一不得送。文帝遵奉，無所增加。及受禪，刻金璽，[8]追加尊號。不敢開埏，[9]乃爲石室，藏璽埏首，示陵中無金銀諸物也。漢禮明器甚多，[10]自是皆省矣。

[1]漢獻帝：即劉協。《後漢書》卷九有紀。　建安：漢獻帝劉協年號（196—220）。

[2]不封不樹：不積土爲墳不植樹以標其處。《易·繫辭下》：“古之葬者，厚衣之以薪，葬之中野，不封不樹。”孔穎達疏：“不積土爲墳，是不封也，不種樹以標其處是不樹也。”

[3]冢人：官名。《周禮·春官·冢人》：“冢人，掌公墓之地，辨其兆域而爲之圖。”　公墓：王族之墓。《周禮·春官·冢人》：“冢人，掌公墓之地。”鄭玄注：“公，君也。”賈公彦疏：“訓公爲君者，言公則諸侯之通稱，言君則上通天子。此既王之墓域，故訓爲君也。”

[4]兆域：墳塋疆界。

[5]篋：小箱。

[6]不諱：死亡的婉辭。

[7]珥：珠玉做的耳飾。

［8］金璽：金製成的印璽。

［9］埏：墓道。

［10］明器：冥器。專爲隨葬而製作的器物。

文帝黄初三年，又自作終制：“禮，國君即位，爲
椑，[1]存不忘亡也。壽陵因山爲體，無封無樹，無立寢
殿，[2]造園邑，[3]通神道。[4]夫葬者，藏也。欲人之不能
見也。禮不墓祭，[5]欲存亡之不黷也。皇后及貴人以下，
不隨王之國者，有終没，皆葬澗西，前又已表其處矣。”
此詔藏之宗廟，副在尚書、秘書三府，[6]明帝亦遵奉之。
明帝性雖崇奢，然未遽營陵墓也。

　　[1]椑：内棺。《禮記·檀弓上》：“君即位而爲椑，歲壹漆之
藏焉。”鄭玄注：“椑，謂杝棺，親屍者。”

　　[2]寢殿：陵墓的正殿。

　　[3]園邑：爲守護陵園所置的縣邑。

　　[4]神道：墓道，謂墓主神行之道。

　　[5]墓祭：墓前祭祀。

　　[6]秘書三府：丁福林《校議》云：“‘三府’，指太尉、司徒、
司空府，《後漢書·馬援傳》：‘初援在隴西上書，言宜如舊鑄五銖
錢，事下三府，三府奏以爲未可許，事遂寢。’乃是其證。今標點
以‘秘書三府’相連續，則成終制之副本藏在尚書、秘書等三府
矣，語義大變，文意亦不順，且秘書、尚書亦不稱府，故誤。此應
據中華書局點校本《三國志·魏文帝紀》、《晉書·禮志中》之標
點，作：‘此詔藏之宗廟，副在尚書、秘書、三府。明帝亦遵奉
之。’”秘書，官署名。掌藝文圖籍。

晉宣帝豫自於首陽山爲土藏，不墳不樹，作顧命終

制，[1] 斂以時服，不設明器。文、景皆謹奉成命，無所加焉。

[1] 顧命：謂臨終遺命，多用以稱帝王遺詔。《尚書·顧命》："成王將崩，命召公、畢公率諸侯相康王，作《顧命》。"孔傳："臨終之命曰顧命。"

景帝崩，喪事制度，又依宣帝故事。

武帝泰始四年，文明王皇后崩，[1] 將合葬，開崇陽陵。使太尉司馬望奉祭，[2] 進皇帝蜜璽綏於便房神坐。[3] 魏氏金璽，此又儉矣。

[1] 文明王皇后：即王元姬。指武帝司馬炎之母。《晋書》卷三一有傳。

[2] 司馬望：人名。晋文帝司馬昭族兄。《晋書》卷三七有附傳。

[3] 便房：帝王、諸侯王等墓葬中象徵生人卧居之處的建築，棺木即置其中。《漢書》卷六八《霍光傳》："賜金錢、繒絮，繡被百領，衣五十篋，璧珠璣玉衣，梓宫、便房、黄腸題湊各一具，樅木外臧椁十五具。"顏師古注："服虔曰：'便房，藏中便坐也。'"

神坐：即神座。神主牌位。

泰始二年，詔曰："昔舜葬蒼梧，[1] 農不易畝；禹葬會稽，[2] 市不改肆。上惟祖考清簡之旨，外欲移陵十里内居人，一切停之。"江左元、明崇儉，且百度草創，山陵奉終，省約備矣。

[1]蒼梧：在今湖南寧遠縣東南六十里舜源峰下。

[2]會稽：即會稽山。在今浙江紹興市東南。

成帝咸康七年，[1]杜后崩。[2]詔外官五日一入臨，[3]內官旦一入而已。[4]過葬虞祭禮畢止。有司奏："大行皇后陵所作凶門栢歷，門號顯陽端門。"詔曰："門如所處，[5]凶門栢歷，大爲煩費，停之。"案蔡謨説，[6]以二瓦器盛死者之祭，繫於木表，裹以葦席，[7]置於庭中近南，名爲重。[8]今之凶門，是其遺象也。[9]《禮》，既虞而作主。今未葬，未有主，故以重當之。《禮》稱爲主道，此其義也。范堅又曰：[10]"凶門非古。古有懸重，形似凶門。後人出之門外以表喪，俗遂行之。薄帳，即古弔幕之類也。"是時又詔曰："重壤之下，[11]豈宜崇飾無用。陵中唯潔掃而已。"有司又奏依舊選公卿以下六品子弟六十人爲挽郎。[12]詔又停之。

[1]成帝：即司馬衍。《晋書》卷七有紀。

[2]杜后：即成恭杜皇后。名陵陽。《晋書》卷三二有傳。

[3]外官：與內官相對，宮外百官，非近侍之臣。

[4]內官：指國君左右的親近臣僚。

[5]門如所處：中華本校勘記云："'所'各本並作'何'，據《通典·禮典》改。"

[6]蔡謨：人名。字道明。《晋書》卷七七有傳。

[7]裹以葦席：中華本校勘記云："各本並脱'裹'字，據《通典·禮典》補。"葦席，指用蘆葦織成的席子，喪葬時常用之物。

[8]重：指在木主未及雕製之前代以受祭的木。《儀禮·士喪禮》："重，木刊鑿之。甸人置重于中庭。"鄭玄注："木也，縣物

焉曰重。刊，斲治，鑿之爲縣簪孔也。土重，木長三尺。”《禮記·檀弓下》：“重，主道也。”鄭玄注：“始死未作主，以重主其神也。”《釋名·釋喪制》：“重，死者之資重也。含餘米以爲粥，投之甕而懸之。比葬未作主，權以重主其神也。”

[9]遺象：中華本校勘記云：“各本並脱‘遺’字，據《通典·禮典》補。”

[10]范堅：人名。字子常。《晋書》卷七五有附傳。

[11]重壤：地下，泉下。《文選》嵇康《琴賦》：“披重壤以誕載兮，參辰極而高驤。”李善注：“重壤，謂地也。泉壤稱九，故曰重也。”吕向注：“重壤，厚地也。”

[12]挽郎：出殯時牽引靈柩唱挽歌的人。

孝武帝太元四年九月，[1]皇后王氏崩。[2]詔曰：“終事唯從儉速。”又詔：“遠近不得遣山陵使。”有司奏選挽郎二十四人。詔停。

[1]太元四年九月：丁福林《校議》云：“晋孝武帝王皇后之崩，《晋書》之《孝武帝紀》、《天文志下》、《建康實録》卷九、《通鑑》卷一〇四皆記在太元五年九月癸未，《晋書·后妃傳下》亦云王皇后‘太元五年崩’，爲得其實。太元五年九月甲戌朔，癸未爲月之初十日。此‘四年九月’，乃‘五年九月’之訛。”

[2]皇后王氏：即孝武定王皇后。名法慧。《晋書》卷三二有傳。

宋文帝元嘉十七年，元皇后崩，詔亦停選挽郎。

漢儀五供畢則上陵，[1]歲歲以爲常。魏則無定禮。齊王在位九載，[2]始一謁高平陵，[3]而曹爽誅。[4]其後遂廢，終魏世。

[1]五供：猶五祭，漢時指祀南郊、北郊、明堂、高祖廟、世祖廟。蔡邕《獨斷》卷下："正月上丁，祠南郊，禮畢，次北郊、明堂、高祖廟、世祖廟，謂之五供。五供畢，以次上陵也。"　上陵：帝王到祖先陵墓進行祭祀。

[2]齊王：即曹芳。《三國志》卷四有紀。

[3]高平陵：魏明帝的陵墓。在今河南洛陽市東南大石山。

[4]曹爽：人名。《三國志》卷九有附傳。

晋宣帝遺詔："子弟群官，皆不得謁陵。"於是景、文遵旨。[1]至武帝猶再謁崇陽陵，一謁峻平陵，[2]然遂不敢謁高原陵。[3]至惠帝復止也。逮江左初，元帝崩後，諸公始有謁陵辭陵之事，蓋由眷同友執，率情而舉，非洛京之舊也。成帝時，中宮亦年年拜陵，議者以爲非禮，於是遂止，以爲永制。至穆帝時，褚太后臨朝，又拜陵，帝幼故也。至孝武崩，驃騎將軍司馬道子命曰：[4]"今雖權制釋服，至於朔望諸節，自應展情陵所，[5]以一周爲斷。"於是至陵變服單衣幍，煩瀆無準，非禮意也。至安帝元興元年，[6]尚書左僕射桓謙奏曰：[7]"百僚拜陵，起於中興，非晉舊典。積習生常，遂爲近法。尋武皇帝詔，乃不使人主諸王拜陵，豈唯百僚。謂宜遵奉。"於是施行。及義熙初，[8]又復江左之舊。

[1]景、文：即晉景帝司馬師、晉文帝司馬昭。《晉書》卷二有紀。

[2]峻平陵：晉景帝司馬師的陵墓。在今河南偃師市首陽山。

[3]高原陵：晉宣帝司馬懿的陵墓。在今河南偃師市首陽山。

[4]驃騎將軍：官名。將軍名號，爲重號將軍，多加授大臣，重要地方長官。二品。

[5]朔望：朔日和望日。農曆每月初一日和十五日。 展情：此處指展示追慕之情、孝心。

[6]元興：晋安帝司馬德宗年號（402—404）。

[7]桓謙：人名。字敬祖。《晋書》卷七四有附傳。

[8]義熙：晋安帝司馬德宗年號（405—418）。

宋明帝又斷群臣初拜謁陵，而辭如故。自元嘉以來，每歲正月，輿駕必謁初寧陵，[1]復漢儀也。世祖、太宗亦每歲拜初寧、長寧陵。[2]

[1]初寧陵：宋武帝劉裕陵墓。在今江蘇南京市麒麟鋪。

[2]長寧陵：宋文帝劉義隆陵墓。在今江蘇南京市雞鳴山之南。

漢以後，天下送死奢靡，[1]多作石室石獸碑銘等物。建安十年，魏武帝以天下雕弊，下令不得厚葬，又禁立碑。魏高貴鄉公甘露二年，大將軍參軍太原王倫卒，[2]倫兄俊作《表德論》，以述倫遺美，云“祇畏王典，不得爲銘，乃撰録行事，就刊於墓之陰云爾”。此則碑禁尚嚴也。此後復弛替。

[1]送死：送終，辦理喪事。

[2]大將軍參軍：官名。大將軍僚屬，掌參謀軍務。

晋武帝咸寧四年，又詔曰：“此石獸碑表，既私褒美，興長虛僞，傷財害人，莫大於此。一禁斷之。其犯者雖會赦令，皆當毁壞。"至元帝太興元年，有司奏：
"故驃騎府主簿故恩營葬舊君顧榮，[1]求立碑。"詔特聽
立。自是後，禁又漸頹。大臣長吏，人皆私立。義熙
中，尚書祠部郎中裴松之又議禁斷，[2]於是至今。[3]

　　[1]驃騎府主簿：官名。驃騎將軍府之主簿，驃騎將軍屬官。
顧榮：人名。字彥先。《晉書》卷六八有傳。
　　[2]裴松之：人名。字世期。本書卷六四有傳。
　　[3]於是至今：指至南朝梁武帝時。

　　順帝昇明三年四月壬辰，[1]御臨軒，遣使奉璽綏禪
位於齊王，[2]懸而不樂。

　　[1]順帝：即劉準。本書卷一〇有紀。　昇明：宋順帝劉準年
號（477—479）。
　　[2]齊王：即蕭道成。《南齊書》卷一、二有紀。

　　宋明帝泰始二年九月，有司奏："皇太子所生陳貴
妃禮秩既同儲宮，未詳宮臣及朝臣並有敬不？[1]妃主在
內相見，[2]又應何儀？"博士王慶緒議："百僚內外禮敬
貴妃，應與皇太子同。其東朝臣隸，[3]理歸臣節。"太常
丞虞愿等同慶緒。[4]尚書令建安王休仁議稱："禮云，妾
既不得體君，班秩視子爲序。[5]母以子貴，經著明文。
內外致敬貴妃，誠如慶緒議。天子姬嬪，不容通音介於
外，雖義可致虔，不應有牋表。"[6]參詳休仁議爲允。
詔可。

[1]陳貴妃：後廢帝劉昱生母。本書卷四一有傳。　宮臣：太子的屬官。　朝臣：朝廷官員。

[2]妃主：妃子和公主。

[3]東朝：即東宮。太子所居。

[4]太常丞：官名。漢置，太常副貳，掌管宗廟祭祀禮儀的具體事務，總管本府諸曹，參議禮制。七品。　虞愿：人名。字士恭。《南齊書》卷五三有傳。

[5]休仁：人名。即劉休仁。文帝第十二子。本書卷七二有傳。不得體君：不得從於女君。《儀禮·喪服》"公妾大夫之妾爲其子，傳曰：何以期也，妾不得體君，爲其子得遂也。"鄭玄注："此言二妾不得從於女君，尊降其子也。"

[6]牋表：牋記，表章。

泰豫元年，[1]後廢帝即位，崇所生陳貴妃爲皇太妃。有司奏："皇太妃位亞尊極，未詳國親舉哀格當一同皇太后？[2]爲有降異？又於本親朞以下，當猶服與不？"前曹郎王燮之議："案《喪服傳》，‘妾服君之黨，得與女君同’。[3]如此，皇太妃服宗與太后無異。但太后既以尊降無服，太妃儀不應殊，故悉不服也。計本情舉哀，其禮不異。又《禮》，‘諸侯絕朞’。皇太妃雖云不居尊極，不容輕於諸侯。謂本親期以下，[4]一無所服。有慘自宜舉哀。[5]親疏二儀，準之太后。"兼太常丞司馬燮之議："《禮》，‘妾服君之庶子及女君之黨’。皆謂大夫士耳。妾名雖總，而班有貴賤。三夫人九嬪，位視公卿。大夫猶有貴妾，而況天子。諸侯之妾爲他妾之子無服，既不服他妾之子，豈容服君及女君餘親。況皇太后妃貴亞相極，禮絕群后，崇輝盛典，有踰東儲，尚不服朞，太妃豈應有異。若本親有慘，舉哀之儀，宜仰則太后。"
參議以爕之議爲允。太妃於國親無服，故宜緣情爲諸王
公主於至尊是朞服者反，其太妃王妃三夫人九嬪各
舉哀。

[1]泰豫：宋明帝劉彧年號（472）。

[2]尊極：此指皇帝。　皇太后：即明恭王皇后。本書卷四一
有傳。

[3]王爕之：人名。據本書卷一五泰豫元年爲曹郎，卷一六、
一七、一八記其爲太學博士。　女君：君主正妻。

[4]本親：親生父母。

[5]慘：此處指喪事。

宋孝武帝孝建三年八月戊子，有司奏："雲杜國解
稱國子檀和之所生親王，求除太夫人。[1]檢無國子除太
夫人先例，法又無科。下禮官議正。"太學博士孫豁之
議："《春秋》，'母以子貴'。王雖爲妾，是和之所生。
案五等之例，鄭伯許男同號夫人，[2]國子體例，王合如
國所生。"太常丞庾蔚之議："'母以子貴'，雖《春秋》
明義，古今異制，因革不同。自頃代以來，所生蒙榮，
唯有諸王。既是王者之嬪御，故宜見尊於蕃國。[3]若功
高勳重，列爲公侯，亦有拜太夫人之禮。凡此皆朝恩曲
降，非國之所求。子男妾母，未有前比。"祠部郎中朱
膺之議以爲："子不得爵父母，而《春秋》有'母以子
貴'。當謂傳國嗣君母，[4]本先公嬪媵，所因藉有由故
也。始封之身，所不得同。若殊績重勳，恩所特錫，時

或有之，不由司存。"[5]所議參議，以蔚之爲允。詔可。

[1]雲杜國：封國名。在今湖北京山縣。　解：下級向上級行文報告的一種公文。　檀和之：人名。高平金鄉（今山東金鄉縣）人，檀憑之子。事見本書卷九七《林邑國傳》。　除：授。

[2]鄭伯許男同號夫人：丁福林《校議》云："此乃謂春秋時鄭國爲伯爵，許國爲男爵，故其國君之妻得稱號爲夫人。"

[3]嬪御：帝王、諸侯的侍妾與宮女。　蕃國：諸侯國。

[4]嗣君：中華本校勘記云："各本並脱'嗣'字，據《元龜》五七六補。"

[5]司存：有司，官吏。

大明二年六月，有司奏："凡侯伯子男世子喪，無嗣，求進次息爲世子。[1]檢無其例，下禮官議正。"博士孫武議：[2]"案晉濟北侯荀勗長子連卒，以次子輯拜世子。先代成準，宜爲今例。"博士傅郁議："《禮記》，微子立衍，商禮斯行。[3]仲子舍孫，姬典攸貶。[4]歷代遵循，靡替于舊。今胙土之君在而世子卒，厥嗣未育，非捨孫之謂，[5]愚以爲次子有子，自宜紹爲世孫。若其未也，無容遠搜輕屬，[6]承綱繼體，傳之有由。父在立子，允稱情典。"[7]曹郎諸葛雅之議："案《春秋傳》云，'世子死，有母弟則立之，[8]無則立長，年均擇賢，義均則卜。'古之制也。今長子早卒，無嗣，進立次息以爲世子，取諸《左氏》，理義無違。又孫武所據晉濟北侯荀勗長子卒，立次子，亦近代成例。依文採比，竊所允安。謂宜開許，以爲永制。"參議爲允。詔可。

［1］次息：次子。　世子：諸侯的嫡子。

［2］孫武：人名。據本書《禮志二》及本卷，大明中爲太學博士，餘事不詳。

［3］微子：周代宋國的始祖，名啓，殷紂王的庶兄，封於微。因見紂淫亂將亡，數諫，紂不聽，遂出走。周武王滅商，復其官。周公承成王命誅武庚，乃命微子統率殷族，奉其先祀，封於宋。

［4］姬典：周代典章。

［5］捨：中華本校勘記云：“各本並脱‘捨’字，據《通典·禮典》補。”

［6］輕屬：關係較遠的親屬。

［7］情典：情理和典章。

［8］立之：中華本校勘記云：“‘立之’各本作‘弟’一字，據《左傳》襄公三十一年原文改正。”

　　大明十二年十一月，[1]有司奏：“興平國解稱國子袁愍孫母王氏，[2]應除太夫人。檢無國子除太夫人例。下禮官議正。”太學博士司馬興之議：“案禮，下國卿大夫之妻，皆命天子。以斯而推，則子男之母，不容獨異。”博士程彥議以爲：“五等雖差，而承家事等。公侯之母，崇號得從，子男於親，尊秩宜顯。故《春秋》之義，‘母以子貴’。固知從子尊與國均也。彥參議，以興之議爲允。除王氏爲興平縣開國子太夫人。”詔可。

［1］大明十二年：中華本校勘記云：“張森楷《校勘記》云：‘大明祇八年，無十二年。據上條稱大明二年，下條稱大明四年，此十二年或是大明三年之誤。’”

［2］興平國：封國名。在今江西永豐縣。　袁愍孫：人名。即袁粲。本書卷八九有傳。

大明四年九月，有司奏："陳留國王曹虔秀長兄虔嗣早卒，秀襲封之後，生子銑以繼虔嗣。[1]今依例應拜世子，未詳應以銑爲世子？爲應立次子鍇？"太學博士王温之、江長議，並爲應以銑爲正嗣。太常陸澄議立鍇。[2]右丞徐爰議謂："禮後大宗，[3]以其不可乏祀。諸侯世及，《春秋》成義。虔嗣承家傳爵，身爲國王，雖薨没無子，猶列昭穆。[4]立後之日，便應即纂國統。于時既無承繼，虔秀以次襲紹。[5]虔嗣既列廟饗，故自與世數而遷。豈容蒸嘗無闕，横取他子爲嗣。爲人胤嗣，[6]又應恭祀先父。案禮文，公子不得禰諸侯。[7]虔嗣無緣降廟就寢。銑本長息，宜還爲虔秀世子。"詔如爰議。

[1]陳留國王：晋武帝司馬炎代魏稱帝，封魏帝爲陳留王，邑萬户，居於鄴宫，魏氏諸王皆爲縣侯。（事見《晋書》卷三《武帝紀》）之後陳留王均爲曹氏所繼承，宋依然。　曹虔秀：人名。曹魏皇室之後。中華本校勘記云："'曹虔秀'各本並作'曹虔季'，據《本紀》及《通典·禮典》改。下文又出'曹虔季'，并改'曹虔秀'。"　虔嗣：人名。即曹虔嗣。曹魏皇室之後。事見本書卷二、三《武帝紀》。　銑：人名。即曹銑。後爲陳留王。事見本書卷九《後廢帝紀》。

[2]太常陸澄：丁福林《校議》云："本書《禮志一》：'宋孝武大明三年九月，尚書右丞徐爰議……博士司馬興之、傅郁、太常丞陸澄並同爰議。'本書《禮志四》：'大明三年十一月乙丑朔……太常丞陸澄議。'見大明三年末陸澄僅官太常丞，則今時（大明四年）驟遷爲太常實爲可疑。考之《南齊書·文學·陸澄

傳》，澄一生迄未嘗有太常之任，其爲太常前所任之太學博士，中軍、衛軍府行佐，太宰參軍；爲太常丞後所任之北中郎行參軍，據本書《百官志》，官皆七品。其于明帝泰始初所任之尚書殿中郎亦僅爲六品之職。而太常則古之九卿，時亦位爲三品。澄于大明時位微望淺，亦不得此任。此于‘太常’後佚‘丞’字。”

[3]禮後大宗：按禮後嗣爲大宗。

[4]昭穆：宗廟中神主的排列次序，始祖居中，以下父子（祖、父）遞爲昭穆，左爲昭，右爲穆。《周禮・春官・小宗伯》：“辨廟祧之昭穆。”鄭玄注：“父曰昭，子曰穆。”

[5]虔秀：人名。中華本校勘記云：“‘虔秀’三朝本作‘虔嗣’，北監本、毛本、殿本、局本作‘虔季’，今據《通典・禮典》改。”　襲紹：繼承。

[6]胤嗣：後嗣。

[7]禰：繼承，崇奉。

宋文帝元嘉十三年七月，有司奏：“御史中丞劉式之議，[1]‘每至出行，未知制與何官分道，應有舊科。[2]法唯稱中丞專道，[3]傳詔荷信，[4]詔唤衆官，應詔者行，得制令無分別他官之文，既無畫然定則，[5]準承有疑。謂皇太子正議東儲，不宜與衆同例，中丞應與分道。揚州刺史、丹陽尹、建康令，並是京輦土地之主，[6]或檢校非違，或赴救水火，事應神速，不宜稽駐，[7]亦合分道。又尋六門則爲行馬之內，[8]且禁衛非違，[9]並由二衛及領軍，[10]未詳京尹、建康令門內之徒及公事，亦得與中丞分道與不？其准參舊儀，告報參詳所宜分道’。聽如臺所上，其六門內，既非州郡縣部界，則不合依門外。其尚書令、二僕射所應分道，亦悉與中丞同。”

[1]劉式之：人名。字延叔，劉穆之之子。事見本書卷四二
《劉穆之傳》、卷五四《羊玄保傳》。

[2]分道：分走不同的道路。

[3]專道：獨占道路。《禮記·雜記上》："乘人專道而行。"孔
穎達疏："《既夕禮》云：'屬引。'鄭玄注：'引，古者人引柩專道
行，謂喪在路不辟人也。'"

[4]荷信：帶著公文函件。

[5]畫：中華本校勘記云："'畫'各本並作'盡'，據《通
典·禮典》改。"

[6]京輦：國都。

[7]稽駐：稽留停駐。

[8]六門：指臺城之六門。即大司馬門、萬春門、東華門、西
華門、太陽門、承明門。

[9]非違：非違法違制。

[10]二衛：即左、右衛將軍。分領禁衛軍。四品。　領軍：官
名。即中領軍。禁衛軍統帥，權任極重。三品。

孝武帝大明六年五月，詔立凌室藏冰。[1]有司奏，
季冬之月，冰壯之時，凌室長率山虞及輿隸取冰於深山
窮谷涸陰沍寒之處，[2]以納于凌陰。務令周密，無泄其
氣。先以黑牡秬黍祭司寒於凌室之北。[3]仲春之月，春
分之日，以黑羔秬黍祭司寒。啓冰室，先薦寢廟。二廟
夏祠用鑑盛冰，[4]室一鑑，以禦溫氣蠅蚋。三御殿及太
官膳羞，[5]並以鑑供冰。自春分至立秋，[6]有臣妾喪，詔
贈秘器。[7]自立夏至立秋，不限稱數以周喪事。繕制夷
盤，[8]隨冰借給。[9]凌室在樂游苑內，[10]置長一人，保舉

吏二人。

[1]凌室：藏冰之所。《漢書》卷二《惠帝紀》：“秋七月乙亥，未央宮凌室災。”顏師古注：“凌室，藏冰之室也。”

[2]山虞：官名。掌管山林的政令。《周禮·地官·山虞》：“山虞掌山林之政令，物爲之屬，而爲之守禁。”後亦借稱掌管山林的官署。　興隷：指操賤役者。　涸陰沍寒：冬寒氣凝結或指極北之地。

[3]黑牡秬黍祭司寒：用黑公羊、黑黍祭祀司寒神。《左傳》昭公四年云：“其藏之也，黑牡秬黍，以享司寒。”杜預注：“黑牡，黑牲也；秬，黑黍也；司寒，玄冥。北方之神，故物皆用黑。有事于冰，故祭其神。”秬黍，中華本校勘記云：“‘秬黍’各本並作‘稰黍’，據《通典·禮典》改。”

[4]二廟：父和祖父之廟。《禮記·祭法》：“適士二廟一壇，曰考廟，曰王考廟。”孔穎達疏：“考廟者，父廟也。王考廟者，祖廟也。”　鑑：器名。形似大盆，有耳。青銅製，盛行於東周，或盛水，大的可作浴盆；或盛冰，用來冷藏食物。《周禮·天官·凌人》：“春始治鑑。”鄭玄注：“鑑，如甀。大口，以盛冰，置食物于中，以禦溫氣。”

[5]御殿：皇帝所臨之殿。　膳羞：美味的食品。《周禮·天官·膳夫》：“膳夫掌王之食飲膳羞。”鄭玄注：“膳，牲肉也；羞，有滋味者。”

[6]至：中華本校勘記云：“各本並脱‘至’字，據《通典·禮典》補。”

[7]秘器：棺材。

[8]夷盤：盛冰冰尸用的大盤。《周禮·天官·凌人》：“大喪，共夷槃冰。”鄭玄注：“夷之言屍也。實冰于夷槃中，置之屍床之下，所以寒屍。屍之槃曰夷屍。”

[9]隨冰借給：中華本校勘記云：“‘借’局本及《通典·禮

典》作‘供’。"

[10]樂游苑：故址在今江蘇江寧縣境。本書《禮志一》："北
郊，晋成帝世始立，本在覆舟山南，宋太祖以其地爲樂游苑。"

三公黄閣，[1]前史無其義。史臣按，《禮記》"士韠
與天子同，公侯大夫則異"。[2]鄭玄注："士賤，與君同，
不嫌也。"夫朱門洞啓，[3]當陽之正色也。三公之與天
子，禮秩相亞，故黄其閣，以示謙不敢斥天子，[4]蓋是
漢來制也。張超與陳公箋，[5]"拜黄閣將有日月"是也。

[1]黄閣：亦稱黄閤。漢代丞相、太尉和漢以後的王公官署避
用朱門、廳門塗以黄色，以區別於天子。又衛宏《漢舊儀》卷上：
丞相"聽事閤曰黄閤"。

[2]韠：皮製的蔽膝。朝覲或祭祀時用以遮蔽在衣裳前。
《詩·檜風·素冠》："庶見素韠兮，我心藴結兮，聊與子如一兮。"
朱熹《集傳》："韠，蔽膝也，以韋爲之。冕服謂之韍，其餘曰韠。
韠從裳色，素衣素裳，則素韠矣。"

[3]朱門：紅漆大門。代指貴族豪富門閥之家。

[4]斥：靠近，貼近。

[5]張超：人名。字子並。《後漢書》卷八〇下有傳。

史臣按：今朝士詣三公，[1]尚書丞、郎詣令、僕射、
尚書，[2]並門外下車，履，度門閾乃納屐。[3]漢世朝臣見
三公，並拜。丞、郎見八座，[4]皆持板揖，事在《漢儀》
及《漢舊儀》，[5]然則並有敬也。陳蕃爲光禄勳，[6]范滂
爲主事，[7]以公儀詣蕃，[8]執板入閤，至坐，蕃不奪滂
板，滂投板振衣而去。郭泰責蕃曰："以階級言之，[9]滂

宜有敬；以類數推之，至閤宜省。"然後敬止在門，其
來久矣。

[1]三公：中央三種最高官銜的合稱。宋以太宰、太傅、太保
爲三公。

[2]尚書丞：即尚書左、右丞。　郎：即尚書郎。尚書省諸郎
曹長官，隸屬列曹尚書，分曹執行政務。六品。

[3]門閾：亦作"門梱"，即門檻。　納屐：穿上木製的鞋。

[4]八座：中央政府的八種高級官員。宋以五曹尚書、二僕射、
一令爲"八座"。

[5]《漢儀》：《續漢書·百官志三》劉昭注引蔡質《漢儀》載
丞、郎見尚書執板揖，故知此處《漢儀》即蔡質《漢儀》。《隋
書·經籍志二》載漢衛尉蔡質撰《漢官典職儀式選用》二卷，或
即此書。　《漢舊儀》：共四卷，載西京雜事，東漢衛宏撰。見
《後漢書》卷七九下《衛宏傳》。

[6]陳蕃：人名。字仲舉，東漢名臣。《後漢書》卷六六有傳。
光祿勳：官名。東漢以掌宮殿門户爲主，罷郎中三將，五官、
左、右三中郎將署，分領中郎、侍郎、郎中，名義上備宿衛，實爲
後備官員儲備之所。虎賁、羽林中郎將、羽林左右監仍領禁軍，掌
宿衛侍從。職掌顧問參議的大夫、掌傳達招待的謁者及騎、奉車、
駙馬三都尉名義上隸屬之。兩漢郎官爲選拔人才的重要途徑，故光
祿勳對簡選官吏負有重要責任。

[7]范滂：人名。字孟博。《後漢書》卷六七有傳。

[8]公儀：此處指見三公之禮儀。

[9]郭泰：人名。字林宗。《後漢書》卷六八有傳。　階級：
尊卑上下的等級。

宋書　卷一六

志第六

禮三

　　"國之大事，在祀與戎"。[1]自書契經典，咸崇其義，而聖人之德，莫大於嚴父者也。[2]故司馬遷著《封禪書》，[3]班固備《郊祀志》，[4]上紀皇王正祀，[5]下録郡國百神。[6]司馬彪又著《祭祀志》以續終漢。[7]中興以後，[8]其舊制誕章，[9]粲然弘備。自兹以降，[10]又有異同。故復撰次云爾。

　　[1]國之大事，在祀與戎：此句見《左傳》成公十三年。
　　[2]自書契經典：泛指有文獻記載以來的經典。書契，《易·繫辭下》云："上古結繩而治，後世聖人易之以書契。百官以治，萬民以察，蓋取諸夬。"注云："夬，決也。書契所以決斷萬事也。"經典，儒家經典。　嚴父：《孝經·聖治章》"孝，莫大於嚴父，嚴父莫大於配天，則周公其人也"，此處以"嚴父"代指以父配天。
　　[3]司馬遷：人名。西漢史學家。《漢書》卷六二有傳。

《封禪書》：指司馬遷《史記》卷二八《封禪書》。

[4]班固：人名。東漢史學家。《後漢書》卷四〇有附傳。
《郊祀志》：指班固《漢書·郊祀志》。

[5]皇王正祀：指國家層面的正規祭祀。皇王，《詩·大雅·
文王有聲》云：“豐水東注，維禹之績，四方攸同，皇王維辟。”
《傳》云：“皇，大也。”此處指皇帝，借指國家。正祀，與“淫
祀”相對，指正統的、國家正規的祭祀。

[6]郡國百神：指漢初分封郡國境内祭祀的各種神靈。

[7]司馬彪：人名。晋朝史學家。著有《續漢書》，其中有
《祭祀志》。《晋書》卷八二有傳。

[8]中興以後：指劉秀建立東漢，漢室中興以後。

[9]誕章：《漢書》卷一〇〇下《叙傳下》云：“國之誕章，博
載其路。”顏師古注云：“誕，大也。謂憲章之大者，故廣載之。”

[10]自兹以降：《晋書》卷八二《司馬彪傳》稱《續漢書》
“起于世祖，終于孝獻”，其中《祭祀志》也當如此，本書《禮志》
又起自漢獻帝，故所謂“自兹以降”，是指自司馬彪著《續漢書》，
尤其是《續漢書》中的《祭祀志》以降。

　　漢獻帝延康元年十一月己丑，詔公卿告祠高廟。[1]
遣兼御史大夫張音奉皇帝璽綬策書，[2]禪帝位于魏。是
時魏文帝繼王位，南巡在潁陰。[3]有司乃爲壇於潁陰之
繁陽故城。[4]庚午，登壇。[5]魏相國華歆跪受璽綬以進於
王。[6]既受畢，降壇視燎，[7]成禮而返。未有祖配
之事。[8]

[1]延康：漢獻帝劉協年號（220）。　　高廟：《後漢書》卷一
上《光武帝紀上》注引《漢禮制度》云：“光武都洛陽，乃合高祖
以下至平帝爲一廟，藏十一帝主於其中，元帝次當第八，光武第

九，故立元帝爲祖廟。後遵而不改。"此即東漢之高廟。

[2]御史大夫：官名。秦始置，本位高權重，東漢稱司空，參議朝政，職掌監察執法，考核官吏，傳達詔令等事。東漢末曹操罷三公，復置。

[3]魏文帝：即曹丕。《三國志》卷二有紀。 穎陰：地名。在今河南許昌市。

[4]繁陽故城：在今河南臨穎縣西北。

[5]庚午，登壇：丁福林《校議》指出，《三國志》卷二《魏書·文帝紀》載漢獻帝禪魏在延康元年十一月乙丑，魏王登壇受禪在十一月庚午。《後漢書》卷九《獻帝紀》、《通鑑》卷六九則記上事在是年十月。《三國志》之誤，前人已屢有辨之，詳備者爲盧弼《三國志集解》，其云："今據裴注備列漢魏禪代詔策書令、群臣奏議甚詳。蓋漢實以十月乙卯策詔魏王，使張音奉璽綬而魏王辭讓，往返三四而後受也。又據侍中劉廙奏問太史令許芝，今月十七日己未可治壇場；又據尚書令桓階等奏云輒下太史令擇元辰，今月二十九日可登壇受命。蓋自十七日己未至二十九日正得辛未。由此推之，漢魏二《紀》皆謬，獨此碑爲是也……惟庚午升壇最爲謬矣……《宋書·禮志》云漢延康元年十一月禪位帝位於魏，《冊府元龜·帝王部》云延康元年受禪，並沿《陳志》之誤……"盧說是。此"十一月已丑"及"庚午"皆誤，應據《通鑑》卷六九分別易爲"十月乙卯"及"辛未"。

[6]相國：官名。魏晋南北朝不常置，位尊於丞相，非尋常人臣之職，無具體職掌。一品。 華歆：人名。字子魚。《三國志》卷一三有傳。

[7]視燎：《三國志·魏書·文帝紀》云："庚午，王升壇即阼，百官陪位。事訖，降壇，視燎成禮而反。"注引《獻帝傳》曰："辛未，魏王登壇受禪，公卿、列侯、諸將、匈奴單于、四夷朝者數萬人陪位，燎祭天地、五嶽、四瀆。"則此處"視燎"乃漢魏禪代燎祭天地禮儀中"降壇"之後的禮節。

[8]祖配:《禮記·喪服小記》云:"王者禘其祖之所自出,以其祖配之。"鄭玄注云:"禘,大祭也,始祖感天神靈而生,祭天則以祖配之。"此處用"祖配"代指以祖配天。

魏文帝黃初二年正月,[1]郊祀天地明堂。是時魏都洛京,[2]而神祇、兆域,[3]明堂、靈臺,[4]皆因漢舊事。四年七月,帝將東巡,[5]以大軍當出,使太常以一特牛告祠南郊,[6]自後以爲常。及文帝崩,太尉鍾繇告謚南郊,[7]皆是有事於郊也。

[1]黃初:三國魏文帝曹丕年號(220—226)。

[2]洛京:地名。今河南洛陽市。

[3]兆域:墳塋疆界。

[4]靈臺:《詩·大雅·靈臺》序云:"天子有靈臺者,所以觀祲象,察氣之妖祥也。文王受命,而作邑于豐,立靈臺。"

[5]東巡:《三國志》卷二《魏書·文帝紀》云:黃初四年八月"辛未,校獵于滎陽,遂東巡,論征孫權功"。

[6]太常:官名。掌祭祀朝會等禮儀之事,也掌文化教育。一特牛:據錢玄、錢興奇《三禮詞典》,"特"有二義,一指公牛,一指一頭牛。此處云"一特牛",則"特牛"似應解爲公牛。　南郊:於南郊祭天。

[7]太尉:官名。東漢時爲三公之首,魏晉時多爲大臣加官,無具體職掌。但東晉末年劉裕任太尉則有實權。一品。　鍾繇:人名。《三國志》卷一三有傳。

明帝太和元年正月丁未,[1]郊祀武皇帝以配天,[2]宗祀文皇帝於明堂以配上帝。[3]是時二漢郊禋之制具存,[4]魏所損益可知也。

［1］太和：三國魏明帝曹叡年號（227—233）。

［2］武皇帝：即曹操。《三國志》卷一有紀。

［3］文皇帝：即曹丕。《三國志》卷二有紀。

［4］郊禋：祭天禮儀。郊，指於郊祭天。禋，《通典》卷四四《禮典·禋六宗》引鄭玄注云：“禋，煙也。取其氣達升報於陽也。”孔安國曰：“精意以享謂之禋。”

　　四年八月，帝東巡，過繁昌。[1]使執金吾臧霸行太尉事，[2]以特牛祠受禪壇。《後漢紀》，章帝詔高邑祠即位壇。[3]此雖前代已行之事，然爲壇以祀天，而壇非神也。今無事於上帝，而致祀於虛壇，未詳所據也。

［1］繁昌：地名。在今河南許昌市南。

［2］執金吾：官名。掌管宮外巡衛。漢九卿之一，中二千石。臧霸：人名。字宣高，魏國武將。《三國志》卷一八有傳。

［3］《後漢紀》，章帝詔高邑祠即位壇：袁宏撰《後漢紀》無此文，《後漢書》卷三《章帝紀》載：元和三年（86）“三月丙子，詔高邑令祠光武於即位壇”，則此《後漢紀》當指《後漢書》中的《章帝紀》。高邑，地名。今河北柏鄉縣北。即位壇，《續漢書·祭祀志上》云：“建武元年（25），光武即位于鄗，爲壇營於鄗之陽。”《後漢書》卷一上《光武帝紀上》載：“於是建元爲建武，大赦天下，改鄗爲高邑。”

　　景初元年十月乙卯，[1]始營洛陽南委粟山爲圓丘。[2]詔曰：“蓋帝王受命，莫不恭承天地，以彰神明；尊祀世統，[3]以昭功德。故先代之典既著，則禘郊祖宗之制備也。[4]昔漢氏之初，承秦滅學之後，[5]採摭殘缺，以備郊祀。自甘泉、后土、雍宮、五時神祇兆位，[6]多不經見，並以興廢無常，一彼一此，四百餘年，廢無禘禮。古代之所更立者，遂有闕焉。曹氏世系，出自有虞氏，今祀圓丘，以始祖帝舜配，號圓丘曰皇皇帝天。[7]方丘所祭曰皇皇后地，以舜妃伊氏配。[8]天郊所祭曰皇天之神，以太祖武皇帝配。地郊所祭曰皇地之祇，以武宣皇后配。[9]宗祀皇考高祖文皇帝於明堂，以配上帝。"十二月壬子冬至，始祀皇皇帝天于圓丘，以始祖有虞帝舜配。自正始以後，終魏世，不復郊祀。[10]

[1]景初：三國魏明帝曹叡年號（237—239）。

[2]委粟山：山名。《通鑑》卷七三胡三省注云："《魏氏春秋》曰'洛陽有委粟山，在陰鄉，魏時營爲圓丘'，孔穎達曰'委粟山在洛陽南二十里'。"　圓丘：《三輔皇圖·圓丘》："昆明故渠南，有漢故圓丘。今按，高二丈，周迴百二十步。"爲天子祭天之處。

[3]世統：家族世代相承的系譜。《漢書》卷二九《溝洫志》顏師古注引如淳曰："世統，譜諜也。"

[4]禘：據錢玄、錢興奇《三禮辭典》，"禘"有三義，一"祀天地於郊，以其始祖配之，謂之禘，此爲大禘"。二"四時享先王，夏商稱夏享曰禘"。三"四時之祭外，祭於群廟爲禘"。此處取第一義。

[5]滅學：指秦始皇焚書坑儒，禁止儒學。

[6]甘泉、后土、雍宮、五時神祇兆位：指漢代甘泉宮、后土祠、雍宮、五時所祭神祇的分界。甘泉，指甘泉宮。《史記》卷一二《孝武本紀》載：漢武帝"又作甘泉宮，中爲臺室，畫天、地、泰一諸神，而置祭具以致天神。"后土，《周禮·春官·大宗伯》："王大封，則先告后土。"鄭玄注："后土，土神也。"雍宮，指辟

雍、明堂、靈臺。《漢書》卷五三《河間獻王劉德傳》顏師古注云："應劭曰：'辟雍、明堂、靈臺也。雍和也，言天地、君臣、人民皆和也。'"五時，又稱五時原，在今陝西鳳翔縣南。秦漢時祭祀五方帝的處所。《史記》卷一二《孝武帝紀》："明年上初至雍，郊見五時。"《正義》："先是文公作鄜時，祭白帝；秦宣公作密時，祭青帝；秦靈公作吳陽上時、下時，祭赤帝、黃帝；漢高祖作北時，祭黑帝；是五時也。"

[7]有虞氏：古部落名。傳說其首領舜受堯禪，都蒲阪。故址在今山西永濟縣東南。《國語·魯語上》："故有虞氏禘黃帝而祖顓頊，郊堯而宗舜。" 皇皇帝天：指作莊肅盛美的天。皇皇，美盛。《詩·魯頌·泮水》："烝烝皇皇，不吳不揚。"毛傳："皇皇，美也。"《禮記·曲禮下》："天子穆穆，諸侯皇皇。"孔穎達疏："諸侯皇皇者，自莊盛也。"《詩·大雅》載鄭玄《箋》云："帝，天也。"

[8]皇皇后地：莊肅盛美的大地。《楚辭·九章·橘頌》："后皇嘉樹，橘徠服兮。"王逸注："后，后土也。" 舜妃伊氏：舜的妃子伊氏。伊氏乃伊耆（祁）氏簡稱，《通鑑》卷七三胡三省注云："舜妃，堯女也。堯，伊祁氏。"

[9]武宣皇后：即卞皇后。曹丕之母。《三國志》卷五有傳。

[10]郊祀：古代於郊外祭祀天地，南郊祭天，北郊祭地。郊謂大祀，祀爲群祀。《漢書·郊祀志下》："帝王之事莫大乎承天之序，承天之序莫重於郊祀……祭天於南郊，就陽之義也；瘞地於北郊，即陰之象也。"

　　孫權初稱尊號於武昌，[1]祭南郊告天。文曰：[2]"皇帝臣孫權，敢用玄牡，昭告皇皇后帝。[3]漢饗國二十有四世，歷年四百三十有四，[4]行氣數終，禄祚運盡，普天弛絕，率土分崩。孽臣曹丕，遂奪神器。[5]丕子叡繼世作慝，[6]竊名亂制。權生於東南，遭值期運，承乾秉戎，[7]志在拯世，奉辭行罰，舉足為民。群臣將相州郡百城執事之人，咸以為天意已去於漢，漢氏已終於天，皇帝位虛，郊祀無主，休徵嘉瑞，前後雜沓，[8]曆數在躬，不得不受。權畏天命，敢不敬從。謹擇元日，登壇柴燎，[9]即皇帝位。唯爾有神饗之！左右有吳，[10]永綏天極。"其後自以居非中土，不復修設。中年，群臣奏議，宜修郊祀。權曰："郊祀當於中土，今非其所"。重奏曰："普天之下，莫非王土。王者以天下為家。昔周文、武郊於酆、鎬，[11]非必中土。"權曰："武王伐紂，即阼於鎬京，而郊其所也。文王未為天子，立郊於酆，見何經典？"復奏曰："伏見《漢書·郊祀志》，匡衡奏徙甘泉河東郊於長安，言文王郊於酆。"[12]權曰："文王德性謙讓，處諸侯之位，明未郊也。經傳無明文，由匡衡俗儒意說，非典籍正義，不可用也。"虞喜《志林》曰；"吳主糾駁郊祀，追貶匡衡，凡在見者，莫不慨然稱善也。"[13]何承天曰："案權建號繼天，而郊享有闕，固非也。末年雖一南郊，而遂無北郊之禮。[14]環氏《吳紀》：[15]'權思崇嚴父配天之義，追上父堅尊號為吳始祖。'如此說，則權末年所郊，堅配天也。權卒後，三嗣主終吳世不郊祀，則權不享配帝之禮矣。"

[1]孫權：人名。三國吳君主。《三國志》卷四七有傳。　武昌：地名。在今湖北鄂州市。

[2]文曰：以下告天文據《三國志》卷四七《吳書·吳主傳》裴松之注，為《吳錄》所載之文。

[3]玄牡：祭天用的黑色公牛。　皇皇后帝：天。《詩·魯頌·閟宮》："皇皇后帝，皇祖后稷。"鄭玄《箋》："皇皇后帝，謂天也。"。

[4]四百三十有四：中華本校勘記云：各本並脱"有四"二字，據《三國志·吳書·吳主傳》裴松之注引《吳錄》補。

[5]神器：指帝位、政權。

[6]叡：人名。即魏明帝曹叡。《三國志》卷三有紀。　作慝：作惡。《詩·大雅·民勞》："式遏寇虐，無俾作慝。"毛傳："慝，惡也。"

[7]承乾秉戎：秉承天意，執掌軍政。《易·説卦》："乾，天也。"

[8]休徵嘉瑞，前後雜沓：指《三國志·吳書·吳主傳》：黃武二年"五月，曲阿言甘露降"，黃武四年"皖口言木連理"，黃龍元年"夏四月，夏口、武昌並言黃龍、鳳凰見"。

[9]柴燎：一種祭祀儀式，燒柴祭天。《文選》潘岳《閑居賦》："天子有事于柴燎，以郊祖而展義。"李善注："《爾雅》曰：'祭天曰燔柴。'郭璞曰：'既祭，積薪燒之。'"

[10]左右有吳：助養吳國。左右，指助養。《易·泰》：《象》曰"輔相天地之宜，以左右民"。孔穎達疏："左右，助也，以助養其人也。"

[11]酆：地名。在今陝西戶縣東。　鎬：地名。在今陝西西安市長安區西北。

[12]匡衡奏徙甘泉河東郊於長安：匡衡所奏事見《漢書·郊祀志下》，建議"甘泉泰畤河東后土之祠，宜可徙置長安"，故此處"甘泉河東"指"甘泉泰畤河東后土之祠"。匡衡，人名。字稚圭。《漢書》卷八一有傳。

[13]虞喜：人名。字仲寧。作《志林》三十篇。《晉書》卷九一有傳。　吳主：即孫權。

[14]何承天：人名。本書卷六四有傳。　北郊：帝王郊祀的處

所之一。周制在北門外六里處，漢制在北門外四里。夏至日於此以祭地，冬至日於此以迎冬。《吕氏春秋·孟冬紀》："立冬之日，天子親率三公、九卿、大夫，以迎冬於北郊。"高誘注："六里之郊。"

[15]環氏《吴紀》：指環濟所撰九卷《吴紀》，《隋書·經籍志二》載："《吴紀》九卷，晋太學博士環濟撰。"

劉備章武元年，[1] 即皇帝位，設壇。"建安二十六年夏四月丙午，皇帝臣備，敢用玄牡，昭告皇天上帝、后土神祇。[2] 漢有天下，曆數無疆。[3] 曩者王莽篡盗，光武皇帝震怒致誅，社稷復享。[4] 今曹操阻兵安忍，子丕載其凶逆，竊居神器。群臣將士以爲社稷墮廢，備宜修之，嗣武二祖，龔行天罰。[5] 備惟否德，懼忝帝位，詢于庶民，外及蠻夷君長，僉曰天命不可以不答，祖業不可以久替，四海不可以無主，率土式望，在備一人。備畏天之威，又懼漢邦將湮于地。謹擇元日，與百僚登壇，受皇帝璽綬。修燔瘞，告類于大神。[6] 惟大神尚饗！祚于漢家，永綏四海"。

[1]劉備：人名。三國蜀君主。《三國志》卷三二有傳。 章武：三國蜀先主劉備年號（221—223）。

[2]皇天上帝：指天帝。《漢書·郊祀志下》云："今稱天神曰皇天上帝。" 后土神祇：指地神。"皇天上帝、后土神祇"常見於東漢祭祀祝文，劉備自稱承漢之統，故用東漢故事，《後漢書》卷一上《光武帝紀上》載建武元年（25）劉秀稱帝，其祝文曰"皇天上帝、后土神祇眷顧"。

[3]曆數：上天賦予帝王治民的順序。《論語·堯曰》："咨，爾舜，天之曆數在爾躬。"何晏《集解》："曆數謂列次也。"邢昺

疏："孔注《尚書》云：謂天道。謂天厤運之數。帝王易姓而興，故言厤數謂天道。"

　　[4]王莽：人名。廢漢自立爲新，稱帝。《漢書》卷九九有傳。
光武皇帝：即劉秀。《後漢書》卷一有紀。

　　[5]嗣武：接續足迹之意。《詩·大雅》："繩其祖武。"《傳》云："武，迹也。"鄭玄《箋》云："戒慎其祖考所履踐之迹。"
二祖：指漢高祖劉邦、漢世祖劉秀。　襲：通"恭"。《漢書》卷一〇〇下《叙傳下》云："皇矣漢祖……襲行天罰。"

　　[6]告類：祭告上天之禮。特指爲皇帝即位或立皇太子等特殊重大事件而舉行的非常之祭。類，祭祀名稱。《尚書·舜典》："肆類於上帝。"孔穎達疏："祭於上帝，祭昊天及五帝也。"

　　章武二年十月，詔丞相諸葛亮營南北郊于成都。[1]

　　[1]諸葛亮：人名。字孔明。三國蜀丞相。《三國志》卷三五有傳。　成都：地名。在今四川成都市。

　　魏元帝咸熙二年十二月甲子，[1]使持節侍中太保鄭沖、兼太尉司隸校尉李憙奉皇帝璽綬策書，[2]禪帝位于晋。丙寅，晋設壇場于南郊，柴燎告類，[3]未有祖配。其文曰："皇帝臣炎，[4]敢用玄牡，明告于皇皇后帝。魏帝稽協皇運，[5]紹天明命，以命炎曰：'昔者唐堯禪位虞舜，虞舜又以禪禹，邁德垂訓，[6]多歷年載。暨漢德既衰，太祖武皇帝撥亂濟民，[7]扶翼劉氏，又用受禪于漢。粵在魏室，仍世多故，幾於顛墜，實賴有晋匡拯之德，用獲保厥肆祀，弘濟于艱難。此則晋之有大造于魏也。[8]誕惟四方之民，罔不祗順，[9]開國建侯，宣禮明

刑，廓清梁、岷，苞懷揚、越，[10]函夏興仁，[11]八紘同
軌，[12]遐邇馳義，祥瑞屢臻，天人協應，無思不服。肆
予憲章三后，[13]用集大命于兹。’炎惟德不嗣，辭不獲
命。於是群公卿士，百辟庶僚，黎獻陪隸，[14]暨于百蠻
君長，僉曰：‘皇天鑒下，[15]求民之瘼，[16]既有成命，
固非克讓所得距違。’[17]天序不可以無統，[18]人神不可
以曠主，炎虞奉皇運，畏天之威，敢不欽承休命，[19]敬
簡元辰，[20]升壇受禪，告類上帝，以永答民望，敷佑萬
國。惟明德是饗。”

[1]魏元帝：即曹奐。《三國志》卷四有紀。　咸熙：三國魏
元帝曹奐年號（264—265）。

[2]使持節侍中太保：官名。領有太保虛銜的持節侍中。持節，
指官員或使臣外出時持有皇帝授予的節杖，以示權威。侍中，官
名。《晋書・職官志》載：侍中“掌儐贊威儀，大駕出則次直侍中
護駕，正直侍中負璽陪乘，不帶劍，餘皆騎從。御登殿，與散騎常
侍對扶，侍中居左，常侍居右。備切問近對，拾遺補闕”。三品。
太保，官名。三公之一。一品。　鄭沖：人名。字文和。《晋書》
卷三三有傳。　兼太尉司隸校尉：官名。領有太尉虛銜的司隸校
尉。司隸校尉，官名。東漢時職掌糾察宮廷内外、皇親貴戚、京都
百官。兼領兵，有檢敕、捕殺罪犯之權，並爲司隸州行政長官，三
國魏、西晉延置。三品。　李憙：人名。字季和。《晋書》卷四一
有傳。

[3]柴燎告類：指“柴燎告類於上帝”或“柴燎告類於天”。
“柴燎告類”除見於本卷外，本書卷三《武帝紀》、《南史》卷一
《武帝紀》記此事用“柴燎告天”，《晋書》卷三《武帝紀》、卷一
九《禮志上》云“柴燎告類於上帝”，《梁書》卷二《武帝紀中》

用“柴燎告類於天”，《陳書》卷二《高祖紀下》等皆用“柴燎告天”。此處文句若非“柴燎告類於上帝”或“柴燎告類於天”的省寫，便是“柴燎告天”的誤書，或有脱文。

[4]炎：人名。即晋武帝司馬炎。《晋書》卷三有紀。

[5]稽協皇運：查考符合享有皇位的氣數。《易·繫辭下》：“於稽其類。”孔穎達疏：“稽，考也。”《尚書·舜典》：“曰重華協于帝。”孔穎達疏：“用此德合於帝堯，與堯俱聖明也。”

[6]邁德垂訓：超邁的德行所流傳後世的典式。

[7]太祖武皇帝：指曹操。太祖，廟號。武，謚號。《三國志》卷一有紀。

[8]大造：大功勞、大恩德。

[9]祗順：敬順。

[10]梁、岷：代指蜀地。梁，指梁山，岷，指岷山。《文選》王粲《贈文叔良》詩：“君子于征，爰聘西鄰，臨此洪渚，伊思梁岷。”李周翰注：“梁、岷，蜀二山名。” 揚、越：代指三國吳政權。揚，古九州之一。轄今之蘇、皖、贛、浙、閩諸省。越，代稱廣東、廣西地區，或泛指南方。

[11]函夏：指全國。《漢書》卷八七《揚雄傳上》：“以函夏之大漢兮，彼曾何足與比功？”顏師古注引服虔曰：“函夏，函諸夏也。”

[12]八紘：八方極遠之地。《淮南子·墬形訓》：“九州之外，乃有八殥……八殥之外，而有八紘，亦方千里。”高誘注：“紘，維也。維落天地而爲之表，故曰紘也。”

[13]憲章：效法。 三后：指禹、湯、文王。《楚辭·離騷》：“昔三后之純粹兮，固衆芳之所在。”王逸注：“后，君也，謂禹、湯、文王也。”

[14]黎獻：黎民中的賢者。《尚書·益稷》：“萬邦黎獻，共惟帝臣。”蔡沈《集傳》：“黎民之賢者也。”

[15]鑒下：鑒察下情。

[16]求民之瘼：訪求人民的病痛。瘼，泛指困苦。《詩·小雅·四月》：“亂離瘼矣，爰其適歸。”毛傳：“瘼，病。”

[17]克讓：善能謙讓。《尚書·堯典》：“允恭克讓。”孔傳：“克，能。”孔穎達疏：“善能謙讓。”

[18]天序不可以無統：上天安排的順序不可以沒有正統。天序，上天安排的順序，自然的順序。

[19]欽承：恭敬地繼承或承受。　休命：神明的旨意。

[20]元辰：良辰，吉辰。《禮記·月令》：“乃擇元辰，天子親載耒耜。”鄭玄注：“元辰，蓋郊後吉辰也。”

　　泰始二年正月，[1]詔曰：“有司前奏郊祀權用魏禮。朕不慮改作之難，今便爲永制。衆議紛互，遂不時定，[2]不得以時供饗神祀，配以祖考，日夕嘆企，貶食忘安。[3]其便郊祀。”時群臣又議：“五帝，[4]即天也，五氣時異，[5]故殊其號。雖名有五，其實一神。明堂南郊，宜除五帝之坐。五郊改五精之號，[6]皆同稱昊天上帝，各設一坐而已。北郊又除先后配祀。”帝悉從之。二月丁丑，郊祀宣皇帝以配天，宗祀文皇帝於明堂，以配上帝。[7]是年十一月，有司又議奏：“古者丘郊不異，宜并圓丘、方澤於南北郊，更修治壇兆。[8]其二至之祀，合於二郊。”帝又從之。一如宣帝所用王肅議也。[9]是月庚寅冬至，帝親祠圓丘於南郊。自是後，圓丘方澤不別立至今矣。

[1]泰始：晋武帝司馬炎年號（265—274）。

[2]不時定：不及時確定。

[3]貶食：節縮飲食。

　　[4]五帝：即白、青、黄、赤、黑五帝。《史記·封禪書》："二年東擊項籍而還入關，問："故秦時上帝祠何帝也？'對曰："四帝，有白、青、黄、赤帝之祠。'高祖曰："吾聞天有五帝，而有四，何也？'莫知其説。於是高祖曰："吾知之矣，乃待我而具五也。'乃立黑帝祠，命曰北畤。"是爲五帝祭祀之始。

　　[5]五氣：五行之氣。《史記》卷一《五帝本紀》："軒轅乃修德振兵，治五氣。"《集解》引王肅曰："五行之氣。"

　　[6]五郊：謂東郊、南郊、西郊、北郊、中郊。帝王於五郊設祭迎氣。立春之日，迎春於東郊，祭青帝句芒；立夏之日，迎夏於南郊，祭赤帝祝融；立秋前十八日，迎黄靈於中兆，祭黄帝后土；立秋之日，迎秋於西郊，祭白帝蓐收；立冬之日，迎冬於北郊，祭黑帝玄冥。　五精：五方星。《文選》張衡《東京賦》："辨方位而正則，五精帥而來摧。"薛綜注："五精，五方星也。"

　　[7]宣皇帝：即司馬懿。《晋書》卷一有紀。　文皇帝：即司馬昭。《晋書》卷二有紀。

　　[8]方澤：即方丘。夏至祭地祇的方壇，因爲壇設於澤中，故稱。《廣雅·釋天》："圓丘大壇，祭天也；方澤大折，祭地也。"
　　壇兆：祭壇的位置界限。

　　[9]王肅：人名。字子雍。《三國志》卷一三有傳。

　　太康十年十月，乃更詔曰："《孝經》'郊祀后稷以配天，宗祀文王於明堂，以配上帝。'而《周官》云："祀天旅上帝'。又曰："祀地旅四望。'[1]四望非地，則明上帝不得爲天也。[2]往者衆議除明堂五帝位，考之禮文正經不通。且《詩序》曰："文、武之功，起於后稷。'[3]故推以配天焉。宣帝以神武創業，既已配天，復以先帝配天，於義亦不安。其復明堂及南郊五帝位。"

[1]旅：國家有故陳列祭品而祭。《周禮·春官·大宗伯》：
"國有大故，則旅上帝及四望。"鄭玄注："旅，陳也，陳其祭事以
祈焉。" 四望：指古代天子向四方遥祭山川。《周禮·春官·大宗
伯》："國有大故，則旅上帝及四望。"賈公彥疏："言四望者，不
可一往就祭，當四向望而爲壇遥祭之，故云四望也。"孫詒讓《周
禮正義》："陳壽祺云：'山川之祭，周禮四望，魯禮三望。其餘諸
侯祀竟内山川，蓋無定數，山川之大者，莫如五岳、四瀆。《禮
記·王制》曰：五岳視三公，四瀆視諸侯。望祭山川豈可舍此有五
岳四瀆等，則四望非限以四事，乃謂四方之望也……'案：陳説是
也。四望者，分方望祭之名，通言之，凡山川之祭皆曰'望'，於
山川之中，舉其尤大者別祭之，則有四望。天子統治宇内，則四望
之祭，亦外極四表。"按：鄭玄注以五岳、四鎮、四瀆爲"四望"。

[2]則明上帝不得爲天也：中華本校勘記指出，"明"字下，
各本並衍"堂"字，據《元龜》卷三二下删。

[3]文、武之功，起於后稷：出《詩·大雅》序，孔穎達疏
曰："作《生民詩》者，言尊祖也。序又言尊祖之意，以后稷生於
姜嫄而來，其文王受命，武王除亂以定天下之功，其兆本起由於后
稷。及周公、成王致大平制禮，以王功起於后稷，故推舉之以配
天，謂配夏正郊天焉。祭天而以祖配祭者，天無形象，推人道以事
之，當得人爲之主。《禮記》稱萬物本於天，人本於祖。俱爲其本
可以相配，是故王者皆以祖配天，是同祖於天，故爲尊也。祖之定
名，父之父耳。但祖者，始也，已所從始也，自父之父以上，皆得
稱焉，此后稷之於成王乃十七世祖也。不言姜嫄生后稷者，《經》
稱厥初生民，時維姜嫄。是據后稷本之姜嫄，故序，亦順經而爲文
也。言文武之功起於后稷者，《周語》云后稷勤，周十五世而興，
是后稷勤行功業，爲周室開基也。"

晋武帝太康三年正月，帝親郊祀。皇太子、皇弟、

皇子悉侍祠，非前典也。

憫帝都長安，未及立郊廟而敗。[1]

[1] 憫帝：即司馬鄴。《晋書》卷五有紀。

元帝中興江南，太興元年，始更立郊兆。[1] 其制度皆太常賀循依據漢、晋之舊也。[2] 三月辛卯，[3] 帝親郊祀，饗配之禮，一依武帝始郊故事。[4] 初尚書令刁協、國子祭酒杜夷，[5] 議宜須旋都洛邑乃修之。司徒荀組據漢獻帝居許，[6] 即便立郊，自宜於此修奉。驃騎王導、僕射荀崧、太常華恒、中書侍郎庾亮皆同組議。[7] 事遂施行。按元帝紹命中興，[8] 依漢氏故事，宜享明堂宗祀之禮。江左不立明堂，故闕焉。

[1] 元帝：即司馬睿。《晋書》卷六有紀。　太興：晋元帝司馬睿年號（318—321）。

[2] 賀循：人名。字彥先。《晋書》卷六八有傳。

[3] 三月辛卯：中華本校勘記指出，是月丁未朔，無辛卯。丁福林《校議》指出，《晋書·禮志上》記上事在“太興元年”，與此作“元年”異。考《晋書》卷六《元帝紀》，元帝太興元年三月丙辰始即帝位於建康，即此所謂之“元帝中興江南”也。中興後更立郊兆，定禮儀，則元帝之親郊必不得在太興元年。見此“太興元年”，應是“太興二年”之誤，《通鑑》卷九一從《晋志》是也。又太興二年三月壬寅朔，亦無辛卯日，見此“三月辛卯”，亦必誤。考《御覽》卷五二七引《晋起居注》云：“元帝中興，以二月郊。”則元帝太興二年之始郊，實在二月，《晋志》及《通鑑》記在三月，亦誤。考太興二年二月壬申朔，辛卯爲月之二十。此“三月辛

卯”，又爲“二月辛卯”之誤也。

[4]武帝：即司馬炎。《晉書》卷三有紀。

[5]尚書令：官名。尚書省長官，總理政務，實爲百官之長。三品。 刁協：人名。字玄亮。《晉書》卷六九有傳。 國子祭酒：官名。主管國子學，參議禮制，隸太常。 杜夷：字行齊。《晉書》卷九一有傳。

[6]荀組：人名。字大章。《晉書》卷三九有附傳。

[7]驃騎：官名。即驃騎大將軍。加官，無具體職掌，位比三公。一品。 王導：人名。字茂弘。《晉書》卷六五有傳。 僕射：官名。尚書僕射之省稱，主持尚書省政務。三品。 荀崧：人名。字景猷。《晉書》卷七五有傳。 華恒：人名。字敬則。《晉書》卷四四有附傳。 中書侍郎：官名。中書監、令承受、宣布皇帝旨意，由侍郎草擬成詔令，呈皇帝批准後頒下。五品。 庾亮：人名。字元規。《晉書》卷七三有傳。按：荀組、王導、華恒等議此事見《晉書》卷四四《華恒傳》，然曰主議者爲華恒，荀組等皆同恒議，非皆同組議。

[8]紹命中興：繼承東晉的命脉亡而復興。紹，繼承。

　　明帝太寧三年七月，[1]始詔立北郊。未及建而帝崩，故成帝咸和八年正月，追述前旨，於覆舟山南立之。[2]是月辛未，祀北郊，始以宣穆張皇后配地。[3]魏氏故事，非晉舊也。[4]

[1]太寧：晉明帝司馬紹年號（323—326）。

[2]覆舟山：山名。又名龍舟山、玄武山。在今江蘇南京市東北。

[3]宣穆張皇后：名春華，司馬懿之妻，司馬師、司馬昭之母，司馬炎稱帝后追尊爲皇后。《晉書》卷三一有傳。

[4]魏氏故事：指沿用三國魏景初元年"地郊所祭曰皇地之祇，以武宣皇后配祭"的典故。事見本卷前文。

康帝建元元年正月，[1]將北郊，有疑議。太常顧和表曰：[2]"泰始中，合二至之祀於二郊。北郊之月，古無明文，或以夏至，或同用陽復。[3]漢光武正月辛未，始建北郊。此則與南郊同月。及中興草創，百度從簡，合北郊於一丘。憲章未備，權用斯禮，蓋時宜也。至咸和中，議別立北郊，同用正月。魏承後漢，正月祭天，以地配，而稱周禮，三王之郊，一用夏正。"[4]於是從和議。是月辛未，南郊。辛巳，北郊。帝皆親奉。

[1]康帝：即司馬岳。《晋書》卷七有紀。　建元：晋康帝司馬岳年號（343—344）。

[2]顧和：人名。字君孝。《晋書》卷八三有傳。

[3]陽復：猶言一陽來復。

[4]夏正：夏曆正月的省稱。代指夏曆。夏以正月爲歲首，商以夏曆十二月、周以夏曆十一月爲歲首。見《史記·曆書》。秦及漢初曾一度以夏曆十月爲歲首。自漢武帝改用夏正後，歷代沿用。

安帝元興三年三月，[1]宋高祖討桓玄，走之。[2]己卯，告義功于南郊。[3]是年，帝蒙塵江陵未返。[4]其明年應郊。朝議以爲宜依《周禮》，[5]宗伯攝職，[6]三公行事。[7]尚書左丞王訥之獨曰：[8]"既殯郊祀，自是天子當陽，[9]有君存焉，稟命而行，何所辯也。[10]郊之與否，[11]豈如今日之比乎！議者又云今宜郊，故是承制所得命三公行事。又郊天極尊，唯一而已，故非天子不祀也。庶人以上，莫不蒸嘗，[12]嫡子居外，[13]庶子執事，[14]禮文炳然。未有不親受命而可祭天者。又武皇受禪，用二月郊，元帝中興，以三月郊。今郊時未過，日望輿駕。[15]無爲欲速而無據，使皇輿旋返，更不得親奉。”遂從訥之議。[16]

[1]安帝：即司馬德宗。《晋書》卷一〇有紀。　元興：晋安帝司馬德宗年號（402—404）。

[2]高祖：宋武帝劉裕廟號。　桓玄：人名。字敬道，一名靈寶，東晋大司馬桓溫之子，元興二年篡晋自立爲帝。《晋書》卷九九有傳。中華本《宋書》爲“宋高祖討桓玄走之”，中華本《晋書·禮志上》爲“劉裕討桓玄，走之”，《晋書》斷句較佳，從之。

[3]義功：大功、勳功。

[4]蒙塵：指帝王失位逃亡在外，蒙受風塵。　江陵：地名。在今湖北荆州市荆州區。

[5]宜：中華本校勘記指出，各本並脱“宜”字，據《晋書·禮志上》《通典·禮典》補。　周禮：中華本《宋書》爲“周禮”，中華本《晋書·禮志上》爲“《周禮》”。按：此處似當爲“《周禮》”。

[6]宗伯：官名。指主禮之官。本周代六卿之一，掌宗廟祭祀等事。《尚書·周官》：“宗伯掌邦禮，治神人，和上下。”《周禮·春官·宗伯》：“乃立春官宗伯，使帥其屬而掌邦禮，以佐王和邦國。”鄭玄注：“宗伯，主禮之官。”　攝職：暫時代理官職。

[7]三公：即太尉、司徒、司空。《晋書·職官志》：“太尉、司徒、司空並古官也，自漢歷魏置，以爲三公，及晋受命迄江左，其官相承不替。”

[8]尚書左丞：官名。與右丞掌尚書省庶務，率諸都令史監察稽核諸尚書曹、郎曹政務，督録近道文書章奏，監察糾彈尚書令、

僕射、尚書等文武百官，號稱“監司”，分管宗廟祠祀、朝儀禮制、選授官吏等文書奏事。六品。　王訥之：人名。《世説新語·文學》劉孝標注引《王氏譜》曰：“訥之字永言，琅邪人。歷尚書左丞、御史中丞。”當即其人。中華本校勘記指出，“王訥之”各本並作“王納之”。按古人名、字相應，訥之字永言，是。今改正。

[9]既殯郊祀：皇帝去世喪禮之後而舉行郊祀。　天子當陽：此處指新帝王登極。《晋書》卷八三《車胤傳》：“今主上當陽，非成王之地。”《通鑑》卷一〇七：“今主上當陽。”胡三省注曰“人主南面鄉明而立以治天下，故曰當陽。”本非指新天子登極，鑒於前有“既殯郊祀”，後有“有君存焉”，故此處應是新天子登極。

[10]辯：中華本《宋書》爲“辨”，中華本《晋書·禮志上》爲“辯”，今從《晋書》。

[11]郊：中華本《宋書》爲“齋”，中華本《晋書·禮志上》爲“郊”，按：此處所討論爲是否應郊，故從《晋書》。

[12]蒸嘗：《詩·小雅·楚茨》：“絜爾牛羊，以往烝嘗。”鄭玄《箋》：“冬祭曰烝，秋祭曰嘗。”

[13]嫡子：正妻所生之長子，爲嫡長子。

[14]庶子：時指嫡長子以外的衆子。

[15]輿駕：帝后乘坐的車駕。亦借指帝后。

[16]遂從訥之議：丁福林《校議》指出，其時安帝爲桓玄挾持至江陵，朝議以爲宜依周禮行郊祀，而王訥之則持異議。云“尚書左丞王訥之獨曰”者，謂王訥之獨持異議而言也。然今標點以下文之議皆歸之於訥之，則非是。考之文意，自“既殯郊祀”至“豈如今日之比乎”，乃訥之獨曰之語，謂不宜郊也。而“今宜郊，故是承制所得命三公行事”，乃其他議者針對訥之以上之言而發，謂宜郊也。故有“議者又云”語。是應於“今日之比乎”後益雙引號，作議者之語。自“郊天尊極”至“未有不親受命而可祭天者”，則爲王訥之又針對議者所云而發，謂郊天事極尊重，而今天子蒙塵，郊祀未受天子之命，故不可郊也。是又應於“郊天極尊”

前及“而可祭天者”後益雙引號。自“武皇受禪”至“更不得親奉”，更爲訥之補充上言而發，謂今郊時未過，若天子不在而郊，設使天子得還，則天子反不得親奉此禮，是不宜郊也。故又應於“武皇受禪”前益雙引號。中華本《晉書·禮志上》作：“尚書左丞王訥之獨曰：‘既殯郊祀，自是天子當陽。有君存焉，稟命而行，何所辨也。郊之與否，豈如今日之比乎！’議者又云：‘今宜郊，故是承制所得令三公行事。’又‘郊天極尊，惟一而已，故非天子不祀也。庶人以上，莫不蒸嘗，嫡子居外，介子執事，未有不親受命而可祭天者’。訥之又曰：‘武皇受禪，用二月郊，元帝中興，以三月郊，今郊時未過，日月望輿駕，無爲欲速，而使皇輿旋反，更不得親奉也。’於是從訥之議。”可參看。

　　晉恭帝元熙二年五月，[1]遣使奉策，禪帝位于宋。永初元年六月丁卯，設壇南郊，受皇帝璽紱，柴燎告類。策曰：“皇帝臣裕，敢用玄牡，昭告皇皇后帝。晉帝以卜世告終，[2]曆數有歸，欽若景運，以命于裕。[3]夫樹君司民，天下爲公，德充帝王，樂推攸集。[4]越俟唐、虞，[5]降暨漢、魏，靡不以上哲格文祖，[6]元勳陟帝位，故能大拯黔黎，[7]垂訓無窮。晉自東遷，四維弗樹，[8]宰輔焉依，爲日已久。難棘隆安，禍成元興，遂至帝王遷播，宗祀湮滅。[9]裕雖地非齊、晉，衆無一旅，[10]仰憤時難，俯悼橫流，[11]投袂一麾，[12]則皇祚剋復。及危而能持，顛而能扶，姦宄具殲，僭僞必滅。[13]誠否終必泰，興廢有期。至於撥亂濟民，大造晉室，因藉時運，以尸其勞。加以殊俗慕義，重譯來款，[14]正朔所暨，咸服聲教。[15]至乃三靈垂象，[16]山川告祥，[17]人神和協，歲月兹著。是以群公卿士，億兆夷人，僉曰皇靈降鑒於

上，晋朝款誠於下，天命不可以久淹，宸極不可以暫
曠。遂逼群議，恭茲大禮。猥以寡德，託于兆民之上。
雖仰畏天威，略是小節，顧深永懷，祗懼若厲。敬簡元
日，升壇受禪，告類上帝，用酬萬國之嘉望。克隆天
保，永祚于有宋。惟明靈是饗。"

[1] 晋恭帝：即司馬德文。《晋書》卷一○有紀。　元熙：晋
恭帝司馬德文年號（419—420）。

[2] 卜世告終：占卜預測傳國的世數，告示天命已終。此云晋
的天命已盡。

[3] 欽若景運，以命于裕：指上天將運數歸於劉裕。　景運：
大運。景，大。《漢書》卷五六《董仲舒傳》曰："介爾景福。"顏
師古注曰："景，大也。"

[4] 樂推攸集：指劉裕得到了天下百姓的愛戴。樂推，樂意擁
戴。攸，助詞，所。

[5] 越俶唐、虞：從唐堯、虞舜開始。俶，開始。《儀禮·聘
禮》："燕與羞俶。"孔穎達疏："俶，昌叔反，始也。"

[6] 上哲格文祖：《尚書·舜典》："舜格于文祖。"孔傳曰：
"舜服堯喪三年畢，將即政，故復至文祖廟告。"格，至也，告
獻也。

[7] 黔黎：黔首黎民，指百姓。

[8] 四維：禮、義、廉、恥爲治國之四維。《管子·牧民》：
"國有四維……何謂四維？一曰禮，二曰義，三曰廉，四曰恥。"

[9] 帝王遷播，宗祀湮滅：指元興二年桓玄篡位。

[10] 旅：軍隊編制單位。

[11] 橫流：指堯舜時洪水之灾。此指桓玄篡位，晋失其統。

[12] 投袂一麾：《左傳》宣公十四年云："楚子聞之投袂而
起。"注曰："投振也袂袖也。"

[13]僭僞必滅：指平定孫恩、盧循之亂，誅滅篡位的桓玄及“僞燕”。

[14]重譯來款：需要輾轉翻譯語言的遠方民族都來歸順。重譯，轉轉多次翻譯。

[15]正朔：帝王新頒的曆法。《禮記‧大傳》：“改正朔，易服色。”孔穎達疏：“改正朔者，正，謂年始；朔，謂月初，言王者得政示從我始，改故用新，隨寅丑子所損也。周子、殷丑，夏寅，是改正也；周半夜、殷雞鳴、夏平旦，是易朔也。”　聲教：聲威教化。

[16]三靈垂象：指日、月、星顯示了徵兆。三靈，《漢書》卷八七上《揚雄傳上》：“方將上獵三靈之流，下決醴泉之滋。”顏師古注引如淳曰：“三靈，日、月、星垂象之應也。”垂象，顯示徵兆。《易‧繫辭上》：“天垂象，見吉凶，聖人象之。”

[17]山川告祥：本書卷二《武帝紀》云：“太史令駱達陳天文符瑞數十條。”此處即指此事。

永初元年，皇太子拜告南北郊。[1]
永初二年正月上辛，上親郊祀。

[1]永初：宋武帝劉裕年號（420—422）。　皇太子：即劉裕長子劉義符。本書卷四有紀。

文帝元嘉三年，[1]車駕西征謝晦，[2]幣告二郊。[3]

[1]文帝：即劉裕第三子劉義隆。小字車兒。本書卷五有紀。元嘉：宋文帝劉義隆年號（424—453）。

[2]謝晦：人名。字宣明。本書卷四四有傳。

[3]幣：祭祀用的帛，繒帛。《儀禮‧聘禮》：“幣美則沒禮。”

鄭玄注："幣，謂束帛也。" 二郊：南郊和北郊。

　　孝武帝孝建元年六月癸巳，[1] 八座奏：[2] "劉義宣、
臧質，[3] 干時犯順，滔天作戾，連結淮、岱，謀危宗社。
質反之始，戒嚴之日，二郊廟社，皆已遍陳。其義宣爲
逆，未經同告。輿駕將發，醜徒冰消，質既梟懸，[4] 義
宣禽獲，[5] 二寇俱殄，並宜昭告。檢元嘉三年討謝晦之
始，普告二郊、太廟。賊既平蕩，唯告太廟、太社，不
告二郊。"[6] 禮官博議。[7] 太學博士徐宏、孫勃、陸澄
議：[8] "《禮》無不報。始既遍告，今賊已禽，不應不
同。"國子助教蘇瑋生議："案《王制》，天子巡狩，
'歸，假于祖禰'。[9] 又《曾子問》：'諸侯適天子，告于
祖，奠于禰，命祝史告于社稷宗廟山川。告用牲幣，反
亦如之。諸侯相見，反必告于祖禰，乃命祝史告至于前
所告者。'又云：'天子諸侯將出，必以幣帛皮圭，[10] 告
于祖禰。反必告至。'天子諸侯，雖事有小大，其禮略
鈞，[11] 告出告至，理不得殊。鄭云：[12] '出入禮同。'
其義甚明。天子出征，類于上帝，推前所告者歸必告
至，則宜告郊，不復容疑。元嘉三年，唯告廟社，未詳
其義。或當以《禮記》唯云'歸假祖禰'，而無告郊之
辭。果立此義，彌所未達。夫《禮記》殘缺之書，本無
備體，[13] 折簡敗字，[14] 多所闕略。正應推例求意，不可
動必徵文。天子反行告社，亦無成記，何故告郊，獨當
致嫌。但出入必告，蓋孝敬之心。既以告歸爲義，本非
獻捷之禮。今輿駕竟未出宮，無容有告至之文。若陳告
不行之禮，則爲未有前准。愚謂祝史致辭，以昭誠信。

苟其義舛於禮，^[15]自可從實而闕。臣等參議，以應告爲允，宜並用牲告南北二郊、太廟、太社，依舊公卿行事。"詔可。

[1]孝建：宋孝武帝劉駿年號（454—456）。

[2]八座：指五曹尚書、二僕射、一令。

[3]劉義宣：人名。劉裕之子。本書卷六八有傳。

[4]梟懸：斬首懸挂示衆。

[5]禽：同"擒"。

[6]太社：天子爲百姓祈福、報功而設立的祭祀土神、穀神的場所。

[7]博議：全面詳盡地討論或評議。

[8]太學博士：官名。太學的教官，亦常參與討論國家禮儀之事。六品。　徐宏、孫勃：人名。待考。　陸澄：人名。字彦淵。《南齊書》卷三九有傳。

[9]國子助教：官名。協助博士教授國子學生徒儒學。　蘇瑋生：人名。本書《禮志二》有孝建三年議喪服事，其他史事待考。
《王制》：《禮記》中的篇名。　假于祖禰：執事人（祝）爲受祭者（尸）致福於主人。《禮記·曾子問》："攝主不厭祭，不旅不假，不綏祭，不配。"鄭玄注："假，讀爲嘏。不嘏，不嘏主人也。"孔穎達疏："嘏是主人受福。"祖禰指祖廟與父廟，《周禮·春官·甸祝》："舍奠于祖禰，乃斂禽，禂牲，禂馬，皆掌其祝號。"賈公彦疏曰："奠於祖廟者，非時而祭即曰奠，以其……七廟俱告，故祖禰并言。"

[10]幣帛：用於祭祀的繒帛，古代用於祭祀、進貢、饋贈的禮物。　皮圭：祭祀用的皮毛和玉。

[11]鈞：通"均"。相等。《禮記·投壺》："奇則曰奇，均則曰左右鈞。"鄭玄注："鈞，猶等也。"

[12]鄭：即鄭玄。字康成，東漢著名儒學家。《後漢書》卷三五有傳。

[13]備體：即齊備、完整。《管子·君臣下》：“上尊而民順，財厚而備足，四者備體，頃時而王不難矣。”尹知章注：“謂備具而成體。”

[14]折簡敗字：折斷的書簡和殘損的文字。

[15]舛：違背，相背。

孝建二年正月庚寅，[1]有司奏：“今月十五日南郊。尋舊儀，廟祠至尊親奉，以太尉亞獻；[2]南郊親奉，以太常亞獻。又廟祠行事之始，以酒灌地；[3]送神則不灌。而郊初灌，同之於廟，送神又灌，議儀不同，於事有疑。輒下禮官詳正。”太學博士王祀之議：[4]“案《周禮·大宗伯》‘佐王保國，以吉禮事鬼神祇，禋祀昊天’，[5]則今太常是也。以郊天，太常亞獻。又《周禮·外宗》云：‘王后不與，則贊宗伯。’鄭玄云：‘后不與祭，宗伯攝其事。’又説云：‘君執圭瓚祼尸，大宗伯執璋瓚亞獻。’[6]中代以來，[7]后不廟祭，則應依《禮》，大宗伯攝亞獻也。而今以太尉亞獻。鄭注《禮·月令》云：‘三王有司馬，無太尉。太尉，秦官也。’蓋世代彌久，宗廟崇敬，攝后事重，故以上公亞獻。”[8]又議：“履時之思，[9]情深於霜露；室户之感，有懷於容聲。[10]不知神之所在，求之不以一處。鄭注《儀禮》有司云，天子諸侯祭於祊而繹。[11]繹，又祭也。今廟祠闕送神之祼，[12]將移祭於祊繹，明在於留神，未得而殺[13]禮郊廟祭殊，故灌送有異。”太常丞朱膺之議：[14]“案《周禮》，大宗伯使掌典禮，以事神爲上，職總祭祀，而昊天爲首。今太常即宗伯也。又尋袁山松《漢・百官志》云：[15] ‘郊祀之事，太尉掌亞獻，光禄掌三獻。太常每祭祀，先奏其禮儀及行事，掌贊天子。’無掌獻事。如《儀志》，[16] 漢亞獻之事，專由上司，不由秩宗貴官也。今宗廟太尉亞獻，光禄三獻，則漢儀也。又賀循制太尉由東南道升壇，明此官必預郊祭。古禮雖由宗伯，然世有因革，上司亞獻，漢儀所行。愚謂郊祀禮重，宜同宗廟。且太常既掌贊天子，事不容兼。又尋灌事，《禮記》曰：‘祭求諸陰陽之義也。殷人先求諸陽。’‘樂三闋然後迎牲’。則殷人後灌也。‘周人先求諸陰’，‘灌用鬯。[17] 達於淵泉。既灌，然後迎牲’。則周人先灌也。此謂廟祭，非謂郊祠。案《周禮》：天官‘凡祭祀贊王祼將之事。’鄭注云：‘祼者，灌也。唯人道宗廟有灌，天地大神至尊不灌。’而郊未始有灌，於禮未詳。淵儒注義，[18] 炳然明審。謂今之有灌，相承爲失，則宜無灌。”通關八座丞郎博士，並同膺之議。尚書令建平王宏重參議，[19] 謂膺之議爲允。詔可。

[1]孝建二年正月庚寅：中華本校勘記指出，是月癸巳朔，無庚寅。丁福林《校議》指出，宋孝武帝之南郊，本書《孝武帝紀》、《南史》卷二《孝武帝紀》、《建康實録》卷一三皆記在孝建三年（456）正月辛丑。考是月丁亥朔，庚寅爲月之初四，辛丑爲月之十五，與《志》之有司於庚寅所奏“今月十五日南郊”正相合。此“孝建二年”，或爲“孝建三年”之譌。

[2]亞獻：祭祀時獻酒三次，第二次獻酒稱“亞獻”。

[3]灌：一種祭祀儀式，斟酒澆地以求神降臨。《論語·八佾》：“禘，自既灌而往者，吾不欲觀之矣。”何晏《集解》引孔安國曰：“灌者，酌鬱鬯灌於太祖以降神也。”

[4]王祀之：人名。待考。

[5]禋祀：祭天的一種禮儀。先燔柴升煙，再加牲體或玉帛於柴上焚燒，《周禮·春官·大宗伯》：“以禋祀祀昊天上帝，以實柴祀日月星辰，以槱燎祀司中、司命、風師、雨師。”鄭玄注：“禋之言煙。周人尚臭，煙氣之臭聞者。槱，積也……三祀皆積柴、實牲體焉。或有玉帛燔燎，而升煙所以報陽也。”孫詒讓《正義》：“竊以意求之，禋祀者蓋以升煙爲義，實柴者蓋以實牲體爲義，槱燎者蓋以焚燎爲義。禮各不同，而禮盛者得下兼其燎柴則一。”

[6]圭瓚：以圭爲杓柄的酒勺。《尚書·文侯之命》：“平王錫晋文侯秬鬯圭瓚。”孔傳：“以圭爲杓柄，謂之圭瓚。” 璋瓚：以璋爲柄的酒勺。《禮記·祭統》：“君執圭瓚祼尸，大宗執璋瓚亞祼。”鄭玄注：“圭瓚、璋瓚，祼器也，以圭、璋爲柄。”璋，《尚書·顧命》：“秉璋以酢。”孔傳：“半圭曰璋。”

[7]中代：劉勰《文心雕龍·祝盟》：“中代祭文，兼讚言行，祭而兼讚，蓋引神而作也。”周振甫注：“中代祭文，兩漢祭文。”隋王通《中説·關朗》：“噫！中代之道也，如有用我，必也無訟乎！”阮逸注：“商周已後爲中代。”

[8]上公：周制，三公（太師、太傅、太保）八命，出封時，加一命，稱爲上公。《周禮·春官·典命》：“上公九命爲伯，其國家、宮室、車旗、衣服、禮儀皆以九爲節。”鄭玄注：“上公，謂王之三公有德者，加命爲二伯。二王之後亦爲上公。”賈公彦疏：“案下文，三公八命，出封皆加一等。”晋制，太宰、太傅、太保皆爲上公。《晋書·職官志》：“晋初，以景帝諱故，又採《周官》官名，置太宰以代太師之任，秩增三司，與太傅、太保皆爲上公。”

[9]履時：順時。

[10]室户之感，有懷於容聲：祭祀時進出室户懷念先人舉止動

作的聲音。《禮記·祭義》："祭之日，入室。僾然必有見乎其位，周還出戶，肅然必有聞乎其容聲。"孔穎達疏："當此之時，必有悚息，肅肅然如聞親舉動容止之聲。"

[11]祊：宗廟之門，亦指廟門內設祭之處。《詩·小雅·楚茨》："或肆或將，祝祭于祊。"毛傳："祊，門內也。"《國語·周語中》："今將大泯其宗祊。"韋昭注："廟門謂之祊。"

[12]闕：神廟、墳墓前兩旁的巨柱，多用石雕成。李富孫《漢魏六朝墓銘纂例》卷三："闕者，墓道外左右所立石闕，古人即題氏諱官爵於上，以表識之。"　祼：灌祭。《尚書·洛誥》："王入太室祼。"孔穎達疏："王以圭瓚酌鬱鬯之酒以獻尸，尸受祭而灌於地，因奠不飲，謂之祼。"

[13]殺：減省。《周禮·地官·廩人》："若食不能人二鬴，則令邦移民就穀，詔王殺邦用。"鄭玄注："殺，猶減也。"

[14]朱膺之：人名。本書卷九三曰：元嘉十三年（436），雷次宗"於雞籠山聚徒教授，置生百餘人，會稽朱膺之、潁川庾蔚之並以儒學監總諸生"。本書《禮志二》、本志、《禮志四》均有朱膺之議儀禮之事，可參看。

[15]袁山松：人名。官至吳郡太守，東晉隆安五年死於孫恩之亂。《漢·百官志》當即袁山松《後漢書》中之《百官志》。《晉書》卷八三有附傳。

[16]《儀志》：當爲司馬彪撰《禮儀志》。

[17]鬯：宗廟祭祀用的香酒。《禮記·曲禮下》："凡摯：天子，鬯；諸侯，圭。"孔穎達疏："天子鬯者，釀黑黍爲酒，其氣芬芳調暢，故因謂爲'鬯'也。"

[18]淵儒：學識淵博的儒者。

[19]建平王宏：即劉宏。宋文帝劉義隆第七子。本書卷七二有傳。

大明二年正月丙午朔，[1]有司奏：“今月六日南郊，
輿駕親奉。至時或雨。魏世值雨，[2]高堂隆謂應更用後
辛。[3]晋時既出遇雨，顧和亦云宜更告。[4]徐禪云：[5]
‘晋武之世，或用丙，或用己，或用庚。’使禮官議正并
詳。若得遷日，應更告廟與不？”博士王燮之議稱：[6]
“遇雨遷郊，則先代成議。[7]《禮》傳所記，辛日有
徵。[8]《郊特牲》曰：‘郊之用辛也，周之始郊日以
至。’鄭玄注曰：‘三王之郊，一用夏正。用辛者，取其
齋戒自新也。’又《月令》曰：‘乃擇元日，祈穀于上
帝。’注曰：‘元日，謂上辛。郊祭天也。’又《春秋》
載郊有二，成十七年九月辛丑，郊。《公羊》曰：‘曷
用郊？用正月上辛。’哀元年四月辛巳，郊。《穀梁》
曰：‘自正月至于三月，郊之時也。以十二月下辛卜正
月上辛。如不從，以正月下辛卜二月上辛。如不從，以
二月下辛卜三月上辛。’以斯明之，則郊祭之禮，未有
不用辛日者也。晋氏或丙、或己、或庚，並有別議。武
帝以十二月丙寅南郊受禪，斯則不得用辛也。又泰始二
年十一月己卯，始并圓丘方澤二至之祀合於二郊。三年
十一月庚寅冬至祠天，郊于圓丘。是猶用圓丘之禮，非
專祈穀之祭，故又不得用辛也。今之郊饗，既行夏時，
雖得遷却，謂宜猶必用辛也。徐禪所據，或爲未宜。又
案《郊特牲》曰：‘受命于祖廟，作龜于禰宮。’[9]鄭玄
注曰：‘受命，謂告退而卜也。’則告義在郊，非爲告
日。今日雖有遷，而郊祀不異，[10]愚謂不宜重告。”曹
郎朱膺之議：“案先儒論郊，其議不一。《周禮》有冬

至日圓丘之祭。《月令》孟春有祈穀于上帝。鄭氏説，圓丘祀昊天上帝，以帝嚳配，所謂禘也。[11] 祈穀祀五精之帝，[12] 以后稷配，[13] 所謂郊也。二祭異時，其神不同。諸儒云，圓丘之祭，以后稷配。取其所在，名之曰郊。以形體言之，謂之圓丘。名雖有二，其實一祭。晉武捨鄭而從諸儒，是以郊用冬至日。既以至日，理無常辛。然則晉代中原不用辛日郊，如徐禪議也。江左以來，[14] 皆用正月，當以《傳》云三王之郊，各以其正，晉不改正朔，行夏之時，故因以首歲，[15] 不以冬日，皆用上辛，近代成典也。夫祭之禮，‘過時不舉’。今在孟春，郊時未過，值雨遷日，於禮無違。既已告日，而以事不從，禋祀重敬，謂宜更告。高堂隆云：‘九日南郊，十日北郊。’是爲北郊可不以辛也。”尚書何偃議：“鄭玄注《禮記》，引《易》説三王之郊，一用夏正。[16]《周禮》，凡國大事，多用正歲。《左傳》又啓蟄而郊。[17] 則鄭之此説，誠有據矣。衆家異議，或云三王各用其正郊天，此蓋曲學之辯，[18] 於禮無取。固知《穀梁》三春皆可郊之月，真所謂膚淺也。然用辛之説，莫不必同。晉郊庚巳，參差未見前徵。愚謂宜從晉遷郊依禮用辛。爕之以受命作龜，知告不在日，學之密也。”右丞徐爰議以爲：[19]“郊祀用辛，[20] 有礙遷日，禮官祠曹，考詳已備。何偃據禮，不應重告，愚情所同。尋告郊剋辰，於今宜改，告事而已。次辛十日，居然展齋，養牲在滌，無緣三月。謂毛血告牷之後，雖有事礙，便應有司行事，不容遷郊。”衆議不同。參議：“宜依《經》，遇雨遷用後辛，不重告。若殺牲薦血之後值雨，則有司行事。"詔可。

[1]大明：宋孝武帝劉駿年號（457—464）。

[2]魏世：指三國魏。

[3]高堂隆：人名。字升平。《三國志》卷二五有傳。　後辛：每月下旬的辛日。

[4]更告：中華本校勘記指出，"更告"《通典·禮典》作"更擇吉日"。更，指重新、再。

[5]徐禪：人名。《晋書·禮志上》載永和二年（346）官尚書郎。《通典》卷六七《禮典·皇后敬父母》載永和九年爲太學博士，皆參與議禮。

[6]王燮之：人名。據本書《禮志二》泰豫元年爲曹郎，本志及《禮志四》《禮志五》記其爲太學博士。

[7]成議：已經討論並確定了的先例。

[8]徵：證明、證驗。

[9]作龜：用火灼龜甲，視其裂紋，以卜吉凶。《周禮·春官·大卜》："凡國大貞，卜立君，卜大封，則眂高作龜。"鄭玄注："作龜，謂以火灼之，以作其兆也，春灼後左，夏灼前左，秋灼前右，冬灼後右。"

[10]郊祀：中華本校勘記指出，"祀"各本並作"禮"，據《通典·禮典》改。

[11]帝嚳：傳説中的五帝之一。黃帝子玄囂之孫。居亳，號高辛氏。事見《史記》卷一《五帝本紀》。卜辭中商人以帝嚳爲高祖。　禘：《禮記·祭法》："殷人禘嚳而郊冥。"鄭玄注："此禘謂祭昊天於圜丘也。"

[12]五精之帝：《禮記·月令》："雩五精之帝。"據孔穎達疏，即靈威仰、赤熛怒、含樞紐、白招拒、汁光紀。

[13]后稷：周之先祖。相傳姜嫄踐天帝足迹，懷孕生子，因曾棄而不養，故名之爲"棄"。虞舜命爲農官，教民耕稼，稱爲"后稷"。

[14]江左以來：東晉以來。

[15]首歲：即歲首。一年開始的時候，一般指第一個月。

[16]何偃：人名。字仲弘。本書卷五九有傳。 三王之郊，一用夏正：丁福林《校議》指出，《禮記》："郊之祭也，迎長日之至也。"鄭玄注："《易》説曰：'三王之郊，一用夏正。'夏正，建寅之月也。此言迎長日者建卯而晝夜分，分而日長也。"見"三王之郊，一用夏正"應益引號。

[17]啓蟄：節氣名。動物經冬日蟄伏，至春又復出活動，故稱"啓蟄"，今稱"驚蟄"。《左傳》桓公五年云："凡祀，啓蟄而郊。"孔穎達疏："《夏小正》曰：'正月啓蟄。'其《傳》曰：'言始發蟄也。'"楊伯峻注："啓蟄猶今言驚蟄，宋王應麟所謂'改啓爲驚，蓋避景帝諱。'至漢行太初曆，改驚蟄在雨水後，爲夏正二月節氣，古之驚蟄在雨水前，爲夏正正月之節氣。"

[18]曲學：囿於一隅之學。亦指學識淺陋的人。

[19]徐爰：人名。字長玉。本書卷九四有傳。

[20]郊祀用辛：中華本校勘記指出，"祀"各本並作"禮"，據《通典·禮典》改。

明帝泰始二年十一月辛酉，[1]詔曰："朕載新寶命，[2]仍離多難，戎車遄駕，[3]經略務殷，[4]禋告雖備，弗獲親禮。今九服既康，[5]百祀咸秩，宜聿遵前典，郊謁上帝。"有司奏檢，未有先准。[6]黃門侍郎徐爰議：[7]"虞稱肆類，殷述昭告。蓋以創世成功，德盛業遠，開統肇基，[8]必享上帝。[9]漢、魏以來，聿遵斯典。高祖武皇帝克伐僞楚，[10]晉安帝尚在江陵，[11]即於京師告義功于郊兆。伏惟泰始應符,[12]神武英斷,王赫出討,[13]戎戒淹時,[14]雖司奉弗虧,[15]親謁尚闕。謹尋晉武郊以二月,晉元禋以三月。有非常之慶,必有非常之典,不得拘以常祀,限以正月上辛。愚謂宜下史官,考擇十一月嘉吉,[16]車駕親郊,奉謁昊天上帝,高祖武皇帝配饗。其餘祔食,[17]不關今祭。"尚書令建安王休仁等同爰議。[18]參議爲允。詔可。

[1]明帝泰始二年十一月辛酉:中華本校勘記指出,是月甲申朔,無辛酉。

[2]寶命:對天命的美稱。《尚書·金縢》:"無墜天之降寶命,我先王亦永有依歸。"蔡沈《集傳》:"寶命,即帝庭之命也。謂之寶者,重其事也。"

[3]戎車:兵車。 遄:急速。

[4]經略:經營治理。《左傳》昭公七年云:"天子經略,諸侯正封,古之制也。"杜預注:"經營天下,略有四海,故曰經略。" 殷:多。

[5]九服:本指王畿以外的九等地區,此處指天下、全國。《周禮·夏官·職方氏》:"乃辨九服之邦國:方千里曰王畿,其外方五百里曰侯服,又其外方五百里曰甸服,又其外方五百里曰男服,又其外方五百里曰采服,又其外方五百里曰衛服,又其外方五百里曰蠻服,又其外方五百里曰夷服,又其外方五百里曰鎮服,又其外方五百里曰藩服。"

[6]先准:成例,已有、固定的准則。

[7]黃門侍郎:官名。侍從皇帝,顧問應對、諫諍拾遺。五品。

[8]開統:謂開創世代相繼的皇統。 肇基:始創基業。

[9]享:祭祀。

[10]僞楚:桓玄篡晉,建號爲"楚"。見《晉書》卷九九《桓

玄傳》。

〔11〕江陵：地名。在今湖北荆州市荆州區。

〔12〕泰始：本指天地開闢、萬物開始形成的時代。此處指宋開國。

〔13〕王赫：天子勃然震怒。《詩·大雅·皇矣》：“王赫斯怒，爰整其旅。”鄭玄《箋》：“文王赫然與其群臣盡怒。”

〔14〕戎戒：戰備。 淹時：移時，經過了一段時間。

〔15〕司奉：有司供奉。

〔16〕嘉吉：吉時、吉利。

〔17〕祫食：合食，受祭時和祖先共用祭品。

〔18〕尚書令建安王休仁：即劉休仁。本書卷七二有傳。 爰：人名。即徐爰。

　　泰始六年正月乙亥，[1]詔曰：“古禮王者每歲郊享，爰及明堂。自晋以來，間年一郊，明堂同日。質文詳略，疏數有分。自今可間二年一郊，間歲一明堂。外可詳議。”有司奏：“前兼曹郎虞願議：[2]‘郊祭宗祀，俱主天神，而同日殷薦，於義爲黷。[3]明詔使圓丘報功，三載一享。明堂配帝，間歲昭薦。詳辰酌衷，實允懋典。’緣諮參議並同。曹郎王延秀重議：[4]‘改革之宜，實如聖旨。前虞願議，蓋是仰述而已，[5]未顯後例。謹尋自初郊間二載，明堂間一年，第二郊與第三明堂，還復同歲。願謂自始郊明堂以後，宜各間二年。以斯相推，長得異歲。’通關八座，同延秀議。”

〔1〕正月：中華本校勘記指出，“正月”各本並作“五月”，據本書卷八《明帝紀》、《元龜》卷一九二改。

[2]虞愿：人名。字士恭。《南齊書》卷五三有傳。

[3]黷：多而煩。

[4]王延秀：人名。太原人，曾從何尚之學，泰始七年（471）爲祠部郎。事見本書卷六六《何尚之傳》。

[5]仰述：此處指遵從皇帝的意旨。

後廢帝元徽二年十月丁巳，^[1]有司奏郊祀明堂，還復同日，間年一修。

[1]後廢帝：即劉昱。本書卷九有紀。　　元徽：宋後廢帝劉昱年號（473—476）。

漢文帝初祭地祇於渭陽，^[1]以高帝配，^[2]武帝立后土社祠於汾陰，^[3]亦以高帝配。漢氏以太祖兼配天地，則未以后配地也。王莽作相，引《周禮》享先妣爲配北郊。^[4]夏至祭后土，以高后配，^[5]自此始也。光武建武中，不立北郊，故后地之祇，常配食天壇，山川群望皆在營內，凡一千五百一十四神。中元年，^[6]建北郊，使司空馮魴告高廟，^[7]以薄后代呂后配地。^[8]江左初，^[9]未立北壇，^[10]地祇衆神，共在天郊也。^[11]晉成帝立二郊，^[12]天郊則六十二神，五帝之佐、日月五星、二十八宿、文昌、北斗、三台、司命、軒轅、后土、太一、天一、太微、鉤陳、北極、雨師、雷、電、司空、風伯、老人六十二神也。^[13]地郊則四十四神，五嶽、四望、四海、四瀆、五湖、五帝之佐、沂山、嶽山、白山、霍山、瑿無閭山、蔣山、松江、會稽山、錢唐江、先農凡四十四也。[14]江南諸小山，蓋江左所立，猶如漢西京關中小水，皆有祭秩也。二郊所秩，官有其注。

[1]漢文帝：即劉恒。《史記》卷一〇有紀。 地祇：土地社稷之神。 渭陽：渭水北岸。在今陝西咸陽市東北。

[2]高帝：即漢高祖劉邦。《史記》卷八有紀。

[3]武帝：即劉徹。《漢書》卷六有紀。 汾陰：地名。在今山西萬榮縣汾水南岸與黃河東岸。

[4]先妣：亡母。

[5]高后：即漢高祖皇后呂雉。《史記》卷九有紀。

[6]中元年：當爲“中元元年”，因後所云馮魴事。據《後漢書》卷一下《光武帝紀下》，在中元元年。

[7]馮魴：人名。字孝孫。《後漢書》卷三三有傳。

[8]薄后：即高祖薄姬，漢文帝母。事見《史記》卷四九《外戚世家》。

[9]江左初：東晉初。

[10]北壇：即北郊之壇。

[11]天郊：即南郊祭天之壇。

[12]晉成帝：即司馬衍。《晉書》卷七有紀。

[13]五帝之佐：神名。指句芒、蓐收、玄冥、祝融、禺疆五神。 日月五星：日、月和水、木、金、火、土五大行星。二十八宿：中國古代天文學家把周天黃道（太陽和月亮所經天區）的恒星分成二十八個星座。《淮南子·天文訓》：“五星、八風，二十八宿。”高誘注：“二十八宿，東方：角、亢、氐、房、心、尾、箕；北方：斗、牛、女、虛、危、室、壁；西方：奎、婁、胃、昴、畢、觜、參；南方：井、鬼、柳、星、張、翼、軫也。” 文昌：星座名。共六星，在斗魁之前，形成半月形狀。《史記·天官書》：“斗魁戴匡六星曰文昌宮：一曰上將，二曰次將，三曰貴相，四曰

司命，五曰司中，六曰司禄。" 北斗：北斗七星。 三台：星名。《晋書·天文志上》："三台六星，兩兩而居……在人曰三公，在天曰三台，主開德宣符也。西近文昌二星曰上台，爲司命，主壽。次二星曰中台，爲司中，主宗室。東二星曰下台，爲司禄，主兵。"司命：星名。虛宿北的二星。主舉過、行罰、滅不祥，又主死亡。 軒轅：星座名。在星宿北。共十七星，蜿蜒如龍，故稱。其第十四星爲一等大星，因在五帝座之旁，故爲女主象。 后土：土神或地神。 太一：星名。即帝星。 天一：星名。 太微：星官名。三垣之一，位於北斗之南，軫、翼之北，大角之西，軒轅之東。諸星以五帝座爲中心，作屏藩狀。 鈎陳：星座名。 北極：北極星座。 雨師：司雨的神。 雷：雷神。 電：電神。 司空：星名。是司命等星。 風伯：風神。 老人：南部天空一顆光度較亮的二等星。古人認爲它象徵長壽，故又名"壽星"。

[14] 五嶽：即東嶽泰山神、南嶽衡山神、西嶽華山神、北嶽恒山神、中嶽嵩山神。 四望：四方山川及其神靈。 四海：東海、南海、西海和北海之神。 四瀆：長江、黃河、淮河、濟水之神。五湖：吳越地區湖泊之神。五湖其説不一。 五帝之佐：五嶽佐山之神，具體待考。 沂山：沂山神。沂山在今山東境内。 嶽山：嶽山神。嶽山又名嶽頂山，在今河南宜陽縣西南。 白山：天山神。 霍山：霍山神。霍山在山西霍縣。 毉無閭山：毉無閭山神。毉無閭山在今遼寧北寧市。 蔣山：鐘山神。鐘山在今南京東北。 松江：松江水神。松江在今上海市松江區。 會稽山：會稽山神。在今浙江紹興市。 先農：傳説中最先教民耕種的農神。

宋武帝永初三年九月，[1] 司空羨之、尚書令亮等奏曰：[2] "臣聞崇德明祀，[3] 百王之令典；[4] 憲章天人，自昔之所同。雖因革殊時，[5] 質文異世，[6] 所以本情篤教，[7] 其揆一也。[8] 伏惟高祖武皇帝允協靈祗，[9] 有命自天，弘日静之勤，立蒸民之極，帝遷明德，[10]光宅八表，[11]太和宣被，[12]玄化遐通。[13]陛下以聖哲嗣徽，[14]道孚萬國。[15]祭禮久廢，思光鴻烈，[16]饗帝嚴親，今實宜之。高祖武皇帝宜配天郊；至於地祇之配，雖禮無明文，先代舊章，每所因循，魏、晋故典，足爲前式。謂武敬皇后宜配北郊。蓋述懷以追孝，[17]躋聖敬於無窮，對越兩儀，[18]允洽幽顯者也。[19]明年孟春，有事於二郊，請宣攝内外，詳依舊典。"詔可。

[1]永初：宋武帝劉裕年號（420—422）。

[2]司空：官名。時爲名譽宰相。一品。　羡之：人名。即徐羡之。字宗文。本書卷四三有傳。　亮：人名。即傅亮。字季友。本書卷四三有傳。

[3]崇德：尊崇德行。　明祀：對重大祭祀的美稱。《左傳》僖公二十一年云："崇明祀，保小寡，周禮也。"杜預注："明祀，大皥有濟之祀。"

[4]令典：禮法政令、典章制度之善者。《左傳》宣公十二年："蒍敖爲宰，擇楚國之令典。"楊伯峻注："令典謂禮法政令之善者。"

[5]因革殊時：隨時代不同而有因襲和變革。

[6]質文異世：淳樸和華彩因世代而不同。

[7]本情：本於情理。　篤教：竭誠於教化。

[8]揆一：道理相同。

[9]允協：和洽。　靈祇：天地之神。

[10]明德：美德。

[11]光宅：廣有。《尚書·堯典》序曰："昔在帝堯，聰明文思，光宅天下。"曾運乾《正讀》："光，猶廣也。宅，宅而有之也。"　八表：八方之外，指極遠的地方。

［12］太和：天地間沖和之氣。《易·乾卦》："保合大和，乃利貞。"大，一本作"太"，朱熹《本義》："太和，陰陽會合沖和之氣也。"

［13］玄化：聖德教化。

［14］嗣徽：繼承前人的盛美德業。《詩·大雅·思齊》："大姒嗣徽音。"鄭玄《箋》："徽，美也。嗣，大任之美音，謂續行其善教令。"

［15］孚：使相信，使信服。

［16］鴻烈：大功業。

［17］述懷：陳述情懷，表達志向。　追孝：追行孝道於前人。指敬重宗廟、祭祀等，以盡孝道。《尚書·文侯之命》："追孝于前文人。"孔穎達疏："追行孝道於前世文德之人。"

［18］對越：指帝王祭祀天地神靈。　兩儀：指天地。《易·繫辭上》："是故易有太極，是生兩儀。"孔穎達疏："不言天地而言兩儀者，指其物體；下與四象（金、木、水、火）相對，故曰兩儀，謂兩體容儀也。"

［19］幽顯：陰間與陽間。

　　晉武帝太康二年冬，[1]有司奏："三年正月立春祠，時日尚寒，可有司行事。"詔曰："郊祀禮典所重，[2]中間以軍國多事，臨時有所妨廢，故每從奏可。自今方外事簡，[3]唯此爲大，親奉禋享，固常典也。"[4]

［1］太康：晉武帝司馬炎年號（280—289）。

［2］禮典：猶禮文。指《周禮》《儀禮》《禮記》一類禮書。

［3］方外：域外，邊遠地區。

［4］常典：常例，固定的典則、制度。

成帝祠南郊，遇雨。侍中顧和啟："宜還。更剋日。"詔可。

漢明帝據《月令》有五郊迎氣服色之禮，因採元始中故事，[1]兆五郊于洛陽，祭其帝與神，車服各順方色。[2]魏、晉依之。江左以來，未遑修建。

[1]元始中故事：指漢平帝年間的舊例。元始，漢平帝劉衍年號（1—5）。

[2]方色：五行家將東南西北中與青赤白黑黃相配，一方一色，簡稱"方色"。《禮記·曾子問》："如諸侯皆在而日食，則從天子救日，各以其方色與其兵。"鄭玄注："方色者，東方衣青，南方衣赤，西方衣白，北方衣黑。"

宋孝武大明五年四月庚子，詔曰："昔文德在周，明堂崇祀；高烈惟漢，汶邑斯尊，所以職祭罔諐，氣令斯正，鴻名稱首，濟世飛聲。[1]朕皇考太祖文皇帝功耀洞元，聖靈昭俗，內穆四門，仁濟群品，外薄八荒，威懾殊俗，南腦勁越，西髓剛戎，裁禮興稼穡之根，張樂協四氣之紀。[2]匡飾墳序，引無題之外，旌延寶臣，盡盛德之範。訓深劭農，政高刑厝。[3]萬物棣通，[4]百神薦祉。[5]動協天度，[6]下沿地德，[7]故精緯上靈，[8]動殖下瑞，[9]諸侯軌道，[10]河濂海夷。[11]朕仰憑洪烈，入子萬姓，皇天降祐，迄將一紀。[12]思奉揚休德，永播無窮。便可詳考姬典，經始明堂，宗祀先靈，式配上帝，誠敬克展，幽顯咸秩。[13]惟懷永遠，感慕崩心。"[14]有司奏："伏尋明堂辟雍，制無定文，經記參差，傳說乖舛。[15]

名儒通哲，各事所見，或以爲名異實同，或以爲名實皆異。自漢暨晋，莫之能辨。周書云，[16]清廟明堂路寢同制。[17]鄭玄注《禮》，儀生於斯。諸儒又云明堂在國之陽，丙巳之地，三里之内。至於室宇堂个，[18]户牖達向，世代湮緬，[19]難得該詳。晋侍中裴頠，[20]西都碩學，考詳前載，未能制定。以爲尊祖配天，其義明著，廟宇之制，理據未分，直可爲殿，以崇嚴祀。其餘雜碎，一皆除之。參詳鄭玄之注，差有準據；裴頠之奏，竊謂可安。國學之南，地實丙巳，爽塏平暢，[21]足以營建。其墻宇規範，宜擬則太廟，[22]唯十有二間，以應朞數。[23]依漢《汶上圖儀》，[24]設五帝位，太祖文皇帝對饗。[25]祭皇天上帝，雖爲差降，[26]至於三載恭祀，理不容異。自郊徂宫，亦宜共日，《禮記》郊以特牲，《詩》稱明堂羊牛，吉蠲雖同，質文殊典。且郊有燔柴，堂無禋燎，則鼎俎彝簠，一依廟禮。[27]班行百司，搜材簡工，權置起部尚書、將作大匠，[28]量物商程，剋今秋繕立。"乃依頠議，但作大殿屋雕畫而已，無古三十六户七十二牖之制。[29]六年正月，南郊還，世祖親奉明堂，祠祭五時之帝，以文皇帝配，是用鄭玄議也。官有其注。[30]

[1]文德：指禮樂教化。　高烈：本指崇高盛大的功業，此處指立下崇高盛大功業的祖先。　汶邑：代指泰山。汶，水名。今汶河，源出山東臨朐縣南。　愆：錯過、違失。　氣令：即節令。濟世：救世，濟助世人。　飛聲：揚名。

[2]功耀洞元：功業光耀通達玄幽。洞，可訓爲通。元，同玄。聖靈：本指先代帝王，此指宋文帝劉義隆。　昭俗：光照百姓。

昭，指光亮。俗，百姓、民衆。　穆四門：令從四方之門來朝的人中無凶人，皆有美德。四門，四方之門。《尚書・舜典》："賓于四門，四門穆穆。"孔穎達疏："《釋詁文》四門，四方之門，謂四方諸侯來朝者從四門而入。"又云："數舜之功曰：'賓于四門，四門穆穆。'無凶人也，是言皆有美德無凶人也。"　仁濟群品：仁義救助萬事萬物。群品，萬事萬物。　薄：搏擊、拍擊。　八荒：八方偏遠之地。　憺：震動，使之畏懼。　腦：本指打破頭顱。揚雄《揚子雲集》卷五《長楊賦》："腦沙幕，髓余吾"。李善注云"服虔曰：破其頭腦，塗沙幕也。"　髓：指折斷骨頭流出骨髓，此處指嚴厲打擊。

[3]墳：三墳的簡稱，傳說中中國最古的書籍。《左傳》昭公十二年云："是能讀三墳、五典、八索、九丘。"杜預注："皆古書名。"　序：古代學校的名稱。《周禮・地官・州長》："春秋以禮會民而射於州序。"鄭玄注："序，州黨之學也。"　無題：沒有書寫、題署，沒有記載，難以表達。　旌延寶臣：表彰延攬可器重信賴的大臣。寶臣，劉向《説苑・至公》："老君在前而不踰，少君在後而不豫，是國之寶臣也。"　劭農：勸農。《漢書》卷一〇《成帝紀》："先帝劭農。"顏師古注："蘇林曰：'劭，音翹，精異之意也。'晋灼曰：'劭，勸勉也。'"　刑厝：置刑法而不用。《史記》卷四《周本紀》："故成康之際，天下安寧，刑錯四十餘年不用。"《集解》引應劭曰："錯，置也。民不犯法，無所置刑。"

[4]隸：滑利無障礙。

[5]薦祉：送福。

[6]天度：周天的度數，古代天文學劃分周天區域的單位。

[7]地德：大地的本性、大地的德化恩澤。

[8]精緯上靈：神靈的瑞應。上靈，上天的神靈。《文選》顏延年《三月三日曲水詩序》："思對上靈之心，以惠庶萌"，劉良注："言天子思答上天之心，以惠衆人之望。"

[9]下瑞：下等祥瑞。《唐六典》卷四載"下瑞"，"謂秬秠、

嘉禾、芝草、華莁、人參生、竹實滿、椒桂合生、木連理、嘉木、戴角麃鹿、駮鹿、神雀、冠雀、黑雉之類爲下瑞"。

[10]軌道：遵循法制。《漢書》卷四八《賈誼傳》："樂與今同，而加之諸侯軌道，兵革不動，民保首領，匈奴賓服。"顏師古注："軌道，言遵法制也。"

[11]河瀸海夷：河不災溢、海水不揚波，比喻國政太平。

[12]一紀：十二年。

[13]姬典：周的典章制度。周人爲姬姓，故以姬代周。　經始：開始營建、開始經營。　先靈：祖先的神靈。　式：語助詞。克：能。　咸秩：都有秩序，謂各得其所。

[14]感慕：感念仰慕，此處指感念祖先。　崩心：心碎，形容極爲悲痛。

[15]乖舛：差異。《文選》潘岳《西征賦》："人度量之乖舛，何相越之遼迴。"李善注："人，謂武王與桀也，安危異情，故曰乖舛。乖舛，不齊也。"

[16]《周書》：丁福林《校議》指出，"周書"即《尚書》中《周書》，此於"周"加專名號，非是。應於"周書"加書名號。

[17]清廟：太廟。《文選》司馬相如《上林賦》："登明堂，坐清廟。"郭璞注："清廟，太廟也。"　路寢：古代天子、諸侯的正廳。《詩·魯頌·閟宫》："松桷有舄，路寢孔碩。"毛傳："路寢，正寢也。"《文選》張衡《西京賦》："正殿路寢，用朝群辟。"薛綜注："周曰路寢，漢曰正殿。"

[18]丙巳：古代以十干配五方，丙爲南方之位，丙巳之地因以指南方，向陽之地。　堂个：正堂及其兩旁的偏室。

[19]湮緬：淹没殆盡。緬，盡。《文選》潘岳《西征賦》："窺秦墟于渭城，冀闕緬其堙盡。"李善注："緬，盡貌。"

[20]裴頠：人名。字逸民。《晋書》卷三五有附傳。

[21]爽塏：地勢高而乾燥。

[22]擬則：效法，模仿。

[23]朞數：朞本指一周年或一個月，或一天，此處"朞數"當指一年十二個月之數。

[24]《汶上圖儀》：指記載漢武帝元封二年（前109）在汶上所建明堂之圖與儀的典籍。

[25]對饗：配食、配饗。

[26]差降：按等第遞降。

[27]自郊徂宮：從祀郊到祀宗廟。　吉蠲：謂祭祀前選擇吉日，齋戒沐浴，此處代指祭祀。《詩·小雅·天保》："吉蠲爲饎，是用孝享。"毛傳："吉，善。蠲，絜也。"鄭玄《箋》："謂將祭祀也。"　燔柴：祭天儀式，將玉帛、犧牲等置於積柴上而焚之。《儀禮·覲禮》："祭天，燔柴……祭地，瘞。"《爾雅·釋天》："祭天曰燔柴。"邢昺疏："祭天之禮，積柴以實牲體、玉帛而燔之，使煙氣之臭上達於天，因名祭天曰燔柴也。"　禋燎：即燔柴。王國維《觀堂集林·洛誥解》："《周禮·大宗伯》：'以禋祀祀昊天上帝，以實柴祀日月星辰，以槱燎祀司中、司命、風師、雨師。'三者互言，皆實牲於柴而燎之，使煙徹於上。禋之言煙也，殷人祀人鬼亦用此禮。"　鼎：盛熟牲之禮器。　俎：陳置牲體或其他食物的禮器。《左傳》宣公十六年云："季氏，而弗聞乎？王享有體薦，宴有折俎。"杜預注："體解節折，升之於俎，物皆可食，所以示慈惠也。"　彝：禮器，盛酒之器，《周禮·春官·序官》："司尊彝。"鄭玄注："彝，亦尊也。"賈公彥疏："彝亦尊者，以其同是酒器。"　簋：盛黍稷之禮器。《周禮·秋官·掌客》："鼎簋十有二。"鄭玄注："簋，黍稷器也。"

[28]起部尚書：官名。南北朝有營建工程時臨時設置，常以他官兼領，事畢則省。　將作大匠：官名。掌領徒隸修建宮室、宗廟、陵寢及其他土木工程，兩晉南朝有事則臨時設置，事訖則罷。

[29]户：本指單扇門，此處指門。《一切經音義》："一扇曰户，兩扇曰門。"

[30]注：儀注的省稱。

大明五年九月甲子，有司奏："南郊祭用三牛。廟
四時祠六室用二牛。明堂肇建，祠五帝，太祖文皇帝
配，未詳祭用幾牛？"太學博士司馬興之議：[1]"案鄭玄
注《禮記·大傳》稱：'《孝經》郊祀后稷以配天，配
靈威仰也。宗祀文王於明堂，以配上帝，配五帝也。'
夫五帝司方，位殊功一，牲牢之用，理無差降。太祖文
皇帝躬成天地，則道兼覆載；左右群生，則化洽四氣。
祖、宗之稱，不足彰無窮之美；金石之音，未能播勳烈
之盛。故明堂聿修，[2]聖心所以昭玄極；[3]汎配宗廟，[4]
先儒所以得禮情。愚管所見，謂宜用六牛。"博士虞龢
議：[5]"祀帝之名雖五，而所生之實常一。五德之帝，
迭有休王，各有所司，故有五室。宗祀所主，要隨其王
而饗焉。主一配一，合用二牛。"祠部郎顏㚞議：[6]"祀
之爲義，並五帝以爲言。帝雖云五，牲牢之用，謂不應
過郊祭廟祀。宜用二牛。"

[1]司馬興之：人名。大明年間爲太學博士，多次議禮。事見
本書《禮志一》《禮志二》《禮志三》《禮志四》。
[2]聿：語助詞。
[3]玄極：上天，天空。
[4]汎配：遍配。以文皇帝同時配五帝，是爲遍配。
[5]虞龢：人名。《南史》卷七二有附傳。
[6]顏㚞：人名。據《元和姓纂》卷四、本書卷七三《顏延之
傳》，㚞乃顏延之第三子，曾任記室參軍、濟陽太守，宋明帝即位，
封爲中書侍郎，後至五兵尚書。

明帝泰始七年十月庚子，有司奏："來年正月十八日，祠明堂。尋舊南郊與明堂同日，並告太廟。未審今祀明堂，復告與不？"祠部郎王延秀議；[1]"案鄭玄云：'郊者祭天之名，上帝者，天之別名也。神無二主，故明堂異處，以避后稷。'謹尋郊宗二祀，既名殊實同，至於應告，不容有異。"守尚書令袁粲等並同延秀議。[2]

[1]祠部郎：官名。尚書祠部曹長官，掌宗廟祭祀禮樂制度。六品。
[2]袁粲：人名。字景倩。本書卷八九有傳。

魏明帝世，中護軍蔣濟奏曰：[1]"夫帝王大禮，巡狩為先；[2]昭祖揚禰，封禪為首。[3]是以自古革命受符，[4]未有不蹈梁父，[5]登泰山，刊無竟之名，[6]紀天人之際者也。故司馬相如謂有文以來七十二君，[7]或從所繇於前，[8]謹遺迹於後。太史公曰：'主上有聖明而不宣布，有司之過也。'然則元功懿德，[9]不刊山、梁之石，[10]無以顯帝王之功，布生民不朽之觀也。語曰，當君而嘆堯、舜之美，譬猶人子對厥所生，譽他人之父。今大魏振百王之弊亂，[11]拯流遁之艱危，[12]接千載之衰緒，[13]繼百世之廢治，自武、文至于聖躬，[14]所以參成天地之道，綱維人神之化，上天報應，嘉瑞顯祥，以比往古，其優衍豐隆，無所取喻。至於歷世迄今，未發大禮。雖志在掃盡殘盜，蕩滌餘穢，[15]未遑斯事。[16]若爾，三苗堀强於江海，[17]大舜當廢東巡之儀，徐夷跳梁於淮、泗，[18]周成當止岱嶽之禮也。[19]且昔歲破吳虜於江、漢，[20]今茲屠蜀賊於隴右。[21]其震蕩內潰，在不復淹，就當探其窟穴，無累於封禪之事也。此儀久廢，非倉卒所定。宜下公卿，廣纂其禮，卜年考時，[22]昭告上帝，以副天下之望。臣待罪軍旅，不勝大願，冒死以聞。”詔曰：“聞濟斯言，使吾汗出流足。自開闢以來，[23]封禪者七十餘君爾。故太史公曰：‘雖有受命之君，而功有不洽，是以中間曠遠者，千有餘年，近數百載。其儀闕不可得記。’吾何德之修，敢庶茲乎。濟豈謂世無管仲，[24]以吾有桓公登泰山之志乎。[25]吾不敢欺天也。濟之所言，華則華矣，非助我者也。公卿侍中、尚書、常侍省之而已。[26]勿復有所議，亦不須答詔也。”帝雖拒濟議，而實使高堂隆草封禪之儀。以天下未一，不欲便行大禮。會隆卒，故不行。

[1]中護軍：官名。掌武官選舉，與中領軍同掌禁軍，出征則督護諸將。四品。　蔣濟：人名。字子通。《三國志》卷一四有傳。

[2]巡狩：天子出行，視察邦國州郡。

[3]封禪：古代帝王祭天地的大典。在泰山上築土爲壇，報天之功，稱封。在泰山下的梁父山上辟場祭地，報地之德，稱禪。

[4]革命：謂實施變革以應天命。古代認爲王者受命於天，改朝換代是天命變更，因稱“革命”。　受符：接受天之符命，指做皇帝。

[5]梁父：山名。泰山下的一座小山，在今山東新泰市西。

[6]無竟：無窮。

[7]司馬相如：人名。《史記》卷一一七有傳。

[8]繇：通“由”。

[9]元功：大功、首功。　懿德：美德。

〔10〕不刊山、梁之石：中華本校勘記指出，"山梁"，局本及《晋書·禮志下》、《元龜》卷三五作"梁山"，訛。按"山、梁"，謂泰山、梁父。作"山梁"不誤。

〔11〕今大魏振百王之弊亂：中華本校勘記指出，"振"《晋書·禮志下》、《元龜》卷三五作"承"，沈約蓋爲齊諱改。"百"字，百衲本空白，嘉靖本、北監本、毛本、殿本、局本作"前"，今據《晋書·禮志下》、《元龜》卷三五改。

〔12〕流遁：流蕩逃遁。

〔13〕緒：中華本校勘記指出，各本並脱"緒"字，據《晋書·禮志下》補。

〔14〕武、文：即魏武帝曹操、魏文帝曹丕。　聖躬：此指魏明帝。

〔15〕掃盡殘盜，蕩滌餘穢：指滅蜀平吳統一中國。

〔16〕未遑：未來得及。

〔17〕三苗堀强於江海：指堯時三苗在江淮、荆州一帶發動的叛亂。事見《史記》卷一《五帝本紀》。

〔18〕徐夷跳梁：指徐州的夷人發動叛亂。徐夷，即徐戎。《國語·齊語六》："東南多有淫亂者，萊、莒、徐夷、吳、越。"韋昭注："徐夷，徐州之夷也。"

〔19〕周成：即周成王。　岱嶽：泰山。

〔20〕吳虜：對三國吳的蔑稱。　江、漢：長江和漢水，此指在吳國境内。

〔21〕蜀賊：對三國蜀漢的蔑稱。　隴右：隴山以西地區，今甘肅一帶。

〔22〕卜年考時：通過占卜和考證制定時間。

〔23〕開闢以來：天地開闢以來，實指有史以來。

〔24〕管仲：人名。齊桓公之相。《史記》卷六二有傳。

〔25〕桓公：即齊桓公。春秋五霸之一。

〔26〕常侍：官名。魏晋南北朝王、公等國置爲屬官，掌侍從左

右，贊相禮儀，獻替諫諍。八品。

晉武帝平吳，混一區宇。太康元年九月庚寅，尚書令衛瓘、尚書左僕射山濤、右僕射魏舒、尚書劉寔、張華等奏曰：[1]“聖德隆茂，光被四表，[2]諸夏乂清，[3]幽荒率從。[4]神策廟算，[5]席卷吳越，孫晧稽顙，[6]六合爲家，巍巍之功，格于天地。宜同古典，勒封東嶽，告三府太常爲儀制。”[7]瓘等又奏：“臣聞肇自生民，則有后辟，[8]載祀之數，莫之能紀。立德濟世，揮揚仁風，以登封泰山者七十有四家，其謚號可知者，十有四焉。沈淪寂寞，曾無遺聲者，不可勝記。自黃帝以前，古傳昧略，唐、虞以來，典謨炳著。[9]三王代興，[10]體業繼襲，周道既没，秦氏承之，至于漢、魏，而質文未復。大晉之德，始自重、黎，[11]實佐顓頊，至于夏、商，世序天地，其在于周，不失其緒。[12]金德將升，世濟明聖，[13]外平蜀漢，海內歸心，武功之盛，實由文德。至于陛下受命踐祚，弘建大業，羣生仰流，[14]唯獨江湖沅湘之表，凶桀負固，歷代不賓。神謀獨斷，命將出討，兵威暫加，數旬蕩定，羈其鯨鯢，[15]赦其罪逆。雲覆雨施，八方來同，聲教所被，達于四極。[16]雖黄軒之征，[17]大禹遠略，周之奕世，[18]何以尚今。[19]若夫玄石素文，[20]底號前載，[21]象以姓表，言以事告，《河圖》《洛書》之徵，[22]不是過也。加以騶虞麟趾，[23]衆瑞並臻。昔夏、殷以丕崇爲祥，周武以烏魚爲美，[24]咸曰休哉；然符瑞之應，備物之盛，未有若今之富者也。宜宣大典，禮中嶽，封泰山，禪梁父，發德號，[25]明至尊，享天休，[26]

篤黎庶，勒千載之表，播流後之聲，俾百代之下，莫不興起。斯帝王之盛業，天人之至望也。"詔曰："今逋寇雖殄，[27]外則障塞有警，[28]內則民黎未康，此盛德之事，所未議也。"瓘等又奏："今東漸于海，西被流沙，[29]大漠之陰，日南北戶，[30]莫不通屬。茫茫禹迹，[31]今實過之，則天人之道已周，巍巍之功已著。宜有事梁父，修禮地祇，登封泰山，致誠上帝，以答人神之願。乞如前奏。"詔曰："今陰陽未和，政刑未當，百姓未得其所。豈可以勒功告成邪！"[32]瓘又奏："臣聞處帝王之位者，必有曆運之期，天命之應；濟生民之大功者，必有盛德之容，告成之典。無不可誣，有不可讓，自古道也。而明詔謙沖，屢辭其禮，雖盛德攸在，推而未居。夫三公職典天地，[33]實掌民物，國之大事，取議於此。漢氏封禪，非是官也，不在其事。臣等前奏，蓋陳祖考之功，天命又應，陛下之德，合同四海，述古考今，宜脩此禮。[34]至於剋定歲月，須五府上議，[35]然後奏聞。請寫詔及奏，如前下議。"詔曰："雖蕩清江表，[36]皆臨事者之勞，何足以告成。方望群后，思隆大化，以寧區夏，[37]百姓獲乂，與之休息，斯朕日夜之望。無所復下諸府矣。[38]勿復爲煩。"瓘等又奏："臣聞唐、虞二代，濟世弘功之君，莫不仰答天心，俯協民志，登介丘，[39]履梁父，未有辭焉者，蓋不可讓也。今陛下勳高百王，德無與二，茂績宏規，巍巍之業，固非臣等所能究論。而聖旨勞謙，屢自抑損，時至弗應，推美不居，闕皇代之上儀，塞神祇之款望，使大晉之典謨，不同風於三、五。^[40]臣等誠不敢奉詔，請如前奏施行。"詔曰："方當共弘治道，以康庶績。^[41]且俟他年，無復紛紜也。"

[1]衛瓘：人名。字伯玉，出自儒學世家。《晋書》卷三六有傳。　山濤：人名。字巨源。《晋書》卷四三有傳。　右僕射魏舒：魏舒，人名。字陽元。《晋書》卷四一有傳。中華本校勘記指出，各本並脱"右僕射"三字，據《元龜》卷三五補。　劉寔：人名。字子真。《晋書》卷四一有傳。　張華：人名。字茂先。《晋書》卷三六有傳。

[2]光被四表：《尚書·堯典》："光被四表，格于上下。"孔穎達疏："聖德美名，充滿被溢於四方之外，又至於上天下地。"

[3]諸夏：本指周代分封在中原的諸侯國，此處指中原地區。乂清：安定平靖。

[4]幽荒：九州之外的荒遠地區。《文選》張衡《東京賦》："惠風廣被，澤洎幽荒。"薛綜注："幽荒，九州外，謂四夷也。"

[5]廟算：朝廷或帝王對戰事進行的謀劃。《孫子·計》："夫未戰而廟算勝者，得算多也；未戰而廟算不勝者，得算少也。"張預注："古者興師命將，必致齋於朝，授以成算，然後遣之，故謂之廟算。"

[6]稽顙：叩頭，謂降服。

[7]三府：《後漢書》卷二七《承宮傳》："三府更辟，皆不應。"李賢注："三府謂太尉、司徒、司空府。"

[8]后辟：君主、帝王。《文選》班固《東都賦》："豈特方軌並迹，紛綸后辟，治近古之所務，蹈一聖之險易云爾哉。"劉良注："后、辟，皆君也。"

[9]典謨：《尚書》中《堯典》《舜典》《大禹謨》《皋陶謨》等篇的並稱。　炳著：明白顯著。

[10]三王：指夏、商、周三代之君。

　　[11]重、黎：重與黎，爲羲、和二氏之祖先。《尚書·吕刑》："乃命重黎，絶地天通，罔有降格。"孔傳："重即羲，黎即和。堯命羲和世掌天地四時之官，使人神不擾，各得其序。"孔穎達疏："羲是重之子孫，和是黎之子孫，能不忘祖之舊業，故以重黎言之。"

　　[12]實佐顓頊，至于夏、商：《國語·楚語下》："顓頊受之，乃命南正重司天以屬神，命火正黎司地以屬民……堯復育重黎之後，不忘舊者，使復典之，以至于夏商。"顓頊，五帝之一。

　　[13]世濟：世代繼承。　明聖：英明聖哲，無所不知。稱頌帝、后之詞。

　　[14]仰流：謂仰承流風，歸順有德者。

　　[15]鯨鯢：本指鯨，借指不義之人、兇惡的敵人。《左傳》宣公十二年云："古者明王伐不敬，取其鯨鯢而封之，以爲大戮。"杜預注："鯨鯢，大魚名，以喻不義之人吞食小國。"

　　[16]四極：四方極遠之地。

　　[17]黄軒之征：黄帝軒轅氏的征伐。

　　[18]奕世：累世，代代。《後漢書》卷五四《楊秉傳》："臣奕世受恩，得備納言。"李賢注："奕猶重也。"

　　[19]尚：超過，勝過。

　　[20]玄石素文：《晋書》卷三《武帝紀》云：泰始三年"夏四月戊午，張掖太守焦勝上言，氏池縣大柳谷口有玄石一所，白晝成文，實大晋之休祥，圖之以獻，詔以制幣告于太廟，藏之天府"，"玄石素文"即指此。

　　[21]底號：著稱。

　　[22]《河圖》：伏羲王天下的符瑞，黄河中所出的圖，《周易》之卦形。《尚書·顧命》："大玉、夷玉、天球、河圖，在東序。"孔傳："伏犧王天下，龍馬出河，遂則其文以畫八卦，謂之'河圖'。"《洛書》：禹王天下的符瑞，洛水所出之書，即《洪範》。《尚書·洪範》："天乃錫禹洪範九疇，彝倫攸叙。"孔傳："天與

禹，洛出書。神龜負文而出，列于背，有數至于九。禹遂因而第之以成九類常道。”

[23]騶虞麟趾：指天下大治。騶虞，《詩·召南·騶虞》序：“《騶虞》《鵲巢》之應也，《鵲巢》之化行，人倫既正，朝廷既治，天下純被文王之化，則庶類蕃殖，蒐田以時，仁如騶虞，則王道成也。”陸德明音義曰：“騶虞義獸也，白虎黑文不食生物有至信之德則至。”麟趾，《詩·周南·麟之趾》序曰：“《麟之趾》，《關雎》之應也，《關雎》之化行則天下無犯非禮，雖衰世之公子，皆信厚如麟趾之時也。”鄭玄《箋》曰：“《關雎》之時，以麟爲應，後世雖衰，猶存《關雎》之化者，君之宗族，猶尚振振然有似麟應之時，無以過也。”

[24]烏魚：赤色的魚，周武王得天下的祥瑞。《史記》卷四《周本紀》：“武王渡河中流，白魚躍入王舟中，武王俯取以祭，既渡，有火自上復于下，至于王屋，流爲烏，其色赤，其聲魄。”

[25]德號：施行恩德的號令。司馬相如《上林賦》：“出德號，省刑罰。”《漢書》卷五七上《司馬相如傳上》引此，顏師古注云：“德號，德音之號令也。”

[26]天休：天賜福佑。《左傳》宣公三年云：“故民入川澤山林，不逢不若。螭魅罔兩，莫能逢之。用能協於上下，以承天休。”杜預注：“民無災害，則上下和而受天祐。”

[27]逋寇：指吳、蜀。

[28]障塞：邊塞堡障。《管子·幼官》：“障塞不審，不過八日而外賊得閒。”尹知章注：“障塞者，所以防守要路也。”

[29]東漸于海，西被流沙：言聲威文教東到達大海，西過流沙。典出《尚書·禹貢》：“東漸于海，西被于流沙。”正義曰：“言五服之外，又東漸入于海，西被及于流沙，其北與南雖在服外，皆與聞天子威聲文教，時來朝見，是禹治水之功盡加于四海，以禹功如是，故帝賜以玄色之圭，告其能成天之功也。”

[30]日南北户：古地區名。因在日之南，户皆北向。借指南方

邊遠地區。《爾雅·釋地》："觚竹、北户、西王母、日下，謂之四荒。"郭璞注："觚竹在北，北户在南。"邢昺疏："北户者，即日南郡是也。顏師古曰：'言其在日之南，所謂北户以向日者。'"

［31］禹迹：大禹足迹所到之處，借指天下。

［32］勒功：把記功文字刻在石上，亦指建立功勳。　告成：上報所完成的功業。《詩·大雅·江漢》："經營四方，告成于王。"孔穎達疏："告其成功於宣王也。"

［33］三公：太師、太傅、太保。《尚書·周官》："立太師、太傅、太保，兹惟三公，論道經邦，燮理陰陽。"　八命：周代官爵分爲九等，稱九命。其中八命爲王之三公及州牧，此處指三公官爵。

［34］脩：中華本校勘記指出，"脩"各本並作"循"，據《晋書·禮志下》、《元龜》卷三五改。

［35］五府：官署合稱。魏晋用作諸公府的泛稱。

［36］江表：指吳國。

［37］區夏：華夏，中國。

［38］諸府：即五府。

［39］介丘：大山，指泰山。

［40］三、五：即三皇五帝。

［41］庶績：各種功績。

太康元年冬，王公有司又奏："自古聖明，光宅四海，封禪名山，著於史籍，作者七十四君矣。舜、禹之有天下，巡狩四嶽，[1] 躬行其道，[2]《易》著'觀民省方'，[3]《禮》有'升中于天'，[4]《詩·頌》'陟其高山'，[5] 皆載在方策。[6] 文王爲西伯，以服事殷，周公以魯蕃，列于諸侯，或享于岐山，[7] 或有事泰山。徒以聖德，猶得爲其事。自是以來，功薄而僭其儀者，[8] 不可

勝言，號謚不泯，[9]以至于今。況高祖宣皇帝肇開王業，
海外有截，[10]世宗景皇帝濟以大功，輯寧區夏；[11]太祖
文皇帝受命造晉，蕩定蜀漢；陛下應期龍興，混壹六
合，澤被群生，威震無外。[12]昔漢氏失統，吳、蜀鼎
峙，兵興以來，近將百年。地險俗殊，民望絕塞，以爲
分外，其日久矣。大業之隆，重光四葉，[13]不羈之寇，
二世而平。非聰明神武，先天弗違，[14]孰能巍巍其有成
功若兹者歟！臣等幸以千載，得遭運會，親奉大化，目
覩太平，至公之美，誰與爲讓。宜祖述先朝，憲章古
昔，勒功岱嶽，登封告成，弘禮樂之制，正三雍之
典，[15]揚名萬世，以顯祖宗。是以不勝大願，敢昧死以
聞。請告太常具禮儀。"上復詔曰："所議誠前烈之盛事
也。[16]方今未可以爾。便報絕之。"

[1]四嶽：即東嶽泰山、西嶽華山、南嶽衡山、北嶽恒山。

[2]躬行：親身實行。

[3]《易》著'觀民省方'：指《易》有王者省視萬方、觀看
民之風俗以設教的記載。《易·觀卦》："《象》曰：風行地上觀，
先王以省方觀民設教。"孔穎達疏曰："先王以省方觀民設教者，以
省視萬方，觀看民之風俗，以設於教，非諸侯以下之所爲，故云先
王也。"

[4]《禮》有'升中于天'：《禮》有關於天子巡狩至方嶽燔柴
祭天告以諸侯之成功的記載。《禮記·禮器》："因名山升中于天。"
鄭玄注："名，猶大也；升，上也；中，猶成也。謂巡狩至於方嶽，
燔柴祭天，告以諸侯之成功也。"

[5]《詩·頌》'陟其高山'：《詩·頌》有巡狩至高山祭祀的
記載。《詩·周頌》："於皇時周，陟其高山。"鄭玄《箋》曰："君

是周邦而巡狩，其所至則登其高山而祭之，望秩於山川。"

[6]方策：即方冊、簡冊、典籍，後亦指史冊。《禮記·中庸》："哀公問政。子曰：'文武之政，布在方策，其人存，則其政舉；其人亡，則其政息。'"鄭玄注："方，版也。策，簡也。"孔穎達疏："言文王、武王爲政之道皆布列在於方牘簡策。"

[7]享：中華本校勘記指出，"享"各本作"亨"，據《元龜》卷三五改。 岐山：地名。在今陝西岐山縣。

[8]僭：超越本分。 儀：中華本校勘記指出，"儀"各本作"義"，據《元龜》卷三五改。

[9]號諡：帝、后、高官死後評議的稱號。 泯：消滅。

[10]海外有截：中華本校勘記指出，"外"各本並作"内"，據《晉書·禮志下》、《元龜》卷三五改。按："海外有截"一語，見《詩·商頌·長發》："相土烈烈，海外有截。"鄭玄《箋》："截，整齊也。"有截，整齊、齊一之。有，助詞。

[11]輯寧：安撫，安定。

[12]無外：無窮，無所不包。

[13]重光四葉：累世盛德、輝光相承，已有四世。重光，累世盛德，輝光相承。《尚書·顧命》："昔君文王、武王，宣重光。"孔傳："言昔先君文武，布其重光累聖之德。"四葉，指高祖宣帝司馬懿、世宗景帝司馬師、太祖文帝司馬昭、世祖武帝司馬炎四世。

[14]先天弗違："先天而天弗違"之略語，謂先於天時而行事，合於天時。《易·乾卦》："夫大人者，與天地合其德；與日月合其明，與四時合其序，與鬼神合其吉凶，先天而天弗違，後天而奉天時。"孔穎達疏："先天而天弗違者，若在天時之先行事，天乃在後不違，是天合大人也。"

[15]三雍：漢時對辟雍、明堂、靈臺的總稱。《漢書》卷五三《河間獻王劉德傳》："武帝時，獻王來朝，獻雅樂，對三雍宮及詔策所問三十餘事。"顏師古注引應劭曰："辟雍、明堂、靈臺也。雍，和也，言天地君臣人民皆和也。"

[16]前烈：前賢。

宋太祖在位長久，有意封禪。遣使履行泰山舊道，
詔學士山謙之草封禪儀注。[1]其後索虜南寇，[2]六州荒
毀，[3]其意乃息。

[1]山謙之：人名。元嘉二十年（443）爲史學生，孝建前後
爲奉朝請，曾參與編撰《宋書》。事見本書《禮志一》、卷九四
《徐爰傳》、卷一〇〇《自序》，《新唐書·藝文志二》等。
[2]索虜：對北朝的蔑稱。古代鮮卑族頭上有髮辮，故稱。本
書卷九五有傳。
[3]六州：據本書卷七〇《袁淑傳》，元嘉二十六年袁淑上封
禪書，本書卷五《文帝紀》元嘉二十八年有北朝南侵事，十一月
“曲赦二兖、徐、豫、青、冀六州”，元嘉二十九年正月詔曰“經
寇六州，居業未能，仍值災潦，饑困薦臻，可速符諸鎮，優量救
恤”。故此“六州”當指“二兖、徐、豫、青、冀六州”。

世祖大明元年十一月戊申，[1]太宰江夏王義恭表
曰：[2]“惟皇天崇稱大道，始行揖讓。[3]迄于有晋，雖聿
修前緒，而迹淪言廢，蔑記於竹素者，[4]焉可單書。[5]紹
乾維，[6]建徽號，[7]流風聲，[8]被絲管，[9]自無懷以來，[10]
可傳而不朽者，七十有四君。罔仁厚而道滅，鮮義澆而
德宣，[11]鍾律之先，[12]曠世綿絶，[13]難得而聞。《丘》
《索》著明者，[14]尚有遺炳。[15]故《易》稱先天弗違，
後天奉時。蓋陶唐、姚、姒、商、姬之主，[16]莫不由斯
道也。是以風化大洽，[17]光熙于後。[18]炎漢二帝，[19]亦
踵曩則，[20]因百姓之心，聽輿人之頌，[21]龍駕帝服，[22]

鏤玉梁甫，[23]昌言明稱，告成上靈。況大宋表祥唐
虞，[24]受終素德，[25]山龍啓符，[26]金玉顯瑞，異采騰於
軨墟，[27]紫煙藹於邦甸，錫冕兆九五之徵，[28]文豹赴天
曆之會，誠二祖之幽慶，聖后之冥休。道冠軒、堯，惠
深亭毒；[29]而猶執沖約，未言封禪之事，四海竊以恧
焉。[30]臣聞惟皇配極，惟帝祀天，故能上稽乾式，[31]照
臨黔首，協和穹昊，[32]膺茲多福。高祖武皇帝明並日
月，光振八區，[33]拯已溺之晋，濟橫流之世，撥亂寧
民，應天受命，鴻徽洽于海表，[34]威稜震乎沙外。[35]太
祖文皇帝體聖履仁，述業興禮，正樂頌，作象曆，明達
通於神祇，玄澤被乎上下。[36]仁孝命世，[37]叡武英挺，
遭運屯否，[38]三才湮滅，迺龍飛五洲，鳳翔九江，身先
八百之期，[39]斷出人鬼之表，慶煙應高牙之建，[40]風耀
符發迹之辰，[41]親翦凶逆，躬清昏墊，[42]天地革始，夫
婦更造，豈與彼承業繼緒，拓復禹迹，車一其軌，書罔
異文者，[43]同年而議哉！今龍麟已至，鳳皇已儀，比李
已實，靈茅已茂，[44]雕氣降雰於宮榭，珍露呈味於禁
林，嘉禾積穗於殿甍，連理合幹於園籞，皆耀質離宮，
植根蘭圃。至夫霜毫玄文，[45]素翮頳羽，[46]泉河山嶽之
瑞，草木金石之祥，方畿憬塗之謁，[47]抗驛絶祖之
奏，[48]彪炳雜沓，粤不可勝言。太平之應，茲焉富矣。
宜其從天人之誠，遵先王之則，備萬乘，[49]整法駕，[50]
修封泰山，瘞玉岱趾，[51]延喬、松於東序，[52]詔韓、岐
於西廂，[53]麾天闇，使啓關，[54]謁紫宮，[55]朝太一，[56]
奏《鈞天》，[57]詠《雲門》，[58]贊揚幽奧，[59]超聲前古，

豈不盛哉！伏願時命宗伯，具茲典度。"[60] 詔曰："太宰表如此。[61] 昔之盛王，[62] 永保鴻名，常爲稱首，[63] 由斯道矣。朕遭家多難，入纂絶業，德薄勳淺，鑒寐崩愧。[64] 頃麟鳳表禎，茅禾兼瑞，雖符祥顯見，恧乎猶深，庶仰述先志，拓清中宇，[65] 禮祇謁神，朕將試哉。"

[1] 世祖：宋孝武帝劉駿廟號。本書卷六有紀。

[2] 江夏王義恭：即劉義恭。宋武帝劉裕之子。本書卷六一有傳。按：此奏雖是江夏王所奏，然據明張溥輯《漢魏六朝百三家集》卷七二，下文實爲謝莊代江夏王所作，集中名《爲八座江夏王請封禪表》。

[3] 揖讓：禪讓。

[4] 蔑：没有。 竹素：猶竹帛，多指史册、書籍。

[5] 單書：盡書。《後漢書》卷七八《宦者列傳》："敗國蠹政之事，不可單書。"李賢注曰："單，盡也。"

[6] 乾維：君權，朝綱。

[7] 徽號：國號。

[8] 風聲：教化、好的風氣。

[9] 絲管：借指音樂。

[10] 無懷：三皇之後的帝王，曾封禪。《史記·封禪書》："管仲曰：'古者封泰山禪梁父者七十二家，而夷吾所記者十有二焉。昔無懷氏封泰山禪云云。'"《集解》曰："服虔曰：'古之王者，在伏羲前，見《莊子》。'"《乾坤鑿度》卷上《乾鑿度》曰："息孫而後傳授天老氏，而後傳授於混沌氏，而後授天英氏，而後傳無懷氏。"

[11] 澆：薄。

[12] 鍾律：度量，可度量。

[13] 曠世：年代歷久。 綿絶：遥遠隔絶。綿，指遥遠。

[14]丘：上古典籍《九丘》。　索：上古典籍《八索》。《左傳》昭公十二年："能讀《三墳》《五典》《八索》《九丘》。"杜預注："皆古書名。"孔穎達疏引孔安國《尚書序》："八卦之説，謂之八索。求其義也。"又引賈逵云："八索，八王之法。"

[15]遺炳：餘輝。

[16]陶唐：古帝名。即唐堯。　姚：指虞舜。　姒：夏禹。商：指殷商。　姬：姬周。

[17]大洽：廣布。

[18]光熙："德教光熙"之簡稱，指德教光明興盛。

[19]炎漢二帝：指漢高祖劉邦和東漢光武帝劉秀。

[20]曩：以前。

[21]輿人：衆人。《國語·晋語三》："惠公入，而背外内之賂。輿人誦之。"韋昭注："輿，衆也。"

[22]龍駕：天子的車駕。

[23]鏤玉：雕琢好的玉，此處指用鏤玉祭祀。　梁甫：山名。即梁父山。

[24]唐虞：即唐堯虞舜。

[25]受終：承受帝位。《尚書·舜典》："正月上日，受終於文祖。"孔穎達疏："受終者，堯爲天子，於此事終而授與舜。故知終謂堯終帝位之事，終言堯終舜始也。"　素德：清白的美德。

[26]山龍：指古代袞服或旌旗上的山、龍圖案。《尚書·益稷》："予欲觀古人之象，日月星辰，山龍華蟲，作會宗彝。藻火粉米，黼黻絺繡，以五采彰施于五色作服。"孔傳："畫三辰、山龍、華蟲於衣服、旌旗。"

[27]軫墟：軫宿之分野。指南方，也即宋。軫，二十八宿之一，南方朱雀七宿的最末一宿，有星四顆。

[28]九五：聖人居帝位，《易》卦爻位名。九，謂陽爻。五，第五爻，指卦象自下而上第五位。《易·乾卦》："九五，飛龍在天，利見大人。"孔穎達疏："言九五，陽氣盛至於天，故云'飛

龍在天'。此自然之象，猶若聖人有龍德、飛騰而居天位。"

[29]亭毒：養育。《老子》："長之育之，亭之毒之，養之覆之。"一本作"成之熟之"。高亨正詁："'亭'當讀爲'成'，'毒'當讀爲'熟'，皆音同通用。"後引申爲養育，化育。《文選》劉孝標《辯命論》："生之無亭毒之心，死之豈虔劉之志。"李周翰注："亭、毒，均養也。"

[30]惡：慚愧。《方言》卷六："惡，慙也"。

[31]乾式：天道。乾，天。式，法則。

[32]穹昊：蒼穹、昊天。

[33]八區：八方，天下。《漢書》卷八七下《揚雄傳下》："天下之士……咸營於八區。"顏師古注："八區，八方也。"

[34]徽：美。 海表：海外。

[35]威稜：威力，威勢。 沙外：大漠之外。

[36]玄澤：聖恩。《文選》應禎《晉武帝華林園集詩》："玄澤滂流，仁風潛扇。"李善注："玄澤，聖恩也。"

[37]仁孝命世：中華本校勘記指出，上言文帝，此下言孝武帝，故有"龍飛五洲，鳳翔九江"之語。則此句上或脫"陛下"二字。

[38]屯否：《易》《屯卦》和《否卦》的並稱，意謂艱難困頓。

[39]八百之期：指周享國八百年。

[40]高牙：大纛、牙旗。《文選》潘岳《關中詩》："桓桓梁征，高牙乃建。"李善注："牙，牙旗也。兵書曰：牙旗，將軍之旗。"李周翰注："牙，大旗也。"

[41]發迹：猶興起，謂立功揚名。

[42]昏壒：昏暗的灰塵，比喻動亂。壒，灰塵，塵埃。

[43]拓復禹迹，車一其軌，書罔異文者：指秦始皇統一車軌文字等業績。

[44]靈茅：即菁茅，帝王祭祀封禪時用來濾酒去滓之物。

[45]霜毫玄文：白色的獸毛黑色的花紋。此處指一種祥瑞。玄

文，指黑色的花紋。《楚辭·九章·懷沙》：“玄文處幽兮，矇瞍謂之不章。”姜亮夫校注：“玄文，黑文也。”

［46］翮：羽毛的根。　頳：赤色。

［47］方畿：境内。《文選》陳琳《爲袁紹檄豫州》：“方畿之内，簡練之臣，皆垂頭搨翼，莫所憑恃。”張銑注：“天子境内千里曰畿内。”　憬塗：遠道。憬，遠行貌，亦指遠。《詩·魯頌·泮水》：“憬彼淮夷，來獻其琛。”毛傳：“憬，遠行貌。”

［48］抗驛：極遠之驛。　絶祖：超過祖上。絶，超過。

［49］萬乘：萬乘兵車。此處指天子該有的車乘，周制天子有兵車萬乘。《孟子·梁惠王上》：“萬乘之國，弑其君者，必千乘之家。”趙岐注：“萬乘，兵車萬乘，謂天子也。”

［50］法駕：天子的車駕。

［51］岱趾：泰山脚下。

［52］喬：人名。即王子喬。　松：人名。即赤松子。

［53］韓：當指韓衆，古代傳説中的仙人。《楚辭·遠遊》卷五：“奇傅説之託辰星兮，羨韓衆之得一。”王逸注：“喻古先聖獲道純也。”　歧：當爲歧伯，傳説中有不死之術的仙人。《史記·封禪書》：“黄帝時雖封泰山，然風后、封臣、岐伯令黄帝封東泰山，禪凡山，合符然後不死焉。”

［54］麾天閽，使啓關：命令天帝的守門人打開天門。《楚辭·遠遊》卷五：“命天閽其開關兮，排閶闔而望予。”王逸注：“告帝衛臣啓禁門也。”

［55］紫宫：太一所居之宫殿。《淮南子·天文訓》卷三：“紫宫者，太一之居也。”

［56］朝太一：當指漢武帝極力崇奉之太一，掌人生死，位在五帝之上。事見《史記·封禪書》。

［57］《鈞天》：“鈞天廣樂”的略語，指天上的音樂。

［58］《雲門》：周六樂舞之一。用於祭祀天神，相傳爲黄帝時所作。《周禮·春官·大司樂》：“以樂舞教國子。舞《雲門》《大

卷》《大咸》《大磬》《大夏》《大濩》《大武》。”鄭玄注：“此周所
存六代之樂，黃帝曰《雲門》《大卷》。黃帝能成名萬物，以明民
共財，言其德如雲之所出，民得以有族類。”

[59]幽奧：本指深邃，此處當係用“天地之幽奧”的略語來
代指天地。《後漢書》卷二八下《馮衍傳下》：“覽天地之幽奧兮，
統萬物之維綱。”李賢注：“幽奧，深邃也。”

[60]典度：典章制度。

[61]太宰：官名。三公之一。多用作贈官，安置元老舊臣。
一品。

[62]盛王：盛世有德的帝王。

[63]稱首：第一。

[64]鑒：能照察明辨之時。此處爲清醒時或未睡之時。　崩：
痛心。

[65]中宇：中國，中原。《文選》顏延之《三月三日曲水詩
序》：“將徙縣中宇，張樂岱郊。”呂延濟注：“縣，都也。中宇，
中國也。”

　　四年四月辛亥，有司奏曰：[1]

　　臣聞崇號建極，必觀俗以樹教；正位居體，必
採世以立言。[2]是以重代列聖，咸由厥道。玄勳上
烈，[3]融章未分，[4]鳴光委緒，歇而罔藏。若其顯謚
騰軌，則系綴聲采，[5]徵略聞聽。爰洎姬、漢，風
流尚存，遺芬餘榮，綿映紀緯。[6]雖年絕世祀，[7]代
革精華，可得騰金綵，奏玉潤，[8]鏤迹以燻今，鑴
德以麗遠。[9]而四望埋禋歌之禮，[10]日觀弛修封之
容，[11]豈非神明之業難崇，功基之迹易泯。自茲以
降，訖于季末，莫不欲英弘徽位，[12]詳固洪聲。[13]

豈徒深默修文，[14] 淵幽馭世而已。[15] 諒以縢非虛奏，[16] 書匪妄埋，擊雨恕神，淳蔭復樹，安得紫壇蕭祇，[17] 竹宮載竚，[18] 散火投郊，流星奔座。寶緯初基，[19] 厭靈命曆，[20] 德振弛維，功濟淪象，玄浸紛流，華液幽潤，規存永馭，思詳樹遠。

[1] 有司奏曰：據明張溥編《漢魏六朝百三家集》卷七二，下文乃謝莊所撰，名《上封禪儀注奏》。

[2] 採世：當爲“採世人訂述作之意”的簡稱。後周衛元嵩述、唐蘇源明傳、唐李江注《元包經傳》卷五《說源》曰：“喆人觀象立言，玄範作則，將以究索厥理，匡贊皇極，推吉凶於卦象，陳理亂於邦家，廣論易道，冀裨帝業，蓋時尚質之書也。嗚呼！采世人之訂述作之意焉爾。”注曰：“衛先生《易論》云：‘夫尚質則人淳，人淳則俗樸，樸之失，其弊也悫；悫則變之以文，尚文則人和，人和則俗順，順之失，其弊也謟；謟則變之以質，質以變文，文以變質，亦由寬以濟猛，猛以濟寬，此聖人之用心也。豈苟相反背而妄有述作焉。’由斯言之，帝王之道坦然明白，蘇公修傳，終以明述作之意，用以論文質之理，又嘆時人不能洗心於精微之道，故云采世人之訂述作之意，訂審也。”

[3] 玄勳：大勳。

[4] 融章：指區分尊卑的衣服花紋融合在一起。章，區分尊卑的采色、花紋。《尚書·皋陶謨》：“天命有德，五服五章哉。”孔傳：“尊卑彩章各異。”

[5] 聲采：指具有聲律和文采的文章，也指文章的風采。

[6] 綿映：連續的照耀。 紀緯：即經緯。指經書和緯書。此處可作史書、史冊解。

[7] 世祀：世代祭祀。

[8] 玉潤：美德。

[9]麗：本指光華。此作動詞用。

[10]四望埋裡歌之禮：指向四方遥祭山川之禮。

[11]日觀弛修封之容：每天看到延緩封禪的態度。

[12]英：華彩。　徽位：大位，帝位。

[13]洪聲：大名聲，美聲。

[14]深默：沉默。　修文：行文治，修文德。

[15]淵幽：靜默、默默。　馭世：統治天下。

[16]縢：本義爲緘封。此處當指緘封之書、策。《尚書·金縢》序曰：“武王有疾，周公作《金縢》。”孔傳：“爲請命之書，藏之於匱，緘之以金，不欲人開之。”《文選》左思《魏都賦》：“闢玉策於金縢，案圖錄於石室。”劉逵注：“《尚書》曰：‘納策於金縢。’縢，緘也。”

[17]紫壇：紫色祭壇，帝王祭祀大典用。《漢書·禮樂志》：“爰熙紫壇，思求厥路。”顏師古注：“紫壇，壇紫色也。”　蕭祗：恭敬。

[18]竹宫：漢代甘泉宫中的竹宫。《三輔黄圖》卷三《甘泉宫》：“竹宫，甘泉祠宫也，以竹爲宫，天子居中。”

[19]寶緯：當指皇帝寶座，但出處待考。　基：起始。《漢書》卷五一《枚乘傳》：“福生有基，禍生有胎。”顏師古注引服虔曰：“基、胎，皆始也。”

[20]厭靈：合乎神靈之心。厭，合。《國語·周語下》：“帥象禹之功，度之於軌儀，莫非嘉績，克厭帝心。”韋昭注：“厭，合也。”　命曆：本指天命曆數，此處似爲得到天命曆數。

　　太祖文皇帝以啓邁泰運，景望震凝，采樂調風，[1]集禮宣度，[2]祖宗相映，軌迹重暉。聖上韞籙蕃河，[3]竚翔衡漢，[4]金波掩照，[5]華耀停明，[6]運動時來，躍飛風舉，澄氛海、岱，[7]開景中區，歇神還靈，[8]頲天重耀，儲正凝位於兼明，袞嶽蕃華於元列。故以祥映昌基，繄發篆素。[9]重以班朝待典，飾令詳儀，纂綜淪蕪，[10]搜騰委逸，[11]奏玉郊宮，[12]禋珪玄時，景集天廟，[13]脉壤祥農，[14]節至昕陽，[15]川丘夙禮，[16]綱威巡壖，表綏中甸，[17]史流其詠，民挹其風。[18]於是涵迹視陰，[19]振聲威響，歷代之渠，沈□望内，[20]安侯之長，賢王入侍，[21]殊生詭氣，奉俗還鄉，羽族卉儀，[22]懷音革狀，[23]邊帛絶書，[24]權光弛燭。[25]天岱發靈，[26]宗河開寶，[27]崇丘淪鼎，振采泗淵，[28]雲皇王嶽，摘藻□漢，[29]并角即音，[30]栖翔禁籥，[31]袞甲霜咮，[32]翾舞川肆，[33]榮泉流鏡，[34]後昭河源，[35]故以波沸外關，[36]雲蒸内澤。[37]若其雪趾青毳，[38]玄文朱綵，[39]日月郊甸，[40]擇木弄音。[41]重以榮露騰軒，[42]蕭雲掩閣，[43]鎬穎挐萌，[44]移華淵禁，[45]山輿竚衡，[46]雲鶒竦翼，[47]海鰈泳流，[48]江茅吐蔭。[49]校書之列，仰筆以飾辭，濟、代之蕃，獻邑以待禮。豈非神飋氣昌，物瑞雲照，蒲軒黽軫，[50]□泉淳芳。[51]

[1]采樂調風：即采風調樂。采集民謠以觀察風俗，調試音樂以和萬民。

[2]集禮宣度：指完備禮儀制度、宣布政令法度。

[3]韞：藏。　錄：古稱上天賜予帝王的符命文書。《文選》王融《永明十一年策秀才文》：“朕秉錄御天，握樞臨極。”李周翰注：“秉，執也。錄，符也。天子受命執之，以御制天下也。”

［4］衡漢：北斗和天河。此處以天上比喻京都或宮苑。《文選》鮑照《翫月城西門廨中》詩：“夜移衡漢落，徘徊帷戶中。”李周翰注：“衡，北斗也。漢，天河也。”

［5］金波：月光。《漢書·禮樂志》：“月穆穆以金波，日華燿以宣明。”顏師古注：“言月光穆穆，若金之波流也。”

［6］華燿：日光。

［7］澄氛：安定、平定紛亂。　海、岱：今山東渤海至泰山之間的地帶。海，渤海。岱，泰山。

［8］歇神還靈：宋建立以來，已經不福佑國家的神祇重新顯靈，福佑國家。歇神，已經不顯靈驗、不福佑之神。《文選》揚雄《劇秦美新》曰：“神歇靈繹。”李善注：“繹，猶緒也。言神靈歇其舊緒，不福祐之。”劉良注曰：“天地神祇以秦無道之甚，故歇其靈潤滋液，不降福祥。”

［9］篆素：將大功業用篆文寫在素帛之上。此處指載有大功業的素帛。《文選》左思《吳都賦》：“烏策篆素，玉牒石記。”李善注：“篆素，篆書於素也。”

［10］淪蕪：衰亂、散亂。

［11］委逸：委頓散逸。

［12］奏玉：用玉啓奏（祭祀）。

［13］景：太陽。《文選》陸機《長安有狹邪行》：“輕蓋承華景，騰步躡飛塵。”李善注：“華景，日也。”　天廟：星名。《國語·周語上》：“日月底於天廟。”注曰：“底，至也。天廟，營室也，孟春之月，日月皆在營室。”《晋書·天文志上》：“北方南斗六星，天廟也。”又曰：“張南十四星曰天廟，天子之祖廟也，客星守之。”

［14］脉壤：水土。脉，流行於地中之水。《周禮·天官·瘍醫》：“以鹹養脉。”鄭玄注：“鹹，水味。水之流行地中似脉。”

［15］昕陽：《儀禮集編》卷四：“郝氏曰：‘昕陽，始也；昏陰，終也。’”

［16］夙：恭敬。

［17］綏：安。　中甸：中原。

［18］風：風教。

［19］視陰：觀察日蔭，"陰"同"蔭"。《左傳》昭公元年云："趙孟視蔭，曰：'朝夕不相及，誰能待五。'"杜氏注："蔭，日景也，趙孟意衰，以日景自喻，故言朝夕不相及，誰能待五。"陸德明音義曰："蔭於金反，本亦作陰。"孔穎達疏引《正義》曰："趙孟自比於日景，此景朝夕尚移，不能相及，人命流去，與此相似，既無常定，誰能待五。"

［20］沈□望内：明梅鼎祚編《宋文紀》卷五作"沈一望内"。意爲衆水歸流，天下歸心。沈，山嶺上凹處的積水。《說文解字·水部》："沈，陵上滴水也。"段玉裁注："謂陵上雨積停潦也。"望，期待。内，通"納"。接納，容納。

［21］賢王：匈奴貴族的封號。有左賢王、右賢王，共同襄助大單于處理國事。此處和"安侯"都泛指遠方異族政權的君長。

［22］羽族：本指鳥類。此處指披戴羽毛的邊緣民族。　卉儀：指穿著木卉的民族。《玉海》卷一五四云："羽族卉儀，懷音革狀，辮髮左衽之酋，款關請吏；木衣卉服之長，航海來庭。"此句義爲遠方的異族。

［23］懷音：感恩、輸誠。

［24］邊帛絶書：文獻沒有記載。

［25］爟光：烽火。

［26］天岱：當指泰山。　發靈：降下靈瑞。

［27］宗河：當指黄河。

［28］崇丘淪鼎，振采泗淵：將沉於泗水之鼎打撈上來放之高山。喻社稷再造、國家重興。崇丘，高丘，高山。淪鼎，淪於泗水之鼎。《漢書·郊祀志上》："周顯王之四十二年，宋大丘社亡，而鼎淪没於泗水。"泗淵，泗水之淵。

［29］摛藻□漢：《五禮通考》卷五〇作"摛藻雲漢"，《宋文

紀》卷五作"摘藻一漢"，當以"雲"爲是。

[30]并角即音：當指鳥獸。

[31]栖翔禁籞：栖息飛翔於皇帝的苑囿。

[32]衰甲霜咮：有著華麗羽毛和白喙的珍稀鳥類。

[33]翩：《楚辭·九歌·東君》："翩飛兮翠曾，展詩兮會舞。"洪興祖補注："翩，小飛也。"

[34]榮泉：清泉，美泉。《漢書·禮樂志》："食甘露，飲榮泉。"顔師古注："榮泉，言泉有光華。" 流鏡：當指河流潔净，暗喻天下大治，河流清净。

[35]昭：照耀。 河源：丁福林《校議》指出，河源，黄河之源也。《漢書·西域傳》謂黄河有二源，一出於于闐，一出葱嶺。

[36]外關：當邊關、邊塞。

[37]雲蒸：雲氣升騰。 内澤：境内的大澤。

[38]雪趾青麑：長著雪白的脚趾、披著黑色毛皮的野獸。

[39]玄文朱綵：有著花紋的鳥或獸。

[40]郊甸：郊畿。邑外爲郊，郊外爲甸。

[41]擇木：本指鳥選擇良木而棲。此處指選擇良木而棲的鳥。 弄音：指禽鳥婉轉鳴叫。

[42]榮露：甘露。 騰軒：呈現在屋簷。

[43]蕭雲：稀疏的雲霧。此處當指瑞雲。

[44]鎬穎：光亮的嫩芽。此處當指瑞草。鎬，可解爲光亮。穎，可解爲嫩芽。 孳萌：萌生。

[45]華：通"花"。

[46]山輿：即山車。傳説帝王有德，天下太平，則山車出現，故以爲祥瑞之物。《禮記·禮運》："山出器車。"孔穎達疏引《禮緯斗威儀》："'其政大平，山車垂鉤。'注云：'山車，自然之車；垂鉤，不揉治而自圓曲。'" 竚衡：指（山車）已經準備停當。竚，指久立、等待。衡，指車轅前端的横木。

[47]雲鶼：雲中的比翼鳥，一種象徵德政的祥瑞。

[48]海鰈：海裏的鰈（比目魚），一種祥瑞。《爾雅》卷六："東方有比目魚焉，不比不行其名謂之鰈。"

[49]江茅：一種用來祭祀的茅。

[50]蒲軒龜軫：占卜的車子。蒲，指一種博戲，含卜之意。龜亦用來占卜。"軒""軫"皆可解爲車。

[51]□泉淳芳：□當爲"醴"。《五禮通考》卷五〇作"醴泉淳芳"。指甜美的泉水散發出濃厚的香味。醴泉，甜美的泉水。淳芳，濃厚的芳香。

　　太宰江夏王臣義恭咀道遵英，[1]抽奇麗古，[2]該潤圖史，[3]施詳閱載，[4]表以功懋往初，[5]德耀炎、昊，升文中岱，登牒天關，[6]耀冠榮名，[7]摛振聲號。[8]而道謙稱首，[9]禮以虛挹，[10]將使玄祇缺觀，[11]幽瑞乖期，[12]梁甫無盛德之容，介丘靡升聞之響。加窮泉之野，[13]獻八代之駬，[14]交木之鄉，[15]奠絕金之楛，[16]肅靈重表，珍符兼眱。伏惟陛下謨詳淵載，[17]衍屬休章，依徵聖靈，潤色聲業，諏辰稽古，肅齊警列，儒僚展采，[18]禮官相儀，[19]懸蕤動音，[20]洪鍾竦節，陽路整衛，[21]正途清禁。於是績環珮，[22]端玉藻，[23]鳴鳳竚律，騰駕流文，間綵比象之容，昭明紀數之服。徽焯天陣，容藻神行，翠蓋懷陰，[24]羽華列照。乃詔聯事掌祭，[25]賓客贊儀，[26]金支宿縣，[27]鏞石潤響。[28]命五神以相列，[29]闢九關以集靈，[30]警衛兵而開雲，先雨祇以灑路。[31]霞凝生闕，[32]煙起成宮，臺冠丹光，[33]壇浮素靄。[34]爾乃臨中壇，[35]備盛禮，天降

祥錫，[36]壽固皇根，[37]谷動神音，山傳稱響。[38]然
後辨年問老，[39]陳詩觀俗，[40]歸薦告神，[41]奉遺清
廟。[42]光美之盛，彰乎萬古；淵祥之烈，溢乎無
窮。豈不盛歟！

[1]咀道：深研天道。咀，指品味，可引申爲深研。　遵英：
俊賢英才。遵，俊才、英才。《方言》第二：“遵，俊也。”戴震疏
證：“《説文》：‘俊，材千人也。’《廣韻》：‘智過千人曰俊。’《鄉
飲酒禮》：‘遵者降席。’鄭玄注云：‘遵者，謂此鄉之人仕至大夫
者也，今來助主人樂賓，主人所榮，而遵法者也。’《鄉射禮》注
云：‘謂之遵者，方以禮樂化民，欲其遵法之也。’遵之爲俊，或因
此起義。”

[2]抽奇：引證佳事。抽，引、拉。《莊子·天地》：“鑿木爲
機，後重前輕，挈水若抽。”陸德明《經典釋文》引李頤曰：“抽，
引也。”　麗古：依循往古。麗，依附、依循。

[3]該潤：廣泛浸潤、廣閱。　圖史：指圖書和史籍。

[4]施詳：鋪陳細説。施，散布、鋪陳。詳，細説、細述。
閟載：稀見的記載。閟，掩蔽、隱藏。

[5]懋：盛大、大。《尚書·大禹謨》：“予懋乃德，嘉乃丕
績。”蔡沈《集傳》：“懋、楙古通用。楙，盛大之意。”

[6]登牒：使牒，上登。牒，此處當指上奏上天之書札。　天
關：天門。

[7]耀冠榮名：當爲美名光耀稱冠。榮名，指美名。

[8]摛振：傳播顯揚，即遠揚。

[9]道謙稱首：好的政治和謙退的態度是第一位的。道，好的
政治局面或政治措施。謙，謙退。

[10]挹：通“抑”。抑制、謙退。《荀子·宥坐》：“富有四海，
守之以謙，此所謂挹而損之之道也。”楊倞注：“挹，亦退也。‘挹

而損之'猶言損之又損。"

[11]玄祇：當指上天的神靈。

[12]幽瑞：陰間應該獲得的吉祥。

[13]窮泉：地名。今甘肅山丹縣東南。此處當代指西域。

[14]八代：指三皇五帝八代，意指遠古。

[15]交木：地名。三國魏時曾爲荊州治所，在今河南新野縣。

[16]奠：進獻。　絶金：斷金。　楛：木名。可作箭。

[17]謨：謀略。

[18]儒僚：儒生僚佐。　展采：供職。《史記》卷一一七《司馬相如列傳》："而後因雜薦紳先生之略述，使獲燿日月之末光絶炎，以展采錯事。"《集解》："《漢書音義》曰：'采，官也。使諸儒記功著業，得覿日月末光殊絶之用，以展其官職，設厝其事業者也。'"

[19]相儀：贊禮、司儀。

[20]懸蕤：懸挂的蕤賓。蕤，蕤賓，古樂十二律中之第七律。律分陰陽，奇數六爲陽律，名曰六律；偶數六爲陰律，名曰六呂。合稱律呂。蕤賓屬陽律。

[21]陽路：向南的大道。《文選》左思《吳都賦》："列寺七里，俠棟陽路。屯營櫛比，廨署棋布。"吕向注："向南之道。"

[22]績：把麻析成細縷撚接起來。此處指串聯。

[23]玉藻：帝王冕冠前後懸垂的貫以玉珠的五彩絲繩。《禮記·玉藻》："天子玉藻，十有二旒，前後邃延，龍卷以祭。"孔穎達疏："天子玉藻者，藻，謂雜采之絲繩，以貫於玉，以玉飾藻，故云玉藻也。"

[24]翠蓋：飾以翠羽的車駕華蓋，天子的車駕。《淮南子·原道訓》："馳要褭，建翠蓋。"高誘注："翠蓋，以翠鳥羽飾蓋也。"

[25]聯事：各官署聯合起來互相協助。

[26]贊：引導。

[27]金支：一種黃金飾品，常施於樂器之上。《漢書·禮樂

志》："金支秀華，庶旄翠旌。"顏師古注引臣瓚曰："樂上衆飾，有流遡羽葆，以黃金爲支，其首敷散，若草木之秀華也。" 宿：處於，安裝好。 縣：同"懸"。懸挂的樂器，如鐘磬等。《禮記・曲禮下》："歲凶，年穀不登，君膳不祭肺，馬不食穀，馳道不除，祭事不縣。"鄭玄注："縣，樂器，鍾磬之屬也。"

[28]鏞石：大鐘和磬。

[29]五神：五種神祇。即春神句芒、夏神祝融、中央后土、秋神蓐收、冬神玄冥。

[30]九關：謂九重天門或九天之關。 集靈：召集、會集神靈。

[31]雨祇：雨神。

[32]生：呈現，顯現。

[33]丹光：紅色的光。此處當指紅霞、瑞霞。

[34]素靄：白色的雲氣。此處當指瑞雲、瑞氣。

[35]中壇：爲舉行郊祀、封禪等大典而設的高臺。

[36]錫：同"賜"。賜予。

[37]壽：保全。《國語・楚語下》："夫盈而不偪，憾而不貳者，臣能自壽也。"韋昭注："壽，保也。" 皇根：皇室的根基。

[38]稱響：稱揚之聲。稱，指稱揚。

[39]問老：慰問老者。問，指問候、慰問。

[40]陳詩觀俗：采集並進獻民間詩歌以觀察風俗。《禮記・王制》："命大師陳詩，以觀民風。"鄭玄注："陳詩，謂采其詩而視之。"孔穎達疏："此謂王巡狩見諸侯畢，乃命其方諸侯大師是掌樂之官，各陳其國風之詩，以觀其政令之善惡。"

[41]薦：進獻。 告神：祭告神靈。

[42]奉遺：獻禮，貢獻禮品，贈送財物。

臣等生接昌辰，[1]蕭戀明世，[2]束教管聞，[3]未足言道。且章志湮微，[4] 代往淪絕，[5] 拘採遺文，[6] 辨明訓誥，[7] □□□□，[8] 篙訪鄒、魯，[9] 草滕書埏玉之禮，[10] 具竦石繩金之儀，[11] 和芝潤瑛，[12] 鐫璽乾封。[13] 懼弗軌屬上徵，[14] 燀當王則。[15] 謹奉儀注以聞。[16]

[1]生接昌辰：適逢盛世。

[2]肅懋：慎勉。　明世：政治清明的時代。

[3]束教：爲教習所限。　管聞：聞見不廣。

[4]章志：記載相關事情的典籍。

[5]代往淪絕：隨時代遠逝而淪沒。

[6]拘採：采集、勾輯。　遺文：遺存的文字、文獻。

[7]訓誥：訓導告誡。

[8]□□□□：當爲"希志黃虞"。明梅鼎祚編《宋文紀》卷五《有司再奏》："辯明訓誥，希志黃虞，篙訪鄒魯。"　希志黃虞：仰慕黃帝和虞舜的志向，或仰循黃帝和虞舜的志向。希，仰慕。志，志向、願望。黃虞，黃帝、虞舜。

[9]篙訪：造訪、往訪。篙，通"造"。　鄒、魯：本指鄒國和魯國。因鄒、魯分別是孔子和孟子的故鄉，故此處指禮儀之鄉。

[10]滕書：封禪中用金繩函封玉册之禮。　埏玉：封禪中埏玉之禮。

[11]竦石：本指竦立的石頭。此處指封禪禮儀中立碑紀功之儀。　繩金：封禪禮儀中的一個程式。

[12]和芝潤瑛：修飾準備好應用的芝草和美玉。

[13]鐫璽乾封：鐫刻好的璽印，晾乾新築的祭壇。

[14]軌：法則，制度。《漢書》卷一〇〇下《敘傳下》："楚孝惡疾，東平失軌。"顏師古注："軌，法則也。"　屬：滿足。《左傳》昭公二十八年："願以小人之腹，爲君子之心，屬厭而已。"

杜預注："屬，足也。言小人之腹飽，猶知厭足，君子之心亦宜然。" 上：與後文"王"相對，當爲皇上。 徽：指皇帝的美德。《文選》陸機《擬行行重行行》："此思亦何思，思君徽與音，音徽日夜離，緬邈若飛沈。"張銑注："徽，美也，言思君美德及音信也。"

[15]煇：顯揚。 則：形迹。

[16]儀注：行禮時的儀節。

詔曰："天生神物，昔王稱愧，況在寡德，敢當鴻貺。[1]今文軌未一，[2]可停此奏。"

[1]鴻：大。 貺：賜予。

[2]文軌未一：本指書未同文、車未同軌，此處指未統一天下。

漢獻帝建安十八年五月，[1]以河北十郡封魏武帝爲魏公。是年七月，始建宗廟于鄴，[2]自以諸侯禮立五廟也。[3]後雖進爵爲王，無所改易。延康元年，文帝繼王位，七月，[4]追尊皇祖爲太王，[5]丁夫人曰太王后。黄初元年十一月受禪，又追尊太王曰太皇帝，皇考武王曰武皇帝。明帝太和三年六月，又追尊高祖大長秋曰高皇，[6]夫人吳氏曰高皇后，並在鄴廟廟所祠。則文帝之高祖處士、曾祖高皇、祖太皇帝共一廟。[7]考太祖武皇帝特一廟百世不毀，然則所祠止於親廟四室也。至明帝太和三年十一月，[8]洛京廟成，則以親盡遷處士主，[9]置園邑，[10]使令丞奉薦。而使行太傅太常韓暨、[11]行太廟宗正曹恪持節迎高皇以下神主共一廟，[12]猶爲四室而已。[13]至景初元年六月，群公有司始更奏定七廟之制，[14]曰："大魏三聖相承，[15]以成帝業。武皇帝肇建洪基，[16]撥亂夷險，爲魏太祖。[17]文皇帝繼天革命，應期受禪，爲魏高祖。[18]上集成大命，清定華夏，興制禮樂，宜爲魏烈祖。"[19]更於太祖廟北爲二祧，[20]其左爲文帝廟，號曰高祖，昭祧，[21]其右擬明帝號曰烈祖，穆祧。[22]三祖之廟，[23]萬世不毀，其餘四廟，親盡迭遷，一如周后稷、文、武廟祧之禮。[24]孫盛《魏氏春秋》曰：[25]"夫諡以表行，[26]廟以存容，[27]皆於既殁然後著焉。所以原始要終，[28]以示百世者也。未有當年而逆制祖宗，[29]未終而豫自尊顯。[30]昔華樂以厚斂致譏，[31]周人以豫凶違禮，[32]魏之群司，於是乎失正矣。"[33]

[1]漢獻帝：即劉協。《後漢書》卷九有紀。　建安：漢獻帝劉協年號（196—220）。

[2]鄴：地名。在今河北臨漳縣。

[3]五廟：即父、祖、曾祖、高祖、始祖之廟。

[4]七月：丁福林《校議》指出，據《三國志》卷二《魏書·魏文帝紀》、《通鑑》卷六九，曹丕繼魏王位在漢獻帝建安二十五年（即漢延康元年，魏黃初元年）正月，是年夏五月戊寅，追尊其祖曹嵩爲太王、嵩妻丁氏爲太王后。此云是年"七月"追尊，非是，應易"七月"爲"五月"。又，魏受漢禪在是年十月辛未，前已有辨。此云十一月受禪，亦誤，蓋亦沿《三國志》之訛也。

[5]皇祖：即曹嵩。事見《三國志》卷一《魏書·武帝紀》。

[6]大長秋：官名。三品。此處代指曹騰。事見《三國志·魏書·武帝紀》。

[7]處士：有才德而隱居的人，此處指曹節。事見《三國志·

魏書・武帝紀》。

[8]明帝太和三年十一月：中華本校勘記指出，按上文有"明帝太和三年六月"，此又云"明帝太和三年十一月"，不免重複。《通典・禮典》云"其年十一月"，是。

[9]親盡：此處指超出了需要祭祀的代數。 主：神主牌位。

[10]園邑：爲守護陵園所置的縣邑。

[11]行太傅太常：官名。暫領太傅銜而行太常之事。太傅，官名。三公之一，無具體職掌，常安置勳舊大臣。一品。 韓暨：人名。字公至。《三國志》卷二四有傳。

[12]"行太廟宗正"至"共一廟"：丁福林《校議》指出，行太廟宗正，語意費解。《晋書・禮志上》作："使行太傅太常韓暨、行太廟宗正曹恪持節迎高皇以下神主共一廟。"蓋韓暨原官太常，而廟迎禮重，因以之爲"行太傅"爲正使迎列祖之神主，故此曰"行太傅太常韓暨"也。《三國志》卷三《魏書・明帝紀》："（太和三年）十一月……使太常韓暨持節迎高皇帝、太皇帝、武帝、文帝神主于鄴。"即此事也。而曹恪則應原官宗正，因太常韓暨已"行太傅"，故即以其"行太常"爲副使以迎列祖神主，蓋太常掌禮樂郊廟社稷事也。故云"行太常宗正曹恪"，《晋志》是。此"太廟"爲"太常"之誤，應校正。 曹恪：人名。曹魏皇室，餘事不詳。

[13]猶爲四室而已：《三國志・魏書・明帝紀》亦記此事，唯略去曹恪，裴松之注敘事與本處稍異，文曰："臣松之按，黃初四年有司奏立二廟，太皇帝大長秋與文帝之高祖共一廟，特立武帝廟，百世不毀，今此無高祖神主，蓋以親盡毀也，此則魏初唯立親廟，祀四室而已，至景初元年始定七廟之制。孫盛曰："事亡猶存，祭如神在，迎遷神主，正斯宜矣。"

[14]七廟：《禮記・王制》："天子七廟，三昭三穆，與太祖之廟而七。"

[15]三聖：指魏武帝曹操、魏文帝曹丕、魏明帝曹叡。

[16]洪基：大業，帝業。

［17］太祖：王朝始建者的廟號。此指魏武帝曹操。

［18］高祖：開國皇帝的廟號。此指魏文帝曹丕。

［19］烈祖：開基創業的皇帝的廟號。此處指魏明帝曹叡。

［20］二祧：帝王七廟中兩位功德特殊而保留不遷的遠祖廟。祧，遠祖廟。《禮記·祭法》：“遠廟爲祧，有二祧，享嘗乃止。”孔穎達疏：“遠廟爲祧者，遠廟謂文、武廟也，文、武廟在應遷之例，故云遠廟也；特爲功德而留，故謂爲祧。祧之言超也，言其超然上去也。”

［21］昭祧：在祖廟左邊的牌位。

［22］穆：在始祖廟之右者爲“穆”。

［23］三祖之廟：即指魏武帝曹操、魏文帝曹丕、魏明帝曹叡之廟。

［24］一如周后稷、文、武廟祧之禮：丁福林《校議》指出，“更於太祖廟爲二祧”至“文、武廟祧之禮”，與其上之“大魏三聖相承”云云，文意相連續，應皆爲“群公有司”奏中之言。《三國志·魏書·明帝紀》：“有司奏武皇帝撥亂反正，爲魏太祖……帝制作興治，爲魏烈祖，樂用章斌之舞。三祖之廟，萬世不毀。其餘四廟，親盡迭毀，如周后稷、文、武廟祧之制。”即可爲證。因爲有司奏中有“三祖之廟，萬世不毀”諸語，故《志》於此後所載之孫盛《魏氏春秋》有“魏之群司，於是乎失正矣”之説。若群公有司僅請以武帝爲太祖，文帝爲高祖，明帝爲烈祖而無廟祧之語，則孫盛之言爲虛發矣。是今標點割裂文意，誤。應去“宜爲魏烈祖”後之引號，於“文、武廟祧之禮”後加引號。

［25］孫盛：人名。字安國，著有《魏氏春秋》《晉陽秋》等。《晉書》卷八二有傳。

［26］謚：帝王、貴族、大臣、士大夫或其他有地位的人死後，據其生前業績評定的帶有褒貶意義的稱號，亦指按上述情況評定這種稱號。《禮記·檀弓下》：“公叔文子卒，其子戍請謚於君曰：‘日月有時，將葬矣。請所以易其名者。’”鄭玄注：“謚者，行之

迹。" 表行：表明生前業績。

[27]容：儀容、相貌。

[28]原始要終：此處指探究各位皇帝的行業始末。《易·繫辭下》："《易》之爲書也，原始要終以爲質也。"孔穎達疏："原窮其事之初始……又要會其事之終末。"高亨注："原，察也……此言《易經》乃觀察事物之始，探求事物之終。"

[29]當年：壯年，指身强力壯的時期。

[30]未終：未死，在生。

[31]華樂以厚斂致譏：因死後用奢華的音樂來厚葬被譏諷。

[32]豫凶：人在，而事先討論、舉辦其喪禮。

[33]矣：《三國志·魏書·明帝紀》裴松之注引此文無"矣"字。

文帝甄后賜死，[1]故不列廟。明帝即位，有司奏請追諡曰文昭皇后，使司空王朗持節奉策告祠于陵。[2]三公又奏曰："自古周人始祖后稷，[3]又特立廟以祀姜嫄。今文昭皇后之於後嗣，聖德至化，豈有量哉。夫以皇家世妃之尊，神靈遷化，[4]而無寢廟以承享祀，[5]非以報顯德，[6]昭孝敬也。稽之古制，宜依周禮，先妣別立寢廟。"奏可。以太和元年二月，立廟于鄴。四月，洛邑初營宗廟，掘地得玉璽方一寸九分，其文曰："天子羨思慈親。"明帝爲之改容。以太牢告廟。[7]至景初元年十二月己未，有司又奏文昭皇后立廟京師，[8]永傳享祀。樂舞與祖廟同。廢鄴廟。

[1]甄后：即曹丕之皇后甄氏。明帝之母。本袁紹子袁熙之妻，曹操平冀州，曹丕納之，黃初二年（221）被賜死。《三國志》卷

五有傳。

[2]王朗：人名。字景興。《三國志》卷一三有傳。

[3]始祖：中華本校勘記指出，“始”各本作“歸”，據《三國志》卷五《魏書·文昭甄皇后傳》裴注引《魏書》、《元龜》卷二九改。

[4]神靈：指魂魄。　遷化：指消逝。

[5]寢廟：宗廟的正殿稱廟，後殿稱寢，合稱寢廟。《禮記·月令》：“寢廟畢備。”鄭玄注：“凡廟，前曰廟，後曰寢。”孔穎達疏：“廟是接神之處，其處尊，故在前。寢，衣冠所藏之處，對廟爲卑，故在後。但廟制有東西廂，有序牆，寢制惟室而已。故《釋宮》云‘室有東西廂曰廟，無東西廂有室曰寢’是也。”

[6]顯德：謂顯明的美德。

[7]太牢：祭祀中牛羊豕三牲具備謂之太牢。

[8]立：中華本校勘記指出，各本並脱“立”字，據《三國志·魏書·明帝紀》《晋書·禮志上》《通典·禮典》補。

魏文帝黄初二年六月，以洛京宗廟未成，乃祠武帝於建始殿，[1]親執饋奠如家人禮。[2]何承天曰：“案禮，將營宮室，宗廟爲先。庶人無廟，故祭於寢。[3]帝者行之，非禮甚矣。”

[1]建始殿：魏宮殿，在洛陽。《晋書·五行志中》曰：“漢獻帝建安二十五年春正月，魏武帝在洛陽起建始殿。”《三國志》卷一七《魏書·張遼傳》：“黄初二年，遼朝洛陽宮，文帝引遼會建始殿，親問破吳意狀。”

[2]饋奠：指喪中祭奠之事。《禮記·曾子問》：“曾子問曰：‘大功之喪，可以與於饋奠之事乎？’”鄭玄注曰：“饋奠在殯時也。”孫希旦《集解》：“饋奠，謂執喪奠之事也。”　家人禮：此

處指以母子之禮饋奠，而非以皇帝祭母后之禮饋奠。《漢書》卷三八《齊悼惠王劉肥傳》：“孝惠二年，入朝，帝與齊王燕飲太后前，置齊王上坐，如家人禮。”顏師古注曰：“以兄弟齒列，不從君臣之禮，故曰家人也。”

[3]寢：臥室。

漢獻帝延康元年七月，魏文帝幸譙，[1]親祠譙陵，此漢禮也。漢氏諸陵皆有園寢者，承秦所爲也。說者以爲古前廟後寢，以象人君前有朝後有寢也。[2]廟以藏主，四時祭祀，寢有衣冠象生之具以薦新。[3]秦始出寢起於墓側，漢因弗改。陵上稱寢殿，象生之具，古寢之意也。及魏武帝葬高陵，有司依漢，立陵上祭殿。至文帝黃初三年，乃詔曰：“先帝躬履節儉，[4]遺詔省約。子以述父爲孝，[5]臣以繫事爲忠。古不墓祭，皆設於廟。高陵上殿屋皆毀壞，車馬還廄，衣服藏府，以從先帝儉德之志。”及文帝自作終制，[6]又曰：“壽陵無立寢殿，造園邑。”自後至今，陵寢遂絕。[7]

[1]譙：地名。在今安徽亳州市。
[2]園寢：建在帝王墓地上的廟。　朝：帝王接受朝見處理政務處。《續漢書·祭祀志下》：“古不墓祭，漢諸陵皆有園寢，承秦所爲也。說者以爲古宗廟前制廟，後制寢，以象人之居前有朝，後有寢也。”
[3]象生：祭祀時以亡者生前所用之物象徵亡者還在生。　薦新：以時鮮的食品祭獻。《禮記·檀弓上》：“有薦新，如朔奠。”孔穎達疏：“薦新，謂未葬中間得新味而薦亡者。”
[4]躬履：親身履行、身體力行。

[5]述：遵循、繼承。

[6]文帝自作終制：文帝生前對喪葬禮制的囑咐。《三國志》卷二《魏書·文帝紀》：黃初三年“冬十月甲子，表首陽山東爲壽陵，作終制曰……無爲封樹，無立寢殿，造園邑”。

[7]陵寢：陵上寢殿。

孫權不立七廟，[1]以父堅嘗爲長沙太守，[2]長沙臨湘縣立堅廟而已。[3]權既不親祠，直是依後漢奉南頓故事，[4]使太守祠也。堅廟又見尊曰始祖廟，而不在京師。又以民人所發吳芮冢材爲屋，[5]未之前聞也。於建鄴立兄長沙桓王策廟於朱爵橋南。[6]權疾，太子所禱，即策廟也。權卒，子亮代立。[7]明年正月，[8]於宮東立權廟曰太祖廟，既不在宮南，又無昭穆之序。及孫晧初立，[9]追尊父和曰文皇帝。[10]晧先封烏程侯，即改葬和於烏程西山，號曰明陵，置園邑二百家。於烏程立陵寢，使縣令丞四時奉祠。寶鼎元年，[11]遂於烏程分置吳興郡，[12]使太守執事。有司尋又言宜立廟京邑。寶鼎二年，遂更營建，號曰清廟。遣守丞相孟仁、[13]太常姚信等備官僚中軍步騎，[14]以靈輿法駕迎神主於明陵，[15]親引仁拜送於庭。比仁還，中吏手詔日夜相繼，奉問神靈起居動止。[16]巫覡言見和被服顏色如平日，晧悲喜，悉召公卿尚書詣閣下受賜。靈輿當至，使丞相陸凱奉三牲祭於近郊。[17]晧於金城外露宿。明日，望拜於東門之外，又拜廟薦饗。[18]比七日，三祭，倡伎晝夜娛樂。有司奏“‘祭不欲數，數則黷’，[19]宜以禮斷情。”然後止。

[1]孫權：人名。三國吳主。《三國志》卷四七有傳。

[2]堅：人名。即孫堅。孫權之父。《三國志》卷四六有傳。
太守：官名。掌管郡之民政、司法、監察、軍事、財賦，爲一郡最高行政長官。

[3]長沙：郡名。治所在今湖南長沙市。　臨湘：縣名。治所在今長沙市。

[4]南頓：地名。在今河南項城縣西南。此指漢光武帝劉秀之父劉欽，爲南頓令。

[5]吳芮：人名。漢衡山王。《漢書》卷三四有傳。

[6]策：人名。即孫策。孫權之兄。《三國志》卷四六有傳。

[7]亮：人名。即孫亮。孫權之子，吳主。《三國志》卷四八有傳。

[8]明年：即嘉平五年（253）。

[9]孫晧：人名。孫和之子，吳主。《三國志》卷四八有傳。

[10]和：人名。即孫和。孫權之子，曾爲太子，後被廢。《三國志》卷五九有傳。

[11]寶鼎：三國吳末帝孫晧年號（266—269）。

[12]烏程：地名。在今浙江吳興縣南。　吳興：郡名。治所在今浙江湖州市南下菰城。

[13]孟仁：人名。字恭武，本名宗，避晧字而改名。官至司空。事見《三國志》及卷四八《吳書·孫晧傳》裴松之注引《吳錄》。

[14]姚信：人名。精天文。《隋書·經籍志一》載姚信注《周易》十卷、《士緯新書》十卷、《姚氏新書》十卷、《昕天論》一卷、《姚信集》二卷。《元豐九域志》卷五載石城山有其墓。朱彝尊《經義考》卷一〇載“阮孝緒曰姚信字元直，吳興人，吳太常卿。陸德明曰信字德祐”。朱氏並輯姚信事，可參看。

[15]靈輿：靈車。

[16]神靈：此處指魂魄。

　　[17]陸凱：人名。字敬風。《三國志》卷六一有傳。　三牲：牛、羊、豕。《孝經・紀孝行》：“雖日用三牲之養，猶不爲孝也。”邢昺疏：“三牲，牛、羊、豕也。”

　　[18]薦饗：祭獻。

　　[19]祭不欲數，數則黷：《尚書・説命中》：“黷于祭祀，時謂弗欽。”孔傳：“祭不欲數，數則黷，黷則不敬。”數，屢次。

　　劉備章武元年四月，[1]建尊號於成都。是月，立宗廟，祫祭高祖已下。[2]皆紹世而起，亦未辨繼何帝爲禰，亦無祖宗之號。劉禪面縛，[3]北地王諶哭於昭烈之廟，[4]此則備廟別立也。

　　[1]章武：三國蜀先主劉備年號（221—223）。

　　[2]祫祭：天子諸侯所舉行的集合遠近祖先神主於太祖廟的大合祭。《禮記・曾子問》：“祫祭於祖，則祝迎四廟之主。主出廟入廟必蹕。”孔穎達疏：“祫，合祭祖。大祖三年一祫。謂當祫之年則祝迎高、曾、祖、禰四廟，而於大祖廟祭之。天子祫祭則迎六廟之主。今言四廟者，舉諸侯言也。”《穀梁傳》文公二年：“祫祭者，毀廟之主陳于大祖。未毀廟之主，皆升，合祭于大祖。”范甯注：“祫祭者，皆合祭諸廟。已毀未毀之主，於大祖廟中以昭穆爲次序。”　高祖：即漢高祖劉邦。《漢書》卷一有紀。

　　[3]劉禪：人名。三國蜀漢後主。《三國志》卷三三有傳。

　　[4]諶：人名。即劉諶。劉禪之子。景耀二年（259）立爲北地王，景耀六年劉禪降，劉諶先殺妻子，次以自殺。事見《三國志》卷三三《後主禪傳》。裴松之注引《漢晉春秋》記此事尤詳，可與本文參證。　昭烈：蜀主劉備的諡號。

　　魏元帝咸熙元年，[1]增封晉文帝進爵爲王，[2]追命舞陽宣文侯爲晉宣王，忠武侯爲晉景王。是年八月，文帝崩，謚曰文王。武帝泰始元年十二月丙寅，受禪。丁卯，追尊皇祖宣王爲宣皇帝，伯考景王爲景皇帝，考文王爲文皇帝，宣王妃張氏爲宣穆皇后，景王夫人羊氏爲景皇后。[3]二年正月，有司奏天子七廟，宜如禮營建。帝重其役，詔宜權立一廟。於是群臣奏議：“上古清廟一宫，尊遠神祇，逮至周室，制爲七廟，以辨宗祧。聖旨深弘，遠迹上世，敦崇唐、虞。舍七廟之繁華，遵一宫之尊遠。昔舜承堯禪，受終文祖，[4]遂陟帝位，蓋三十載，月正元日，[5]又格于文祖。此則虞氏不改唐廟，因仍舊宫。可依有虞氏故事，即用魏廟。”奏可。於是追祭征西將軍、豫章府君、潁川府君、京兆府君，與宣皇帝、景皇帝、文皇帝爲三昭三穆。[6]是時宣皇未升，太祖虛位，所以祠六世與景帝爲七廟，其禮則據王肅説也。七月，又詔曰：“主者前奏就魏舊廟，誠亦有準。然於祇奉神明，情猶未安。宜更營造，崇正永制。”於是改創宗廟，十一月，追尊景帝夫人夏侯氏爲景懷皇后。[7]

[1]咸熙：三國魏元帝曹奐年號（264—265）。

[2]增封晉文帝進爵爲王：丁福林《校議》指出，《三國志》卷四《魏書·陳留王奐紀》云：咸熙元年三月“己卯，進晉公爵爲王，封十郡，並前二十”。《晉書》卷二《文帝紀》云：咸熙元年“三月己卯，進帝爵爲王，增封并前二十郡”。則“增封晉文帝進爵爲王”乃二事。考司馬昭原封十郡，今又封十郡，即此所謂“增封”也；司馬昭原爵晉公，今進而爲王，即此所謂進爵也。標

點之連續爲一，文意欠明，應於"晋文帝"後點斷，益逗號。

　　[3]羊氏：即羊徽瑜。司馬師之妻。《晋書》卷三一有傳。

　　[4]受終文祖：《尚書·舜典》："正月上日，受終于文祖。"孔傳："終謂堯終帝位之事；文祖者，堯文德之祖廟。"

　　[5]月正：中華本校勘記指出，各本並作"正月"，據《晋書·禮志上》、《通典·禮典》、《元龜》卷二九改。按《尚書·堯典》："月正元日，舜格于文祖。"

　　[6]征西將軍：官名。四征將軍之一。三品。若爲持節都督二品。　豫章府君：即司馬鈞之子司馬量。　潁川府君：即司馬量之子司馬儁。　京兆府君：即司馬儁之子司馬妨。司馬懿之父。按：此三人事均見《晋書》卷一《宣帝紀》。

　　[7]夏侯氏：即夏侯徽。司馬師之妻。《晋書》卷三一有傳。

　　太康元年，靈壽公主修麗祔于太廟，[1]周、漢未有其準。魏明帝則別立廟，[2]晋又異魏也。

　　[1]靈壽公主：名修麗。事迹待考。　祔：將死者神位附於宗廟內先祖旁而祭祀，時在喪禮卒哭第二天。《儀禮·既夕禮》："卒哭，明日以其班祔。"鄭玄注："班，次也。祔，卒哭之明日祭名。"

　　[2]魏明帝則別立廟：按：《晋書·禮志上》亦載此事，文曰"魏明帝則別立平原主廟"，《通典》卷四七同，據《三國志》卷二五《楊阜傳》：魏明帝"愛女淑未期而夭，帝痛之甚，追封平原公主，立廟洛陽，葬於南陵"，且本書此文頗不可解，故此處"廟"前當脫"平原主"三字。

　　八年，[1]因廟陷當改治。群臣又議奏曰："古者七廟異所，自宜如禮。"詔又曰："古雖七廟，自近代以來，皆一廟七室，於禮無廢，於情爲叙，亦隨時之宜也。其便仍舊。”至十年，乃更改築於宣陽門內，窮壯極麗。然坎位之制，猶如初爾。廟成，帝率百官遷神主于新廟，自征西以下，車服導從，皆如帝者之儀。摯虞之議也。[2]至世祖武皇帝崩，則遷征西；及惠帝崩，[3]又遷豫章。而惠帝世，愍懷太子、太子二子哀太孫臧、沖太孫尚並祔廟。[4]元帝世，[5]懷帝殤太子又祔廟，[6]號爲陰室四殤。懷帝初，又策諡武帝楊后曰武悼皇后，改葬峻陽陵側。別立弘訓宮，不列於廟。元帝既即尊位，上繼武帝，於禮爲禰，如漢光武上繼元帝故事也。是時西京神主埋滅虜庭，江左建廟，皆更新造。尋以登懷帝之主，又遷潁川。位雖七室，其實五世，蓋從刁協，[7]以兄弟爲世數故也。[8]于時百度草創，舊禮未備，三祖毀主，權居別室。太興三年，將登愍帝之主，[9]於是乃定更制，還復豫章、潁川二主于昭穆之位，以同惠帝嗣武帝故事，而惠、懷、愍三帝自從《春秋》尊尊之義，在廟不替也。至元帝崩，則豫章復遷。然元帝神位，猶在愍帝之下，故有坎室者十也。至明帝崩，[10]而潁川又遷，猶十室也。于時續廣太廟，故三遷主並還西儲，[11]名之曰祧，以準遠廟。成帝咸和三年，蘇峻覆亂京都，[12]溫嶠等入伐，[13]立行廟於白石，[14]告先帝先后曰：“逆臣蘇峻，傾覆社稷，毀棄三正，[15]汙辱海內。臣亮等手刃戎首，[16]龔行天罰。[17]惟中宗元皇帝、肅祖明皇帝、明穆皇后之靈，[18]降鑒有罪，剿絕其命，翦此群兇，以安宗廟。臣等雖隕首摧軀，猶生之年。”咸康七年五月，始作武悼皇后神主，[19]祔于廟，配饗世祖。成帝崩而康帝

承統，[20]以兄弟一世，故不遷京兆，始十一室也。康帝
崩，京兆遷入西儲，同謂之祧，如前三祖遷主之禮。故
正室猶十一也。穆帝崩而哀帝、海西並爲兄弟，[21]無所
登降。咸安之初，[22]簡文皇帝上繼元皇帝，[23]世秩登進。
於是潁川、京兆二主，復還昭穆之位。至簡文崩，潁川
又遷。孝武皇帝太元十六年，改作太廟，殿正室十六
間，東西儲各一間，合十八間。[24]棟高八丈四尺，[25]堂
基長三十九丈一尺，廣十丈一尺。堂集方石，庭以塼。
尊備法駕，遷神主于行廟。征西至京兆四主，及太子太
孫，各用其位之儀服。四主不從帝者之儀，是與太康異
也。諸主既入廟，設脯醢之奠。[26]及新廟成，帝主還
室，又設脯醢之奠。十九年二月，[27]追尊簡文母會稽太
妃鄭氏爲簡文皇帝宣太后，[28]立廟太廟道西。及孝武
崩，京兆又遷，如穆帝之世四祧故事。安帝隆安四
年，[29]以孝武母簡文李太后、[30]帝母宣德陳太后祔于宣
鄭太后之廟。[31]

[1]八年：中華本校勘記指出，各本作“六月”，《晉書·禮志
上》《通典·禮典》作“六年”。按《晉書》卷三《武帝紀》，太
廟之壞，在太康八年（287）正月，今改作“八年”。

[2]摯虞：人名。字仲洽。《晉書》卷五一有傳。

[3]惠帝：即司馬衷。《晉書》卷四有紀。

[4]愍懷太子：即司馬遹。惠帝長子。　哀太孫臧：即司馬遹
之子司馬臧。　沖太孫尚：即司馬遹之子司馬尚。按：三人《晉
書》卷五三皆有傳和附傳。

[5]元帝：即司馬睿。《晉書》卷六有紀。

[6]懷帝：即司馬熾。《晉書》卷五有紀。　懷帝殤太子：即懷帝之子司馬詮。事見《晉書》卷五《孝懷帝紀》、卷六《元帝紀》。　祔：中華本校勘記指出，各本並作“被”，據《晉書・禮志上》改。

[7]刁協：人名。字玄亮。《晉書》卷六九有傳。

[8]世數：世系的輩數。

[9]愍帝：即司馬鄴。《晉書》卷五有紀。

[10]明帝：即司馬紹。《晉書》卷六有紀。

[11]西儲：宗廟中的房舍名，供藏祧主之用。

[12]蘇峻：人名。字子高。《晉書》卷一〇〇有傳。

[13]溫嶠：人名。字太真。《晉書》卷六七有傳。

[14]行廟：天子巡幸或大軍出征臨時所立的廟。　白石：地名。在今江蘇南京市。

[15]三正：天地人之正道。《尚書・甘誓》：“有扈氏威侮五行，怠棄三正。”孔傳：“怠惰棄廢天地人之正道。”

[16]臣亮等手刃戎首：《晉書・禮志上》爲“臣侃、臣嶠、臣亮等手刃戎首”，當以《晉書》爲是。亮，人名。即庾亮。字元規，明穆皇后庾文君之兄。《晉書》卷七三有傳。

[17]龔行天罰：上天的誅罰。帝王自謂稟承天意行事，其誅罰不臣常以此爲名。“龔”通“恭”。

[18]明穆皇后：即明帝司馬紹皇后庾文君。《晉書》卷三二有傳。

[19]武悼皇后：即司馬炎繼室楊芷。《晉書》卷三一有傳。

[20]康帝：即司馬岳。《晉書》卷七有紀。

[21]海西公：即廢帝海西公司馬奕。哀帝之母弟。《晉書》卷八有紀。

[22]咸安：晉簡文帝司馬昱年號（371—372）。

[23]簡文皇帝：即司馬昱。《晉書》卷九有紀。

[24]十六間、十八間：丁福林《校議》指出，《晉書・禮志

上》上分别作"十四間""十六間"。按：《通典》卷四七同《晋
書・禮志上》，則應以《晋書・禮志上》爲正。

[25]棟：屋的正梁。

[26]脯醢：佐酒的菜肴。《周禮・天官・膳夫》："凡王之稍
事，設薦脯醢。"賈公彦疏："脯醢者是飲酒肴羞，非是食饌。"

[27]十九年二月：丁福林《校議》指出，"二月"，《晋書・禮
志上》同。《晋書》卷九《孝武帝紀》、《通鑑》卷一〇八則記在是
年六月壬子。考太元十九年六月甲寅朔，無壬子；二月丙辰朔，亦
無壬子。《建康實録》卷九記在是年六月壬午，爲月之二十九。

[28]簡文皇帝宣太后：即鄭阿春。元帝司馬睿夫人，簡文帝之
母。《晋書》卷三二有傳。

[29]隆安：晋安帝司馬德宗年號（397—401）。

[30]孝武母簡文李太后：即李陵容。孝武帝之母。《晋書》卷
三二有傳。

[31]帝母宣德陳太后：丁福林《校議》指出，晋安帝母陳太
后即孝武陳淑媛，太元十五年（390）卒，隆安三年追尊爲德皇太
后。陳后爲安帝母，依例當稱安德陳太后，《晋書》卷三二《后妃
傳下》即作"安德"，非"宣德"。"宣"乃簡文帝母鄭太后之謚。
此"宣德"，乃涉下文而誤，應易爲"安德"。

元興三年三月，[1]宗廟神主在尋陽，已立新主于太
廟，權告義事。四月，輔國將軍何無忌奉送神主還。[2]
丙子，[3]百官拜迎于石頭。[4]戊寅，入廟。安帝崩，未及
禘，而天禄終焉。[5]

[1]元興：晋安帝司馬德宗年號（402—404）。

[2]輔國將軍：官名。將軍名號。三品。　何無忌：人名。《晋
書》卷八五有傳。

[3]丙子：中華本校勘記指出，前有"四月"，下有戊寅。按元興三年四月戊午朔，是月無丙子、戊寅。五月丁巳朔，二十日丙子，二十五日戊寅。疑丙子上脱"五月"二字。

[4]石頭：城名。在今江蘇南京市南。

[5]天禄：天賜的福禄，常指帝位。《尚書·大禹謨》："四海困窮，天禄永終。"孔傳曰："天之禄籍。"

宋武帝初受晋命爲宋王，建宗廟於彭城，[1]依魏、晋故事，立一廟。初祠高祖開封府君、曾祖武原府君、皇祖東安府君、皇考處士府君、武敬臧后，[2]從諸侯五廟之禮也。既即尊位，乃增祠七世右北平府君、六世相國掾府君爲七廟。[3]永初初，追尊皇考處士爲孝穆皇帝，皇妣趙氏爲穆皇后。[4]三年，孝懿蕭皇后崩，[5]又祔廟。高祖崩，神主升廟，猶從昭穆之序，如魏、晋之制。虛太祖之位也。廟殿亦不改構，又如晋初之因魏也。文帝元嘉初，追尊所生胡婕妤爲章皇太后，[6]立廟西晋宣太后地。孝武昭太后、明帝宣太后並祔章太后廟。[7]

[1]彭城：地名。在今江蘇徐州市。

[2]開封府君：即劉旭孫。　武原府君：即劉混。　皇祖東安府君：即劉靖。　皇考處士府君：即劉翹。按：以上俱見本書卷一《武帝紀》。　武敬臧后：即臧愛親。本書卷四一有傳。

[3]右北平府君：即劉膚。　相國掾府君：即劉熙。按：俱見本書卷一《武帝紀》。

[4]穆皇后：即宋武帝劉裕之母孝穆皇后趙安。本書卷四一有傳。

[5]孝懿蕭皇后：即宋武帝劉裕繼母蕭文壽。本書卷四一有傳。

丁福林《校議》指出，孝懿蕭皇后之薨，本書卷四一《后妃傳》記在少帝景平元年。本書卷四《少帝紀》、《通鑑》卷一一九、《建康實錄》卷一一更詳記在是年二月丁丑，祔廟事則記在是年三月。此記蕭后之崩在永初三年（422），非是。

[6]胡婕妤：即武帝婕妤胡道女。本書卷四一有傳。

[7]孝武昭太后：即文帝淑媛路惠男，孝武帝之母。本書卷四一有傳。　明帝：即劉彧。文帝第十一子。本書卷八有紀。　明帝宣太后：即文帝婕妤沈容，明帝之母。本書卷四一有傳。

　　晉元帝太興三年正月乙卯，詔曰：“吾雖上繼世祖，然於懷、愍皇帝，皆北面稱臣。今祠太廟，不親執觴酌，[1]而令有司行事，於情禮不安。可依禮更處。”[2]太常華恒議：“今聖上繼武皇帝，宜準漢世祖故事，不親執觴爵。”[3]又曰：“今上承繼武帝，而廟之昭穆，四世而已。前太常賀循、博士傅純以爲惠、[4]懷及愍宜別立廟。然臣愚謂廟室當以容主爲限，[5]無拘常數。殷世有二祖三宗，若拘七室，則當祭禰而已。推此論之，宜還復豫章、潁川，全祠七廟之禮。”驃騎長史溫嶠議：[6]“凡言兄弟不相入廟，既非禮文。且光武奮劍振起，不策名於孝平，[7]務神其事，[8]以應九世之讖，又古不共廟，故別立焉。今上以策名而言，殊於光武之事，躬奉烝嘗，[9]於經既正，於情又安矣。太常恒欲還二府君以全七世，嶠謂是宜。”驃騎將軍王導從嶠議。嶠又曰：“其非子者，可直言皇帝敢告某皇帝。又若以一帝爲一世，則不祭禰，反不及庶人。”於是帝從嶠議，悉施用之。孫盛《晉春秋》曰：“《陽秋傳》云，[10]‘臣子一例也'。雖繼君位，不以後尊，降廢前敬。昔魯僖上嗣莊公，以友于長幼而升之，爲逆。準之古義，明詔是也。"

[1]觶酌：飲酒器。

[2]處：處置，安排。

[3]觶爵：酒器。

[4]傅純：人名。在晉曾任散騎常侍，是禮學家，並著有《雉賦》。

[5]容主：中華本校勘記指出，"容"各本並作"客"，據《通典·禮典》改。

[6]驃騎長史：官名。驃騎將軍佐官。

[7]孝平：即劉衎。王莽篡奪其位。《漢書》卷一二有紀。

[8]務：中華本校勘記指出，"務"各本並作"豫"，據《晉書·禮志上》、《元龜》卷五七五改。

[9]烝嘗：祭祀。

[10]《陽秋傳》：即《春秋傳》。晉時避簡文帝鄭后阿春諱而改"春"爲"陽"。

穆帝永和二年七月，[1]有司奏："十月殷祭，[2]京兆府君當遷祧室。昔征西、豫章、潁川三府君毀主，中興之初，權居天府，[3]在廟門之西。咸康中，[4]太常馮懷表續奉還於西儲夾室，[5]謂之爲祧，疑亦非禮。今京兆遷入，是爲四世遠祖，長在太祖之上。昔周室太祖世遠，故遷有所歸。今晉廟宣皇爲主，而四祖居之，是屈祖就孫也。殷祫在上，[6]是代太祖也。"領司徒蔡謨議：[7]"四府君宜改築別室，若未展者，當入就太廟之室。人莫敢卑其祖，文、武不先不窋。[8]殷祭之日，征西東面，處宣皇之上。其後遷廟之主，藏於征西之祧，祭薦不絕。"護軍將軍馮懷表議：[9]"《禮》，'無廟者，爲壇以祭'。[10]可別立室藏之，至殷禘，[11]則祭于壇也。"輔國將軍譙王司馬無忌等議：[12]"諸儒謂太王、王季遷主藏於文、武之祧，[13]如此，府君遷主，宜在宣皇帝廟中。然今無寢室，宜變通而改築。又殷祫太廟，征西東面。"尚書郎孫綽與無忌議同。[14]曰："太祖雖位始九五，而道以從暢，替人爵之尊，[15]篤天倫之道，所以成教本而光百代也。"尚書郎徐禪議：[16]"《禮》，'去祧爲壇，去壇爲墠，歲祫則祭之'。[17]今四祖遷主，可藏之石室。有禱則祭於壇墠。"又遣禪至會稽訪處士虞喜。[18]喜答曰："漢世韋玄成等以毀主瘞於園。[19]魏朝議者云應埋兩階之間。且神主本在太廟，若今別室而祭，則不如永藏。又四君無追號之禮，益明應毀而無祭。"於是撫軍將軍會稽王司馬昱、尚書劉劭等奏：[20]"四祖同居西祧，藏主石室，禘祫乃祭，如先朝舊儀。"時陳留范宣兄子問此禮。[21]宣答曰："舜廟所祭，皆是庶人。其後世遠而毀，不居舜上，不序昭穆。今四君號猶依本，非以功德致禮也。若依虞主之瘞，[22]則猶藏子孫之所；若依夏主之埋，則又非本廟之階。宜思其變，別築一室，親未盡則禘祫，處宣帝之上；親盡則無緣下就子孫之列。"其後太常劉遐等同蔡謨議。[23]博士張憑議：[24]"或疑陳於太祖者，皆其後毀之主。[25]憑案古義無別前後之文也。禹不先鯀，則遷主居太祖之上，亦可無疑矣。"

[1]永和：晋穆帝司馬聃年號（345—356）。

[2]殷祭：大祭。指三年一次的祖廟大祭（祫）及五年一次合祭諸祖神主的大祭（禘）。《禮記·曾子問》："君之喪服除，而後殷祭，禮也。"孔穎達疏："殷，大也。小大二祥變除之大祭，故謂之殷祭也。"《漢書》卷七三《韋玄成傳》："毀廟之主，臧乎太祖，五年而再殷祭，言壹禘壹祫也。"

[3]天府：此處泛指皇家之倉庫。亦是官名，掌祖廟之守藏。《周禮·春官·天府》："天府，掌祖廟之守藏與其禁令。"

[4]咸康：晋成帝司馬衍年號（335—342）。

[5]馮懷：人名。《晋書》卷三九《荀奕傳》、《通鑑》卷九四載馮懷咸和六年爲侍中；據《晋書·禮志上》咸康中爲太常，卷三一《武悼楊皇后傳》馮懷官護軍將軍，《晋書》卷七七《陸曄傳》載其官黄門侍郎。

[6]殷祫：天子、諸侯在太廟對遠近祖先三年一次的合祭。《禮記·王制》："天子犆礿祫禘，祫嘗，祫烝。"鄭玄注曰："祫，合也。天子諸侯之喪畢，合先君之主於祖廟而祭之，謂之祫……魯禮三年喪畢而祫於大祖，明年春，禘於群廟，自爾之後，五年而再殷祭，一祫一禘。"

[7]領：官制用語。暫代。　司徒：官名。三公之一，無具體職掌。一品。　蔡謨：人名。字道明。《晋書》卷七七有傳。

[8]不窋：人名。周始祖后稷之子。

[9]護軍將軍：官名。領禁衛營兵。三品。

[10]《禮》，'無廟者，爲壇以祭'：中華本標點如此。按：據《禮記·曾子問》，此文爲鄭玄注，文曰："無廟者，爲壇祭之。"故《禮》應去書名號，'無廟者，爲壇以祭'也應去單引號。

[11]殷禘：天子、諸侯對遠近祖先五年一次的大祭。

[12]司馬無忌：人名。司馬遜之孫。《晋書》卷三七有附傳。

[13]太王：周之祖古公亶父的尊號。　王季：周文王之祖父。

[14]孫綽：人名。字興公。《晋書》卷五六有附傳。

[15]替：中華本校勘記指出，"替"各本並作"贊"，據《晋書·禮志上》、《元龜》卷五七五改。　人爵：爵禄，指人所授予的爵位。《孟子·告子上》："孟子曰：有天爵者，有人爵者。仁義忠信，樂善不倦，此天爵也。公卿大夫，此人爵也。古之人，脩其天爵，而人爵從之。今之人，修其天爵，以要人爵。既得人爵而棄其天爵。則惑之甚者也。"趙岐注："天爵以德，人爵以禄。"

[16]尚書郎：官名。尚書省諸郎曹長官，隸屬列曹尚書，分曹執行政務。六品。　徐禪：人名。據《通典》卷五五《禮典·告禮》、六七《禮典·皇后敬父母》、八〇《禮典·總論喪期》、八一《禮典·爲皇后大祥忌日哭臨議》，曾爲太學博士，永和初轉尚書郎，據《隋書·經籍志四》，官至尚書左丞，有《尚書左丞徐禪集》六卷。

[17]去祧爲壇，去壇爲墠，歲祫則祭之：見《禮記·祭法》，鄭玄注曰："祧之言，超也，超上去意也。封土曰壇，除地曰墠……天子遷廟之主，以昭穆合藏於二祧之中。諸侯無祧，藏於祖考之廟中。《聘禮》曰：'不腆先君之祧'，是謂始祖廟也。享嘗謂四時之祭，天子諸侯爲壇墠所禱，謂後遷在祧者也。既事則反其主於祧，鬼亦在祧，顧遠之於無事，祫乃祭之。"

[18]虞喜：人名。字仲寧。《晋書》卷九一有傳。

[19]韋玄成：人名。字少翁。《史記》卷九六、《漢書》卷七三有傳。　瘞：用坑埋。　園：寢園，即陵園。

[20]撫軍將軍：官名。將軍名號。三品。　司馬昱：即東晋簡文帝。《晋書》卷九有紀。　尚書劉劭：據《晋書·禮志上》，當爲"尚書郎劉邵"。據本書《符瑞志中》，永和五年爲太常。

[21]陳留：地名。在今河南開封市祥符區陳留鎮。　范宣：人名。字宣子。《晋書》卷九一有傳。

[22]虞主：葬後虞祭時所立的神主。

[23]劉遐：人名。字正長。《晉書》卷八一有傳。

[24]張憑：人名。字長宗。《晉書》卷七五有傳。

[25]之：中華本校勘記指出，各本並脱"之"字，據《元龜》卷五七五補。

　　安帝義熙九年四月，[1]將殷祭。詔博議遷毁之禮。大司馬琅邪王司馬德文議：[2]"泰始之初，虛太祖之位，而緣情流遠，上及征西，故世盡則宜毁，而宣皇帝正太祖之位。又漢光武帝移十一帝主於洛邑，則毁主不設，理可推矣。宜從范宣之言，築別室以居四府君之主，永藏而不祀也。"大司農徐廣議：[3]"四府君嘗處廟室之首，歆率土之祭。若埋之幽壤，於情理未必咸盡。謂可遷藏西儲，以爲遠祧，而禘饗永絶也。"太尉諮議參軍袁豹議：[4]"仍舊無革。殷祠猶及四府君，[5]情理爲允。"祠部郎臧燾議：[6]"四府君之主，享祀禮廢，則亦神所不依。宜同虞主之瘞埋矣。"時高祖輔晉，與大司馬議同。須後殷祀行事改制。

[1]義熙：晉安帝司馬德宗年號（405—418）。

[2]大司馬：官名。三公之上，三師之下，無職掌，多爲贈官。一品。　司馬德文：人名。即後來的晉恭帝。《晉書》卷一〇有紀。

[3]大司農：官名。東晉掌倉儲園苑及供膳之庶務。三品。徐廣：人名。字野民。《晉書》卷八二有傳。

[4]太尉諮議參軍：官名。太尉府僚屬，東晉職掌不定，其位甚尊，在列曹參軍上。丁福林《校議》指出，"太尉諮議參軍"，《晉書·禮志上》同。據本書《袁豹傳》云："義熙七年，坐使徙

上錢，降爲太尉諮議參軍，仍轉長史。從討劉毅……九年，卒官。"考劉裕之討劉毅事在義熙八年九月。則袁豹於義熙八年九月前已轉爲太尉長史，九年時當一仍其舊，仍爲長史也。於此所記相訛，即此云"諮議參軍"者，恐非是。　袁豹：人名。字士蔚。《晉書》卷八三有附傳。

〔5〕殷祠：即殷祭。

〔6〕臧燾：人名。字德仁。本書卷五五有傳。

　　晉孝武帝太元十二年五月壬戌，詔曰："昔建太廟，每事從儉約，思與率土，致力備禮。又太祖虛位，明堂未建。郊祀，國之大事，而稽古之制闕然。便可詳議。"祠部郎徐邈議：[1]"圓丘郊祀，經典無二，宣皇帝嘗辨斯義。而檢以聖典，爰及中興，備加研極，以定南北二郊，誠非異學所可輕改也。謂仍舊爲安。武皇帝建廟，六世三昭三穆，宣皇帝創基之主，實惟太祖，親則王考，四廟在上，未及遷世，故權虛東向之位也。兄弟相及，義非二世，故當今廟祀，世數未足，而欲太祖正位，則違事七之義矣。又《禮》曰，庶子王亦禘祖立廟。[2]蓋謂支胤授位，則親近必復。京兆府君於今六世，宜復立此室，則宣皇未在六世之上，須前世既遷，乃太祖位定爾。京兆遷毀，宜藏主於石室。雖禘祫猶弗及。何者，《傳》稱毀主升合乎太祖，升者自下之名，不謂可降尊就卑也。太子太孫陰室四主，儲嗣之重，升祔皇祖所託之廟，[3]世遠應遷，然後從食之孫，與之俱毀。明堂圓方之制，綱領已舉，不宜闕配帝之祀。且王者以天下爲家，未必一邦，故周平、光武無廢於二京也。周公宗祀文王，漢明配以世祖，自非惟新之考，孰配上帝。"邈又曰："明堂所配之神，積疑莫辨。按《易》，'殷薦上帝，以配祖考'。祖考同配，則上帝亦爲天，而嚴父之義顯。《周禮》，旅上帝者有故，告天與郊祀常禮同用四圭，[4]故並言之。若上帝者是五帝，[5]經文何不言祀天旅五帝，祀地旅四望乎？人帝之與天帝，雖天人之通謂，然五方不可言上帝，諸侯不可言大君也。書無全證，而義容彼此，[6]故泰始、太康二紀之間，興廢迭用矣。"侍中車胤議同，[7]又曰："明堂之制，既其難詳。且樂主於和，禮主於敬，故質文不同，音器亦殊。既茅茨廣廈，不一其度，何必守其形範，而不知弘本順民乎。九服咸寧，河朔無塵，[8]然後明堂辟雍，可崇而修之。"中書令王珉意與胤同。[9]太常孔汪議：[10]"泰始開元，[11]所以上祭四府君，誠以世數尚近，可得饗祠，非若殷、周先世，王迹所因也。向使京兆爾時在七世之外，自當不祭此四王。推此知既毁之後，則殷禘所絶矣。"吏部郎王忱議：[12]"明堂則天象地，儀觀之大，宜俟皇居反舊，然後修之。"驃騎將軍會稽王司馬道子、尚書令謝石意同忱議。[13]於是奉行一無所改。

[1]徐邈：人名。《晉書》卷九一有傳。

[2]庶子王亦禘祖立廟：中華本有單引號，《禮記・喪服小記》曰："王者禘其祖之所自出，以其祖配之，而立四廟，庶子王亦如之。"與本文稍異，故應去掉引號。

[3]託：中華本校勘記指出，"託"各本並作"配"，據《晉書・禮志上》、《元龜》卷五七五改。

[4]圭：帝王舉行隆重儀式時所用的玉製禮器。長條形，上尖下方，其名稱、大小因爵位及用途不同而異。

[5]是：中華本校勘記指出，各本並脱“是”字，據《晋書·禮志上》、《元龜》卷五七五補。

[6]彼此：不一樣，有差異。

[7]車胤：人名。字武子。《晋書》卷八三有傳。　同：中華本校勘記指出，各本並脱“同”字，據《晋書·禮志上》、《元龜》卷五七五改。

[8]河朔：丁福林《校議》指出，此“河朔”乃專指黄河以北地區。《尚書·泰誓》：“王次於河朔。”孔穎達疏：“此次於河朔者，是既誓而止於河之北也。”《三國志》卷六《魏書·袁紹傳》：“威震河朔，命重天下。”皆爲之例。

[9]中書令：官名。中書省長官之一，掌收納掌奏、草擬、發布皇帝詔令之機要政務。西晋常以宰相、諸公兼領。東晋爲閑職，多授予宗室親王、大臣以示禮遇，或由宰相、諸公兼領。三品。
王珉：人名。王導之孫。《晋書》卷六五有附傳。

[10]孔汪：人名。字德澤，孔安國之兄。《晋書》卷七八有附傳。中華本校勘記指出，“孔汪”各本並作“孔注”，據《晋書》卷七八《孔愉傳》子汪附傳改。按孔汪，東晋孝武帝世，爲太常卿。

[11]開元：開始新的紀元。

[12]王忱：人名。字元達。《晋書》卷七五有附傳。

[13]司馬道子：人名。晋簡文帝司馬昱之子。《晋書》卷六四有傳。　謝石：人名。謝安之弟。《晋書》卷七九有附傳。

晋安帝義熙二年六月，白衣領尚書左僕射孔安國啓云：[1]“元興三年夏，應殷祠。昔年三月，皇輿旋軫。[2]其年四月，便應殷，而太常博士徐乾等議云：[3]‘應用孟秋。’臺尋校自太和四年相承皆用冬夏，乾等既伏應孟冬，回復追明孟秋非失。御史中丞范泰議：[4]‘今雖既祔之後，得以烝嘗，而無殷薦之比。太元二十一年十月應殷，烈宗以其年九月崩。至隆安三年，國家大吉，乃修殷事。又禮有喪則廢吉祭，祭新主於寢。今不設別寢，既祔，祭於廟。故四時烝嘗，以寄追遠之思，三年一禘，以習昭穆之序，義本各異。三年喪畢，則合食太祖，遇時則殷，無取於限三十月也。當是內臺常以限月成舊。’[5]就如所言，有喪可殷。隆安之初，果以喪而廢矣。月數少多，復遲速失中。至於應寢而修，意所未譬。”安國又啓：“范泰云：‘今既祔，遂祭於廟，故四時烝嘗。’如泰此言，殷與烝嘗，其本不同。既祔之後，可親烝嘗而不得親殷也。太常劉瑾云：[6]‘章后喪未一周，[7]不應祭。’[8]臣尋升平五年五月，穆皇帝崩，其年七月，山陵，十月，殷。興寧三年二月，哀皇帝崩，太和元年五月，海西夫人庾氏薨，[9]時爲皇后，七月，葬，十月，殷。此在哀皇再周之內，庾夫人既葬之後，二殷策文見在廟。又文皇太后以隆安四年七月崩，[10]陛下追述先旨，躬服重制，五年十月，殷。再周之內，不以廢事。今以小君之哀，[11]而泰更謂不得行大禮。臣尋永和十年至今五十餘載，用三十月輒殷，皆見於注記，是依禮，五年再殷。而泰所言，非真難臣，乃以聖朝所用，遲速失中。泰爲憲司，[12]自應明審是非，若臣所啓不允，[13]即當責失奏彈，而嘗墮稽停，遂非忘舊。請免泰、瑾官。”丁巳，詔皆白衣領職。於是博士徐乾皆免官。初元興三年四月，不得殷祠進用十月，若計常限，[14]則義熙三年冬又當殷，若更起端，則應用來年四月。領司徒王謐、丹陽尹孟昶議：[15]“有非常之慶，必有非常之禮。殷祭舊准不差，蓋施於經常爾。至於義熙之慶，經古莫二，雖曰旋幸，理同受命。愚謂理運惟新，於是乎始。宜用四月。”中領軍謝混、太常劉瑾議：[16]“殷無定日，考時致敬，且禮意尚簡。去年十月祠，雖於日有差，而情典允備，宜仍以爲正。”太學博士徐乾議：“三年一祫，五年一禘，經傳記籍，不見補殷之文。”員外散騎侍郎領著作郎徐廣議：[17]“尋先事，海西公太和六年十月，殷祠。孝武皇帝寧康二年十月，殷祠。若依常去前三十月，則應用四月也。于時蓋當有故，而遷在冬，但未詳其事。太元元年十月殷祠，依常三十月，則應用二年四月也。是追計辛未歲十月，未合六十月而再殷。[18]何邵甫注《公羊傳》云，[19]祫從先君來，積數爲限。自僖八年至文二年，知爲祫祭。[20]如此，履端居始，[21]承源成流，領會之節，遠因宗本也。昔年有故推遷，非其常度。寧康、太元前事可依。雖年有曠近之異，[22]然追計之理同矣。[23]愚謂從復常次者，以推歸正之道也。”[24]左丞劉潤之等議：[25]“太元元年四月應殷，而禮官墮失，建用十月。本非正期，不應即以失爲始也。宜以反初四月爲始。當用三年十月。”尚書奏從王謐議，以元年十月爲始也。

[1]白衣：官制用語。因過錯被暫去官爵而以白衣身份任職。尚書左僕射：官名。主持尚書省政務，又領殿中、主客二郎曹。

三品。　孔安國：人名。《晋書》卷七八有附傳。

[2]旋軫：回來。軫本指車後橫木，"旋軫"指車駕調轉方向。《周禮·考工記》序曰："車軫四尺。"鄭玄注："軫，輿後橫木。"

[3]徐乾：人名。高平人，洛川、長壽令徐澹之子。《隋書·經籍志四》載《晋給事中徐乾集》二十一卷。

[4]御史中丞：官名。專掌監察、執法，領治書侍御史、侍御史，常受命領兵，出督軍旅，世族名士多不樂爲之。四品。　范泰：人名。字伯倫。本書卷六〇有傳。

[5]内臺：官署名。尚書臺（省）別稱，因其官署在宫禁之内，故名。

[6]劉瑾：人名。《世説新語·品藻》劉孝標注引《劉瑾集叙》曰："字仲璋，南陽人。祖遐，父暢，暢娶王羲之女生瑾，瑾有才力，歷尚書、太常卿。"《晋書》卷九九《桓玄傳》，曾官平西長史，爲桓玄尚書，《隋書·經籍志四》載《晋太常卿劉瑾集》九卷。

[7]章后：即穆章何皇后法倪。《晋書》卷三二有傳。　周：周年。

[8]章后喪未一周，不應祭：據《通典》卷四九《禮典·祫禘上》，此爲范泰之論，非劉瑾之言，然本書此處後有"免泰、瑾官"，似應以本書爲正。

[9]庾氏：即庾道憐。庾冰之女。《晋書》卷三二有傳。

[10]文皇太后：即孝武文李太后陵容。孝武帝之母。《晋書》卷三二有傳。

[11]小君：古代諸侯之妻曰小君。此指穆章何皇后。

[12]憲司：對御史的別稱。據本書卷六〇《范泰傳》，時范泰爲御史中丞。

[13]若：中華本校勘記指出，"若"三朝本作"君"。北監本、毛本、殿本、局本作"群"。《通典·禮典》作"若"。今從《通典》。

[14]若：中華本校勘記指出，各本並脱"若"字，據《通典·禮典》補。

[15]王謐：人名。王導之孫。《晋書》卷六五有附傳。　孟昶：人名。官至尚書左僕射。事見《晋書》卷九六《孟昶妻周氏傳》。

[16]中領軍：官名。禁衛軍最高統領。三品。　謝混：人名。謝安之孫。《晋書》七九有附傳。

[17]徐廣：人名。字野民。《晋書》卷八二有傳。

[18]未：中華本校勘記指出，"未"各本並作"來"，據《通典·禮典》改。

[19]何邵甫：人名。即何休。《後漢書》卷七九下有傳。

[20]自僖八年至文二年，知爲祫祭：中華本此句有雙引號，然檢《春秋公羊傳注疏》文公二年何休注曰："又從僖八年禘數之，知爲大祫。"故似不應加雙引號。

[21]履端居始：正月改紀元。

[22]曠近：遠近。

[23]追計：盤算思索以往的人或事。

[24]歸正：回到正道。

[25]左丞：官名。即尚書左丞。

宋孝武帝孝建元年十二月戊子，有司奏："依舊今元年十月是殷祠之月。領曹郎范泰參議，[1]依永初三年例，須再周之外殷祭。尋祭再周來二年三月，若以四月殷，則猶在禪内。"[2]下禮官議正。國子助教蘇瑋生議："案《禮》，三年喪畢，然後祫於太祖。又云：'三年不祭，唯天地社稷，越紼行事。'[3]且不禪即祭，見譏《春秋》。求之古禮，喪服未終，固無祼享之義。[4]自漢文以來，一從權制，[5]宗廟朝聘，[6]莫不皆吉。雖祥禪空存，[7]無緣縞之變，[8]烝嘗薦祀，不異平日。殷祠禮既弗殊，豈獨以心憂爲礙。”太學博士徐宏議：“三年之喪，雖從權制，再周祥變，猶服縞素，未爲純吉，無容以祭。謂來四月，未宜便殷，十月則允。”太常丞臣朱膺之議：“《虞禮》云：‘中月而禫，是月也吉祭，猶未配。’[9]謂二十七月既禫祭，當四時之祭日，則未以其妃配，哀未忘也。推此而言，未禫不得祭也。又《春秋》閔公二年，吉禘于莊公。鄭玄云：‘閔公心懼於難，務自尊成以厭其禍，凡二十二月而除喪，又不禫。’[10]云又不禫，明禫内不得禘也。案王肅等言於魏朝云，今權宜存古禮，俟畢三年。舊説三年喪畢，遇禘則禘，遇祫則祫。鄭玄云：‘禘以孟夏，祫以孟秋。’今相承用十月。如宏所上《公羊》之文，如爲有疑，亦以魯閔設服，因言喪之紀制爾。何必全許素冠可吉禘。縱《公羊》異説，官以禮爲正，亦求量宜。”郎中周景遠參議：[11]“永和三年九月十日奏傅亮議：‘權制即吉，御世宜爾。宗廟大禮，宜依古典。’則是皇宋開代成準。謂博士徐宏、太常丞朱膺之議用來年十月殷祠爲允。”詔可。

　　[1]范泰：中華本校勘記指出，“范泰”，《通典·禮典》作“范義”。按本書卷六〇《范泰傳》，泰位侍中、左光禄大夫，死於元嘉五年，此疑作范義爲是。

　　[2]禫内：未行除喪服之禮前。禫，除喪服的祭祀。《儀禮·士虞禮》：“中月而禫。”鄭玄注：“中，猶間也。禫，祭名也，與大祥間一月。自喪至此，凡二十七月。”

[3]越紼：謂不受喪事的限制。紼，柩車之繩。《禮記·王制》：“喪，三年不祭，唯祭天地社稷，爲越紼而行事。”鄭玄注：“越，猶躐也。紼，輴車索。”孔穎達疏：“未葬之前，屬紼於輴，以備火災。今既祭天地社稷，須越躐此紼而往祭之，故云‘越紼’。云‘紼，輴車索’者，以停住之時，指其繩體則謂之紼，若在塗人挽而行之，則謂之引。”

[4]祼享：帝王宗廟祭儀，謂灌香酒於地以求神降臨。《周禮·春官·大宗伯》：“以肆獻祼享先王。”鄭玄注：“祼之言灌，灌以鬱鬯，謂始獻尸求神時也。”賈公彥疏：“凡宗廟之祭，迎尸入戶坐於主北。先灌，謂王以圭瓚酌鬱鬯以獻尸，尸得之瀝地。祭訖，啐之奠之，不飲。尸爲神象，灌地所以求神。”

[5]權制：權宜之制、臨時制訂的措施。

[6]朝聘：諸侯親自或派使臣按期朝見天子。春秋時期，政在霸主，諸侯朝見霸主，此處指大朝。《禮記·王制》：“諸侯之於天子也，比年一小聘，三年一大聘，五年一朝。”鄭玄注：“比年，每歲也。小聘，使大夫；大聘，使卿；朝，則君自行。然此大聘與朝，晉文霸時所制也。”《禮記·昏義》：“夫禮始於冠，本於昏，重於喪祭，尊於朝聘，和於鄉射。”

[7]祥：親喪的祭名。居父母、親人之喪，滿一年或二年而祭的統稱。

[8]縓：此處指舉行過周年祭禮之後所服喪服。　縞：此處指“禪”後所服之服。《禮記·雜記下》曰：“祥，主人之除也，於夕爲期朝服，祥，因其故服。”鄭玄注曰：“爲期，爲祭期也；朝服，以期至明日而祥，祭亦朝服，始即吉正祭服也。”

[9]《虞禮》：即《儀禮》中的《士虞禮》。　中月而禪，是月也吉祭，猶未配：出《儀禮·士虞禮》，鄭玄注曰：“中，猶間也。禪，祭名也。與大祥間一月，自喪至此凡二十七月。禪之言澹，澹然平安意也。”

[10]“閔公心懼於難”至“又不禪”：《詩·商頌·玄鳥》孔

穎達疏曰："此箋及《禮》注所言禘祫疏數，經無正文，故鄭作《魯禮禘祫志》以推之，其略云：魯莊公以其三十二年秋八月薨，閔二年五月而吉禘。此時慶父使賊殺子般。之後、閔公心懼於難，務自尊成，以厭其禍，至二年春，其間有閏。二十一月禫，除喪，夏四月則祫，又即以五月禘。此月大祭，故譏其速。譏其速者，明當異歲也。經獨言'吉禘於莊公'，閔公之服凡二十一月，於禮少四月，又不禫，無恩也。魯閔公二年秋八月，公薨，僖二年除喪，而明年春，禘。自此之後，乃五年再殷祭，六年祫，故八年《經》曰：'秋七月，禘於大廟，用致夫人。'然致夫人自魯禮，因禘事而致哀美，故譏焉。"

[11]周景遠：人名。事見本書卷九三《周續之傳》。

宋殷祭皆即吉乃行。大明七年二月辛亥，有司奏："四月應殷祠，若事中未得爲，得用孟秋與不？"領軍長史周景遠議："案《禮記》云：'天子祫禘祫嘗祫烝。'依如禮文，則夏秋冬三時皆殷，不唯用冬夏也。晋義熙初，僕射孔安國啟議，自太和四年相承殷祭，皆用冬夏。安國又啟，永和十年至今五十餘年，用三十月輒殷祠。博士徐乾據《禮》難安國。乾又引晋咸康六年七月殷祠，是不專用冬夏。于時晋朝雖不從乾議，然乾據禮及咸康故事，安國無以奪之。[1]今若以來四月未得殷祠，遷用孟秋，於禮無違。"參議據禮有證，謂用孟秋爲允。詔可。

[1]奪：使之動搖，改變。

晋武帝咸寧五年十一月己酉，[1]弘訓羊太后崩，宗廟廢一時之祀，天地明堂去樂，且不上胙。[2]升平五年十月己卯，殷祠，以穆帝崩後，不作樂。初永嘉中，散騎常侍江統議曰：[3]"《陽秋》之義，去樂卒事。"是爲吉祭有廢樂也。故升平末行之。其後太常江逌表：[4]"穆帝山陵之後十月殷祭，從太常丘夷等議，撤樂。逌尋詳今行漢制，無特祀之別。[5]既入廟吉禘，[6]何疑於樂。"

[1]咸寧五年：丁福林《校議》指出，"五年十一月己酉"，《晋書·禮志上》同。按弘訓羊太后即景獻羊皇后，居弘訓宫，號弘訓太后。考《晋書》卷三一《后妃傳上》載羊后之薨在咸寧四年，《晋書》卷三《武帝紀》、《通鑑》卷八〇更詳記羊后於咸寧四年六月薨，七月葬。於此異。又本書《禮志四》亦載云："晋咸寧四年，景獻皇后崩"。據《晋書》卷三四《羊祜傳》："祜寢疾，求入朝。既至洛陽，會景獻宫車在殯，哀慟至篤……及侍坐，面陳伐吴之計。"稽之《晋書·武帝紀》，羊祜之卒在咸寧四年十一月，其至洛陽而景獻羊后在殯，則景獻羊后之卒又在其前，亦即此記羊后之卒在五年十一月己酉者，必誤。《晋志》亦沿之而誤也。羊后之卒，應以《晋書·武帝紀》所記爲是。
[2]胙：祭祀用的酒肉。《左傳》僖公四年云："太子祭于曲沃，歸胙於公。"杜預注："胙，祭之酒肉。"
[3]江統：人名。字應元。《晋書》卷五六有傳。
[4]江逌：人名。字道載。《晋書》卷八三有傳。
[5]特祀：謂單向新死者祭祀。《左傳》僖公三十三年云："凡君薨，卒哭而祔，祔而作主，特祀於主，烝、嘗、禘於廟。"楊伯峻注："特祀者，單向新死者祭祀也。蓋卒哭之後，尚有小祥、大祥、禫諸祭，唯祭於新死者之主，故云特祀於主。"
[6]吉禘：除喪，奉死者神主入祭於宗廟，謂之"吉禘"。

史臣曰：聞樂不怡，故申情於遏密。^[1]至於諒闇奪服，^[2]慮政事之荒廢，是以乘權通以設變，量輕重而降屈。若夫奏音之與寢聲，非有損益於機務，縱復回疑於兩端，固宜緣恩而從戚矣。

宋世國有故，廟祠皆懸而不樂。

[1]遏密：指帝王死後停止舉樂。

[2]諒闇：本指居喪時所住的房子。這裏借指居喪，多用於皇帝。

宋書　卷一七

志第七

禮四

　　宋文帝元嘉三年五月庚午，[1]以誅徐羨之等，[2]讎耻
已雪，幣告太廟。[3]

　　[1]宋文帝：即劉義隆。本書卷五有紀。　　元嘉：宋文帝劉義
隆年號（424—453）。　　庚午：中華本校勘記指出，按是月己卯朔，
無庚午。丁福林《校議》指出，據本書《文帝紀》、《南史‧宋本
紀》、《通鑑》卷一二〇，文帝以元嘉三年正月丙寅誅徐羨之、傅
亮等；二月庚寅，車駕發京都，西征謝晦；同月己卯，謝晦被擒；
三月辛巳，車駕還至京都。見此云元嘉三年十二月甲寅西征並告太
廟、太社，誤。又，徐羨之、傅亮、謝晦等弒少帝，廢殺廬陵王義
真，故文帝乃以之爲家仇國耻，由是於誅徐羨之、傅亮後乃幣告太
廟，平謝晦後，又告廟，以家仇已雪也。然徐羨之、傅亮是年正月
被誅，不應遷延至五月始告廟；謝晦於是年二月被擒，三月車駕還
自京師，謝晦被殺，難平後亦應即告廟，比不得遷延至十二月始告
廟，可見以上所記月日皆誤。考是年正月辛亥朔，丙寅爲月之十

六，庚午爲月之二十。二月庚戌朔，甲寅爲月之初五，庚申爲月之十一。據古征伐及功成告廟之例，文帝於是年正月十六丙寅誅徐羨之、傅亮後，應即告廟，其時當在上文所記之二十日庚午。是年二月車駕親征謝晦，告廟當在行前之數日，其時或即上文所記之初五日甲寅，旋於十一日庚申車駕自京師出發西征。三月凱旋後，乃又告廟，於此所記之"車駕旋軫，又告"，是爲相合。由此，上文之"三年五月"，或"三年正月"之誤，"正""五"形近而訛；"三年十二月"，或"三年二月"之誤，蓋於"二"前衍"十"一字。校者但云五月無庚午日，疏矣。

[2]徐羨之：人名。字宗文。本書卷四三有傳。

[3]幣：祭祀用的帛，繒帛，《儀禮·聘禮》："幣美則没禮。"鄭玄注："幣，謂束帛也。"　太廟：國家供奉帝王祖先的祖廟。

元嘉三年十二月甲寅，西征謝晦，[1]告太廟、太社。[2]晦平，車駕旋軫，[3]又告。

[1]謝晦：人名。字宣明，謝安之兄謝據曾孫。本書卷四四有傳。

[2]太社：國家祭祀土神、穀神以爲百姓祈福的場所。班固《白虎通·社稷》："太社爲天下報功，王社爲京師報功。"

[3]旋軫：返回。軫本指車後橫木，旋軫指車駕調轉方向，借指返回。

元嘉六年七月，太學博士徐道娛上議曰：[1]"伏見太廟烝嘗儀注，[2]皇帝行事畢，出便坐，三公已上獻，[3]太祝送神于門，[4]然後至尊還拜，百官贊拜，乃退。謹尋清廟之道，[5]所以肅安神也。《禮》曰，廟者貌也。神靈所馮依也。[6]事亡如存，若常在也。既不應有送神之文，自陳豆薦俎，[7] 車駕至止，[8] 並弗奉迎。夫不迎而送，送而後辭，闇短之情，[9] 實用未達。[10] 按時人私祠，[11] 誠皆迎送，由於無廟，庶感降來格。[12] 因心立意，非王者之禮也。《儀禮》雖太祝迎尸于門，[13] 此乃延尸之儀，豈是敬神之典。恐於禮有疑。謹以議上。"有司奏下禮官詳判。博士江邃議：[14] "在始不迎，明在廟也。卒事而送，節孝思也。[15] 若不送而辭，是舍親也。辭而後送，是遣神也。故孝子不忍違其親，又不忍遣神。是以祝史送神以成烝嘗之義。"博士賀道期議：[16] "樂以迎來，哀以送往。《祭統》'迎牲而不迎尸'，[17]《詩》云：'鐘鼓送尸。'鄭云：'尸，神象也。'與今儀注不迎而後送，若合符契。"博士荀萬秋議：[18] "古之事尸，與今之事神，其義一也。《周禮》，尸出，送于廟門，拜，尸不顧。《詩》云：'鐘鼓送尸。'則送神之義，其來久矣。《記》曰：'迎牲而不迎尸，別嫌也。尸在門外，則疑於臣；入廟中，則全於君。君在門外，則疑君，入廟，則全於臣。是故不出者，明君臣之義。'"[19] 邃等三人謂舊儀爲是，唯博士陳珉同道娛議。[20] 參詳"邃等議雖未盡，然皆依擬經禮。道娛、珉所據難從。今眾議不一，宜遵舊體。"詔可。

[1] 太學博士：官名。太學的教官，亦常參與討論國家禮儀之事。六品。　徐道娛：人名。據本書《禮志二》及本志，徐道娛官駙馬都尉奉朝請，領太常博士，據《新唐書·宰相世系表下》，晉給事中徐乾之子，高平（今湖南隆回縣）人。

[2] 烝嘗：祭祀。　儀注：行禮時的儀節。

[3] 獻：獻祭。《禮記·禮器》："一獻質，三獻文。"孔穎達疏："一獻質者，謂祭群小祀，最卑，但一獻而已，其禮質略。三獻文者，謂祭社稷五祀，其神稍尊，比群小祀禮儀爲文飾也。"

[4] 神：祖先之神。

[5] 清廟：太廟。《文選》司馬相如《上林賦》："登明堂，坐清廟。"郭璞注："清廟，太廟也。"

[6] 馮依：即憑依。倚靠。馮，同"憑"。

[7] 豆：指祭祀所用的盛裝祭品所用的木製禮器。 俎：陳置牲體或其他食物的禮器。

[8] 車駕：代指皇帝。

[9] 闇短：淺陋、糊塗，不合情理。

[10] 實用未達：指儀注在實際運用中不能通達情理。

[11] 時人：本指同時代的人，這裏指一般人，尤其是指沒有家廟的人。

[12] 庶：副詞，幸而。《詩·大雅·江漢》："四方既平，王國庶定。"鄭玄《箋》："庶，幸。" 感降來格：（族先之神）受到感應而降臨。

[13] 太祝：商官有六太，其一曰太祝。《周禮》春官宗伯之屬有太祝，掌祭祀祈禱之事。 尸：在祭祀時候代替、象徵死者或死者之神來受祭的人。《儀禮·士虞禮》："祝迎尸，一人衰絰奉篚哭從尸。"鄭玄注："尸，主也。孝子之祭，不見親之形象，心無所繫，立尸而主意焉。"

[14] 江邃：人名。字玄遠。本書卷六三有附傳。

[15] 節：約束，節制。 孝思：孝心之所思。

[16] 賀道期：人名。據嚴可均輯《全宋文》，晉司空賀循之孫，元嘉初爲太學博士。 牲：祭祀所用家畜。

[17] 《祭統》：《禮記》中的一篇。

[18] 荀萬秋：人名。字元寶，荀昶之子。本書卷六〇有附傳，《南史》卷三三有傳。

[19]"《記》曰"至"明君臣之義":《禮記》中的一篇。本處文字出自《禮記·祭統》,孔穎達疏曰:"此經明第二倫,君臣之義也。"尸本是臣,而爲尸時則尊;在廟中,君若未入廟,其尊未伸,君若出迎,則疑尸有還爲臣之道,故云"疑於臣"也。在廟中則全於君者,尸若入廟,則君父道全也。唯云全君,不云全父者,此本是明君臣,故略於全父也。下既云臣子,故知此爲君父也。且廟中行禮,尸皆答拜,然父無答子之禮。君有答臣之法,故據君言之耳。君在廟門外則疑於君者,釋君疑也。君道之全,全在廟門外,若出門外,則君道還尊,與平常不異,故不出門也。入廟門則全於臣全於子者,君若入廟,則臣子道全無所疑,是故不出者,明君臣之義也者,結第二倫也,君至尊而受屈廟中,以臣子自處,不敢出廟門,恐尸尊不極,欲示天下咸知君臣之義也。君臣由義而合,故云義也。

[20]陳珉:人名。本書卷九二有附傳。

元嘉六年九月,太學博士徐道娛上議曰:"祠部下十月三日殷祠,[1]十二日烝祀。[2]謹按禘祫之禮,[3]三年一,五年再。《公羊》所謂五年再殷祭也。在四時之間,[4]《周禮》所謂凡四時之間祀也。蓋歷歲節月無定,天子諸侯,先後弗同。《禮》稱'天子祫嘗,諸侯烝祫。有田則祭,無田則薦'。鄭注:'天子先祫然後時祭,諸侯先時祭然後祫。有田者既祭又薦新。[5]祭以首時,薦以仲月。'[6]然則大祭四祀,其月各異。天子以孟月殷,[7]仲月烝,諸侯孟月嘗,仲月祫也。《春秋》僖公八年秋七月,禘。文公二年八月,大事于太廟。《穀梁傳》曰:'著祫嘗也。'昭公十五年二月,'有事于武宮'。《左傳》曰:'禮也。'又《周禮》'仲冬享烝。'[8]《月令》'季秋嘗稻。'[9]晉春烝曲沃,[10]齊十月嘗太公,[11]此並孟仲區別不共之明文矣。凡祭必先卜,日用丁巳,如不從,進卜遠日。卜未吉,豈容二事,推期而往,理尤可知。尋殷烝祀重,祭薦禮輕。輕尚異月,重寧反同。且'祭不欲數,數則瀆'。今隔旬頻享,恐於禮爲煩。自經緯墳誥,[12]都無一月兩獻,先儒舊説,皆云殊朔。[13]晉代相承,未審其原。國事之重,莫大乎祀。愚管膚淺,竊以惟疑。請詳告下議。"寢不報。[14]

　　[1]祠部:官署名。尚書省諸曹之一,掌宗廟祭祀禮樂制度。殷祠:即殷祭,大祭。指三年一次的祖廟大祭(祫)及五年一次合祭諸祖神主的大祭(禘)。《禮記·曾子問》:"君之喪服除,而後殷祭,禮也。"孔穎達疏:"殷,大也。小大二祥變除之大祭,故謂之殷祭也。"

　　[2]烝祀:冬天祭祀祖先之名。《國語·魯語上》:"夏父弗忌爲宗,蒸將躋僖公。"韋昭注:"凡祭祀,秋曰嘗,冬曰蒸。"

　　[3]禘祫:即禘祭與祫祭。禘,大祭。《爾雅·釋天》曰:'禘,大祭。'郭璞注曰:"五年一大祭。"祫,天子諸侯所舉行的集合遠近祖先神主於太祖廟的大合祭。《禮記·曾子問》:"祫祭於祖,則祝迎四廟之主。主出廟入廟必蹕。"孔穎達疏:"祫,合祭祖。大祖三年一祫。謂當祫之年則祝迎高、曾、祖、禰四廟,而於大祖廟祭之。天子祫祭則迎六廟之主。今言四廟者,舉諸侯言也。"

　　[4]四時:春夏秋冬當祭之時。

　　[5]薦新:用新收穫的新鮮食品獻祭。

　　[6]首時:四季中每季的第一個月。　仲月:四季中每季的第二個月。

　　[7]孟月：四季中每季的第一個月。

　　[8]仲冬：冬季的第二個月，即農曆十一月。　享烝：即舉行烝祀。

　　[9]季秋：秋季的最後一個月，即農曆九月。　嘗稻：向祖先獻祭新收穫的稻。

　　[10]春烝：即春祭。　曲沃：地名。在今山西聞喜縣東。

　　[11]齊：同"齋"。

　　[12]經緯墳誥：泛指全部的經典和古籍。經指儒家的經。緯指緯書。墳，三墳的簡稱，傳說中中國最古的書籍。《左傳》昭公十二年云："是能讀三墳、五典、八索、九丘。"杜預注："皆古書名。"誥，《尚書》六體之一，用於告戒或勉勵，《尚書》有《仲虺之誥》《洛誥》等。

　　[13]殊朔：故制，每月初一祭祀一次。後有一月祭祀兩次，即所謂"一次兩獻"，稱殊朔。朔，指每月初一。《說文·月部》："朔，月一日始蘇也。"

　　[14]寢：止息。

　　元嘉七年四月乙丑，有司奏曰："《禮·喪服》傳云：'有死於宮中者，則爲之三月不舉祭。'今祫祀既戒，而掖庭有故。[1]下太常依禮詳正。太學博士江邃、袁朗、徐道娛、陳珉等議，[2]參互不同。殿中曹郎中領祠部謝元議以爲：[3]'遵依《禮》傳，使有司行事，於義爲安。'輒重參詳。宗廟敬重，饗祀精明。雖聖情罔極，必在親奉。然苟曰有疑，則情以禮屈。[4]無所稱述，於義有據。請聽如元所上。"詔可。

　　[1]掖庭：皇宮中的旁舍，嬪妃所居之處。

　　[2]袁朗：人名。其事不詳。

　　[3]謝元：人名。字有宗，謝靈運從祖弟。以才學見知。元嘉中爲殿中曹郎，領祠部，累遷尚書左丞，司徒參軍，太尉諮議參軍。事見本書卷六四《何承天傳》、卷九三《郭希林傳》。

　　[4]禮屈：禮儀闕失。

　　元嘉十年十二月癸酉，太祝令徐閏刺署：[1]“典宗廟社稷祠祀薦五牲，牛羊豕雞並用雄。其一種市買，由來送雌。竊聞周景王時，賓起見雄雞自斷其尾，曰：‘雞憚犧，[2]不祥。’今何以用雌，求下禮官詳正。”勒太學依禮詳據。博士徐道娛等議稱：“案《禮》孟春之月，‘是月也，犧牲無用牝。’[3]如此，是春月不用雌爾，秋冬無禁。雄雞斷尾，自可是春月。”太常丞司馬操議：[4]“尋《月令》孟春‘命祀山林川澤，犧牲無用牝’。若如學議，春祠三牲以下，[5]便應一時俱改，以從《月令》，何以偏在一雞。”重更勒太學議答。博士徐道娛等又議稱：“凡宗祀牲牝不一，前惟《月令》不用牝者，蓋明在春必雄，秋冬可雌，非以山林同宗廟也。四牲不改，在雞偏異，相承來久，義或有由，誠非末學所能詳究。求詳議告報，如所稱令。”參詳閏所稱粗有證據，宜如所上。自今改用雄雞。

　　[1]徐閏：人名。其事不詳。
　　[2]犧：本指祭祀天地宗廟所用的禽鳥。這裏名詞動用，意爲作犧。《左傳》昭公二十五年云：“爲六畜、五牲、三犧，以奉五味。”孔穎達疏引服虔曰：“三犧，鴈、鶩、雉也。”
　　[3]犧牲：祭祀所用的動物祭品。　牝：雌。
　　[4]太常丞：官名。漢置，太常副貳，掌管宗廟祭祀禮儀的具

體事務，總管本府諸曹，參議禮制。七品。　司馬操：人名。待考。《通典》卷八八有其與何承天論喪服事。

[5]三牲：祭祀所用牛、羊、豕。《孝經·紀孝行》：“雖日用三牲之養，猶不爲孝也。”邢昺疏：“三牲，牛、羊、豕也。”

　　孝武帝孝建三年五月丁巳，[1]詔以第四皇子出紹江夏王太子叡爲後。[2]有司奏：“皇子出後，檢未有告廟先例，輒勒二學禮官議正，[3]應告與不？告者爲告幾室？”[4]太學博士傅休議：[5]“禮無皇子出後告廟明文。晋太康四年，[6]封北海王寔紹廣漢殤王後，[7]告于太廟。漢初帝各異廟，故告不必同。自漢明帝以來，[8]乃共堂各室，[9]魏、晋依之。今既共堂，若獨告一室，而闕諸室，則於情未安。”太常丞庾亮之議：[10]“案《禮》‘大事則告祖禰，[11]小事則特告禰’。今皇子出嗣，宜告禰廟。”祠部朱膺之議以爲：[12]“有事告廟，蓋國之常典。今皇子出紹，事非常均。愚以爲宜告。賀循云，[13]古禮異廟，唯謁一室是也。既皆共廟，而闕於諸帝，於情未安。謂循言爲允，宜在皆告。”兼右丞殿中郎徐爰議以爲：[14]“國之大事，必告祖禰。皇子出嗣，不得謂小。昔第五皇子承統廬陵，[15]備告七廟。”[16]參議以爰議爲允。詔可。

[1]孝武帝：即劉駿。本書卷六有紀。　孝建：宋孝武帝劉駿年號（454—456）。

[2]第四皇子：即劉子綏。字寶孫，出繼劉叡。本書卷六一有附傳。　叡：人名。即劉叡。字元秀，江夏王劉義恭之子。本書卷六一有附傳。

［3］二學：國子學和太學。

［4］爲告幾室：奉告幾位皇室祖先的廟。室，指宗廟。

［5］傅休：人名。其事不詳。

［6］太康：晋武帝司馬炎年號（280—289）。

［7］北海王寔：即司馬寔。字景深，司馬攸之次子，司馬昭之孫，出繼司馬師。《晋書》卷三八有附傳。　廣漢殤王：即司馬廣德。晋文帝司馬昭之子。《晋書》卷三八有傳。

［8］漢明帝：即劉莊。漢光武帝劉秀第四子。《後漢書》卷二有紀。

［9］堂：太廟的正廳。

［10］庾亮之：人名。其事不詳。

［11］祖禰：祖廟與父廟。《周禮·春官·甸祝》："舍奠于祖禰，乃斂禽，禂牲，禂馬，皆掌其祝號。"賈公彥疏曰："奠于祖廟者，非時而祭即曰奠……七廟俱告，故祖禰並言。"《周禮·春官·甸祝》："舍奠于祖廟，禰亦如之。"鄭玄注引鄭司農曰："禰，父廟。"

［12］朱膺之：人名。元嘉十三（436）年，雷次宗"於雞籠山聚徒教授，置生百餘人，會稽朱膺之、穎川庾蔚之並以儒學監總諸生"。事見本書卷九三《郭希林傳》。

［13］賀循：人名。字彥先。《晋書》卷六八有傳。

［14］兼右丞殿中郎：官名。兼任尚書右丞的殿中郎。尚書省殿中郎曹長官。六品。　徐爰：人名。字長玉。本書卷九四有傳。

［15］第五皇子：宋太祖劉義隆第五子劉紹。本書卷六一有傳。廬陵：指宋武帝劉裕之子廬陵王劉義真。本書卷六一有傳。

［16］七廟：指四親廟（父、祖、曾祖、高祖）、二祧（遠祖）和始祖廟，《禮記·王制》："天子七廟，三昭三穆，與太祖之廟而七。"

　　大明元年六月己卯朔，[1]詔以前太子步兵校尉祇男歆紹南豐王朗。[2]有司奏：“朗先嗣營陽，[3]告廟臨軒。[4]檢繼體爲舊，不告廟臨軒。”下禮官議正。太學博士王燮之議：[5]“南豐昔別開土宇，[6]以紹營陽，義同始封，[7]故有臨軒告廟之禮。今歆奉詔出嗣，則成繼體，先爵猶存，[8]事是傳襲，不應告廟臨軒。”祠部郎朱膺之議：[9]“南豐王嗣爵封已絕，[10]聖恩垂矜，[11]特詔繼茅土，[12]復申義同始封，爲之告廟臨軒。”殿中郎徐爰議：“營陽繼體皇基，身亡封絕，恩詔追封，錫以一城。既始啓建茅土，故宜臨軒告廟。今歆繼後南豐，彼此俱爲列國，長沙、南豐，[13]自應各告其祖，豈關太廟。事非始封，不合臨軒。同博士王燮之議。”參詳，爰議爲允。詔可。

　　[1]大明：宋孝武帝劉駿年號（457—464）。

　　[2]太子步兵校尉：官名。太子東宮侍從武官，掌步兵。　祇男歆：即宗室劉祇長子劉歆。繼爲南豐王劉朗後。本書卷五一有附傳。　南豐王朗：即江夏王劉義恭長子劉朗。字元明，出繼少帝，封南豐縣王。本書卷六一有附傳。然云劉歆出繼在孝建元年（454），似誤。

　　[3]營陽：即少帝劉義符。被廢後封爲營陽王。本書卷四有紀。

　　[4]臨軒：皇帝御前殿。

　　[5]王燮之：人名。據本書《禮志二》泰豫元年爲曹郎，《禮志三》、本志、《禮志五》記其爲太學博士。

　　[6]土宇：本指疆土、國土，此處指封地、封國。

　　[7]始封：最初的分封。

　　[8]爵：爵位。

[9]祠部郎：官名。尚書祠部曹長官，掌宗廟祭祀禮樂制度。六品。

[10]爵封已絕：劉朗前朝已被殺，世祖即位，纔令劉歆出繼爲其後，故稱爵封已絕。

[11]垂矜：賜予憐憫。

[12]茅土：《文選》李陵《答蘇武書》："陵謂足下當享茅土之薦，受千乘之賞。"李善注："《尚書緯》曰：'天子社，東方青，南方赤，西方白，北方黑，上冒以黃土，將封諸侯，各取方土，苴以白茅，以爲社。'"

[13]長沙：即長沙景王劉道憐。劉裕之弟。本書卷五一有傳。

大明三年六月乙丑，有司奏："來七月十五日，嘗祠太廟、章皇太后廟，[1]輿駕親奉。[2]而乘輿辭廟親戎，[3]太子合親祠與不？且今月二十四日，第八皇女夭。案《禮》'宮中有故，三月不舉祭'。皇太子入住上宮，於事有疑。"下禮官議正。太學博士司馬興之議：[4]"竊惟'國之大事，在祀與戎'。皇太子有撫軍之道，而無專御之義，[5]戎既如之，祀亦宜然。案《祭統》，'夫祭之道，孫爲王父尸'。[6]又云，'祭有昭穆，[7]所以別父子'。太子監國，雖不攝，至於宗廟，則昭穆實存，謂事不可亂。又云'有故則使人'。准此二三，太子無奉祀之道。又皇女夭札，[8]則實同宮一體之哀，理不得異。設令得祀，令猶無親奉之義。"博士郁議：[9]"案《春秋》，太子奉社稷之粢盛，[10]長子主器，[11]出可守宗廟，以爲祭主，[12]《易象》明文。監國之重，居然親祭。皇女夭札，時既同宮，三月廢祭，於禮宜停。"二議不同。尚書參議，宜以郁議爲允。詔可。

[1]章皇太后：宋文帝劉義隆生母胡婕好。元嘉時被追尊爲太后，謐曰章后。本書卷四一有傳。

[2]輿駕：皇帝乘坐的車駕，此處代指皇帝。

[3]乘輿：皇帝的車駕，此處代指皇帝。　親戎：躬親戎事，即親征。

[4]司馬興之：人名。大明年間爲太學博士，多次議禮。事見本書《禮志一》、《禮志二》、《禮志三》、本志。

[5]專御：擅自全權駕馭、指揮（軍隊），或獨斷獨行指揮（軍隊）。

[6]孫爲王父尸：古代祭祀時，代死者受祭之人。《公羊傳》宣公八年何休注："祭必有尸者，節神也。禮，天子以卿爲尸，諸侯以大夫爲尸，卿大夫以下以孫爲尸。"

[7]昭穆：宗廟或宗廟中神主的排列次序，始祖居中，以下父子（祖、父）遞爲昭穆，左爲昭，右爲穆。《周禮·春官·小宗伯》："辨廟祧之昭穆。"鄭玄注："父曰昭，子曰穆。"

[8]夭札：夭折。

[9]郁：人名。即傅郁。中華本校勘記指出，按時有博士傅郁，嚴可均《全宋文》收此議在傅郁名下。按：梅鼎祚《宋文紀》卷一六亦認爲此論出自傅郁。另本書《禮志一》有大明三年傅郁與司馬興之、陸澄、徐爰議禮，本書《禮志二》有大明二年傅郁議禮，本志有傅郁議禮事，則嚴可均認爲此"郁"即傅郁有據。

[10]粢盛：盛在祭器内以供祭祀的黍稷。《公羊傳》桓公十四年："御廪者何？粢盛委之所藏也。"何休注："黍稷曰粢，在器曰盛。"

[11]主器：主祭器。《易·序卦》："主器者莫若長子。"

[12]祭主：主祭祀者。《易·震卦》："出可以守宗廟社稷，以爲祭主也。"孔穎達疏："出謂君出巡狩等事也。君出則長子留守宗廟社稷，攝祭主之禮事也。"

　　大明三年十一月乙丑朔，有司奏：“四時廟祠，吉
日已定，遇雨及舉哀，[1]舊停親奉，以有司行事。先下
使禮官博議，於禮爲得遷日與不？”博士江長議：[2]
“《禮記·祭統》：‘君之祭也，有故則使人，而君不失
其儀。’鄭玄云：‘君雖不親，祭禮無闕，君德不損。’[3]
愚以爲有故則必使人者，明無遷移之文。苟有司充事，
謂不宜改日。”太常丞陸澄議：[4]“案《周禮》宗伯之
職，‘若王不與祭祀則攝位’。鄭君曰：‘王有故，行其
祭事也。’臣以爲此謂在致齋，[5]祭事盡備，神不可瀆，
齋不可久，而王有他故，則使有司攝焉。晉泰始七年四
月，[6]世祖將親祠于太廟。[7]庚戌，車駕夕牲。辛亥，
雨。有司行事。此雖非人故，蓋亦天砎也。[8]求之古禮，
未乖周制。案《禮記》，‘孔子答曾子，當祭而日蝕太
廟火，如牲至未殺，則廢’。然則祭非無可廢之道也。
但權所爲之輕重耳。日蝕廟火，變之甚者，故乃牲至尚
猶可廢。推此而降，可以理尋。今散齋之內，[9]未及致
齋，而有輕哀甚雨，日時展事，可以延敬。不愆義情，
無傷正典，改擇令日，夫何以疑。愚謂散齋而有舉哀若
雨，可更遷日。唯入致齋及日月逼晚者，乃使有司行事
耳。又前代司空顧和啓，[10]南郊車駕已出遇雨，宜遷日
更郊，事見施用。郊之與廟，其敬可均，至日猶遷，況
散齋邪。”殿中郎殷淡議：[11]“《曾子問》‘日蝕太廟
火，牲未殺則廢’。縱有故則使人。清廟敬重，郊禋禮
大，故廟焚日蝕，許以可遷，輕哀微故，事不合改。是

以鼹鼠食牛，[12]改卜非禮。晋世祖有司行事，顧司空之改郊月，既不見其當時之宜，此不足爲准。愚謂日蝕廟火，天譴之變，廼可遷日。至於舉哀小故，不宜改辰。”衆議不同。參議，既有理據，且晋氏遷郊，宋初遷祠，並有成准。謂孟月散齋之中，遇雨及舉輕哀，宜擇吉更遷，無定限數。唯入致齊及侵仲月節者，使有司行事。詔可。

[1]舉哀：喪禮中的號哭。

[2]江長：人名。本書《禮志二》載其大明四年爲太學博士議禮事，餘事不詳。

[3]鄭玄：人名。字康成。《後漢書》卷三五有傳。

[4]陸澄：人名。字彦淵。《南齊書》卷三九有傳。

[5]致齋：舉行祭祀禮儀之前清心潔身三天的禮式。《禮記·祭義》：“致齊於內，散齊於外。齊之日，思其居處，思其笑語，思其志意，思其所樂，思其所嗜，齊三日，乃見其所爲齊者。”鄭玄注曰：“致齊思此五者也。”《禮記·祭統》：“故散齊七日以定之，致齊三日以齊之。定之之謂齊，齊者精明之至也，然後可以交於神明也。”

[6]泰始：晋武帝司馬炎年號（265—274）。

[7]世祖：晋武帝司馬炎廟號。《晋書》卷三有紀。

[8]天硋：上天阻止。

[9]散齋：祭祀之前七日不御不樂不弔。在致齋之前。《禮記·祭義》：“致齊於內，散齊於外。”鄭玄注：“散齊，七日不御不樂不弔耳。”

[10]司空：官名。時爲名譽宰相。一品。 顧和：人名。字君孝，吳郡人。《晋書》卷八三有傳。

[11]殷淡：人名。字夷遠。本書卷五九有附傳。

[12]鼹鼠：鼠類最小的一種，古人以爲有毒，嚙人畜至死不覺痛，故又稱甘口鼠。

　　大明五年十月甲寅，有司奏："今月八日烝祠二廟，公卿行事。有皇太子獻妃服。"[1]前太常丞庾蔚之議：[2]"禮所以有喪廢祭，由祭必有樂。皇太子以元嫡之重，[3]故主上服妃，不以尊降。既正服大功，愚謂不應祭。有故，三公行事，是得祭之辰，非今之比。卿卒猶不繹，[4]況於太子妃乎？"博士司馬興之議："夫總則不祭，《禮》之大經。卿卒不繹，《春秋》明義。又尋魏代平原公主薨，[5]高堂隆議不應三月廢祠，[6]而猶云殯葬之間，權廢事改吉，芬馥享祠。尋此語意，非使有司。此無服之喪，尚以未葬爲廢，況皇太子妃及大功未祔者邪？[7]上尋禮文，下准前代，不得烝祠。"領軍長史周景遠議：[8]"案《禮》'總不祭'，[9]大功廢祠，理不俟言。今皇太子故妃既未山塋，[10]未從權制，則應依禮廢烝嘗。至尊以大功之服，於禮不得親奉，非有故之謂，亦不使公卿行事。"右丞徐爰議以爲："《禮》，'總不祭'，蓋惟通議。大夫以尊貴降絕，及其有服，不容復異。《祭統》云'君有故使人可'者，謂於禮應祭，君不得齋，祭不可闕，故使臣下攝奉。不謂君不應祭，有司行事也。晋咸寧四年，[11]景獻皇后崩，[12]晋武帝伯母，[13]宗廟廢一時之祀，雖名號尊崇，粗可依准。今太子妃至尊正服大功，非有故之比。既未山塋，謂烝祠宜廢。尋蔚之等議，指歸不殊，闕烝爲允。過卒哭祔廟，[14]一依常典。"詔可。

[1]有皇太子獻妃服：指在爲皇太子獻妃服喪。皇太子，宋前廢帝劉子業。本書卷七有紀。獻妃即劉子業之妻何令婉。本書卷四一有傳。

[2]庾蔚之：人名。事見本書卷五五史臣曰、卷九三《郭希林傳》。

[3]元嫡：原配夫人。

[4]卿卒猶不繹：不在正祭的次日再祭。

[5]平原公主：三國魏明帝女。《三國志》卷二五《魏書·楊阜傳》載魏明帝"帝愛女淑未期而夭，帝痛之甚，追封平原公主"。

[6]高堂隆：人名。字升平。《三國志》卷二五有傳。

[7]無服：沒有服制，不必服喪。　大功：喪服五服之一。服期九月，其服用熟麻布做成，較齊衰稍細，較小功爲粗，故稱大功。宋時爲子婦服大功。參閱《儀禮·喪服》。　祔：將死者神位附於宗廟內先祖旁而祭祀，時在喪禮卒哭第二天。《儀禮·既夕禮》："卒哭，明日以其班祔。"鄭玄注："班，次也。祔，卒哭之明日祭名。"

[8]周景遠：人名。周續之之兄子。事見本書卷九三《周續之傳》。

[9]緦：本指製作喪服的細麻布，此處指緦麻服，五服之中最輕者，服喪三月。《儀禮·喪服》："緦麻三月者。"

[10]山塋：本指依山而建的陵墓，此處指葬於山塋。本書《禮志二》曰："宋孝武大明五年閏月，皇太子妃薨……謂葬曰山塋，祔文元皇后廟之陰室。"

[11]咸寧：晉武帝司馬炎年號（275—280）。

[12]景獻皇后：即羊徽瑜。司馬師之妻。《晉書》卷三一有傳。

[13]晉武帝：即司馬炎。《晉書》卷三有紀。

[14]卒哭：古代喪禮，百日祭後，止無時之哭，變爲朝夕一哭，名爲卒哭。《儀禮·既夕禮》："三虞卒哭。"鄭玄注："卒哭，三虞之後祭名。始朝夕之間，哀至則哭，至此祭，止也。朝夕哭而已。"

　　大明七年二月丙辰，有司奏："鑾輿巡蒐江左，[1]講武校獵，[2]獲肉先薦太廟、章太后廟，并設醢酒，[3]公卿行事，及獻妃陰室，室長行事。"[4]太學博士虞龢議：[5]"檢《周禮》，四時講武獻牲，各有所施。振旅春蒐，[6]則以祭社；[7]茇舍夏苗，則以享礿；[8]治兵秋獮，[9]則以祀祊；[10]大閱冬狩，[11]則以享烝。案《漢·祭祀志》：唯立秋之日，白郊事畢，始揚威武，名曰'貙劉'。[12]乘輿入囿，躬執弩以射，牲以鹿麏。[13]太宰令謁者各一人，載獲車馳送陵廟。[14]然則春田薦廟，[15]未有先准。"兼太常丞庾蔚之議："龢所言是蒐狩不失其時，此禮久廢。今時龢表晏，[16]講武教人，又虔供乾豆，[17]先薦二廟，[18]禮情俱允。社主土神，司空土官，故祭社使司空行事。太廟宜使上公。[19]參議蒐狩之禮，四時異議，禮有損益，時代不同。今既無復四方之祭，三殺之儀，[20]曠廢來久，禽獲牲物，面傷翦毛，[21]未成禽不獻。[22]太宰令謁者擇上殺奉送，[23]先薦廟社二廟，依舊以太尉行事。"詔可。

　　[1]鑾輿：本指皇帝的鑾駕，此處代指皇帝。　巡蒐：巡視，校獵。
　　[2]講武：講習武事，此處指皇帝親自參與的講習武事的禮儀。

《國語·周語上》："三時務農，而一時講武。"韋昭注："講，習也。"　校獵：圍獵禽獸，此處指皇帝躬親參與的圍獵禮儀。

[3]醢：肉醬。《詩·大雅·行葦》："醓醢以薦，或燔或炙。"高亨注："醢，肉醬。"

[4]室長：官名。主管太廟禮器及鎖匙。

[5]虞龢：人名。官至中書郎、廷尉。《南史》卷七二有傳。

[6]振旅：整頓操練軍隊。　春蒐：帝王春季的射獵。《左傳》隱公五年云："故春蒐、夏苗、秋獮、冬狩，皆於農隙以講事也。"杜預注："蒐，索，擇取不孕者。"

[7]社：土地神。《國語·魯語上》："共工氏之伯九有也，其子曰后土，能平九土，故祀以爲社。"韋昭注："社，后土之神也。"

[8]芰：草名。　夏苗：夏季爲田苗除害的田獵。《左傳》隱公五年云："故春蒐、夏苗、秋獮、冬狩，皆於農隙以講事也。"杜預注："苗，爲苗除害也。"　礿：宗廟時祭名。《禮記·王制》："天子諸侯宗廟之祭，春曰礿，夏曰禘，秋曰嘗，冬曰烝。"鄭玄注："此蓋夏殷之祭名，周則改之，春曰祠，夏曰礿。"《公羊傳》桓公八年："夏曰礿。"何休注："薦尚麥苗，麥始熟可礿，故曰礿。"

[9]秋獮：秋天打獵。《周禮·春官·肆師》："獮之日涖卜來歲之戒。"鄭玄注："秋田爲獮。"

[10]祊：指宗廟之門或廟門內設祭之處。《詩·小雅·楚茨》："或肆或將，祝祭于祊。"毛傳："祊，門內也。"中華本校勘記指出，"祊"各本並作"方"，據《周禮》夏官大司馬職文改。

[11]冬狩：天子或王侯在冬季圍獵。

[12]貙劉：立秋日射牲以祭宗廟之禮。《周禮·夏官·射人》："祭祀則贊射牲。"鄭玄注："《國語》曰：'禘郊之事，天子必自射其牲。'今立秋有貙劉云。"

[13]鹿麛：幼鹿。

[14]太宰令：官名。漢置，職掌宮廷宰工之事，秩六百石。

謁者：官名。東漢時掌賓禮司儀、上章報問、奉命出使。

[15]春田：即春蒐。春季的田獵。《周禮·夏官·大司馬》："遂以蒐田。"鄭玄注："春田爲蒐。"

[16]龢：和順、和諧。《國語·周語下》："夫政象樂，樂從龢，龢從平，聲以龢樂，律以平聲。"韋昭注："龢，八音克諧也。" 表晏：邊境安定。《文選》沈約《齊故安陸昭王碑文》："軌躅清晏，車徒不擾。"張銑注："清晏，謂道路清肅而安擾亂也。"

[17]乾豆：放在祭器中供祭祀用的乾肉。《禮記·王制》："天子諸侯無事，則歲三田，一爲乾豆，二爲賓客，三爲充君之庖。"鄭玄注："乾豆，謂臘之以爲祭祀豆實也。"

[18]二廟：太廟、章太后廟。

[19]上公：秩位名。位在三公之上，宋以太師、太傅、太保爲上公。

[20]三殺：天子諸侯無事，每年三次田獵射殺牲禽，一以供祭祀，二以享賓客，三以充君之庖厨，謂之"三殺"。

[21]面傷：面目受傷。《國語·楚語上》："王親面傷，則雍子之爲也。"韋昭注："面傷，謂呂錡射其目。" 翦毛：斬傷毛皮。《詩·召南·甘棠》："蔽芾甘棠，勿翦勿伐，召伯所茇。"毛傳："翦，去。"

[22]成禽：成擒，就擒，生擒。

[23]上殺：《詩·小雅·車攻》曰："徒御不驚，大庖不盈。"毛傳曰："自左膘而射之達於右腢爲上殺。"

　　明帝泰豫元年七月庚申，[1]有司奏："七月嘗祠，至尊諒闇之内，[2]爲親奉與不？使下禮官通議。伏尋三年之制，[3]自天子達。漢文愍秦餘之弊，[4]於是制爲權典。[5]魏、晉以來，卒哭而祔則就吉。[6]案《禮記·王制》，‘三年不祭，唯祭天地社稷，爲越紼而行事’。[7]
鄭玄云：‘唯不敢以卑廢尊也。’范宣難杜預、段暢，[8]
所以闕宗廟祭者，皆人理所奉，哀戚之情，同於生者。
譙周《祭志》稱：[9]‘禮，身有喪，則不爲吉祭。緦麻
之喪，於祖考有服者，則亦不祭，爲神不饗也。’尋宮
中有故，雖在無服，亦廢祭三月，有喪不祭。如或非若
三年之内必宜親奉者，則應禘序昭穆。而今必須免喪，
然後禘祫，故知未祭之意，當似可思。《起居注》，[10]晋
武有二喪，兩朞之中，[11]並不自祠。亦近代前事也。伏
惟至尊孝越姬文，[12]情深明發，公服雖釋，[13]純哀内纏。
推訪典例，則未應親奉。有司祇應，[14]祭不爲曠。仰思
從敬，竊謂爲允。臣等參議，甚有明證，宜如所上。”
詔可。

　　[1]泰豫：宋明帝劉彧年號（472）。
　　[2]諒闇：本指居喪時所住的房子，此處借指居喪，多用於皇
帝。《禮記·喪服四制》：“《書》曰：‘高宗諒闇，三年不言。’善
之也。”鄭玄注：“闇，謂廬也。”
　　[3]三年之制：居喪三年的制度。
　　[4]漢文：即漢文帝劉恒。《漢書》卷四有紀。
　　[5]權典：權宜之典。
　　[6]就吉：謂在禮儀上，不受喪禮凶期的制約，舍凶就吉。
　　[7]越紼：謂不受喪事的限制。紼，柩車之繩。《禮記·王
制》：“喪，三年不祭，唯祭天地社稷，爲越紼而行事。”鄭玄注：
“越，猶躐也。紼，輴車索。”孔穎達疏：“未葬之前，屬紼於輴，
以備火災。今既祭天地社稷，須越躐此紼而往祭之，故云‘越紼’。
云‘紼，輴車索’者，以停住之時，指其繩體則謂之紼，若在塗人

挽而行之，則謂之引。"

[8]范宣：人名。字宣子。晋經學家，著有《〈禮〉〈易〉論難》。《晋書》卷九一有傳。 難：問難、詰難。 杜預：人名。字元凱，晋經學家。《晋書》卷三四有傳。 段暢：人名。西晋初太學博士。《晋書·禮志中》載其於太康元年（280）議禮，杜預與其論喪禮事見《通典》卷八二。

[9]譙周：人名。字允南，三國蜀經學家。《三國志》卷四二有傳。

[10]《起居注》：記載皇帝言行的史書。

[11]兩朞：兩次期服。朞，期服的省稱。

[12]姬文：即周文王。

[13]公服：當指公開的孝服。

[14]祇應：恭敬地侍候。

後廢帝元徽二年十月丙寅，[1]有司奏："至尊親祠太廟文皇帝太后之日，[2]孝武皇帝及昭皇太后，[3]雖親非正統，而嘗經北面，[4]未詳應親執爵與不？"[5]下禮官議。太學博士周山文議：[6]"案禮，尊者尊統上，卑者尊統下。[7]孝武皇帝於至尊雖親非正統，而祖宗之號，列于七廟。愚謂親奉之日，應執觶爵。[8]昭皇太后既親非禮正，宜使三公行事。"博士顏蒦等四人同山文。[9]兼太常丞韓賁議：[10]"晋景帝之於世祖，肅祖之於孝武，[11]皆傍尊也，[12]親執觶杓。今孝武皇帝於至尊，親爲伯父，功列祖宗，奉祠之日，謂宜親執。按昭皇太后於主上，親無名秩，情則疏遠，庶母在我，[13]猶子祭孫止，況伯父之庶母。愚謂昭后觶爵，可付之有司。"前左丞孫緬議：[14]"晋世祖宗祠顯宗、烈宗、肅祖，[15]並是晋帝之伯，今朝明準，而初無有司行事之禮。愚謂主上親執孝武皇帝觴爵，有愜情敬。昭皇太后君母之貴，見尊一時，而與章、宣二廟同饗閟宮，[16]非唯不躬奉，乃宜議其毀替。請且依舊，三公行事。”詔緬議爲允。

[1]後廢帝：即劉昱。本書卷九有紀。　元徽：宋後廢帝劉昱年號（473—476）。

[2]文皇帝太后：即武帝婕妤胡道女。文帝劉義隆之母，被追尊爲章皇太后。本書卷四一有傳。

[3]昭皇太后：即文帝淑媛路惠男。本書卷四一有傳。

[4]北面：面向北行臣禮，此處代指稱臣。《周禮·夏官·司士》：“正朝儀之位，辨其貴賤之等。王南鄉，三公北面東上。”

[5]爵：此處指盛酒的禮器。

[6]周山文：人名。其事不詳。

[7]尊者尊統上，卑者尊統下：《儀禮·喪服》曰：“爲人後者爲其父母報。”《傳》曰：“諸侯及其大祖，天子及其始祖之所自出。尊者尊統上，卑者尊統下。”徐乾學《讀禮通考》卷九注曰：“尊者天子，卑者諸侯。此尊統謂爲祖禰之統者也。尊統上，天子始祖之所自出者也。尊統下，諸侯之太祖也。此與大宗爲族人之尊統者義不相闚，意略相類。”

[8]觴爵：酒器。

[9]顏爕：人名。其事不詳。

[10]韓賁：人名。宋後廢帝元徽年間爲太常丞。《雲笈七籤》卷一〇七陶翊《華陽隱居先生本起録》載其昇明元年曾與陶弘景共事袁粲反宋。

[11]肅祖：晋明帝司馬紹廟號。晋元帝之長子。《晋書》卷六有紀。　孝武：即晋孝武帝司馬曜。其父晋簡文帝乃晋元帝之少子。《晋書》卷九有《孝武帝紀》。

［12］傍尊：旁系尊長，此處指伯父尊長。

［13］庶母：父之妾。

［14］孫緬：人名。字伯緒，太子僕興曾之子也，有學義。曾官尋陽太守，宋明帝甚知之，位尚書左丞、東中郎司馬，又據本卷，曾爲太常丞。事見《南史》卷七五《漁父傳》。

［15］顯宗：晉成帝司馬衍廟號。《晉書》卷七有紀。　烈宗：晉孝武帝司馬曜廟號。

［16］宣：即宣太后。宋文帝婕妤沈容，宋明帝之母，被追尊爲宣太后。本書卷四一有傳。　閟宮：神廟。《詩·魯頌·閟宮》：“閟宮有侐，實實枚枚。”毛傳：“閟，閉也。先妣姜嫄之廟在周，常閉而無事，孟仲子曰：是禖宮也。”鄭玄《箋》：“閟，神也。姜嫄神所依，故廟曰神宮。”

宋孝武帝孝建元年十月戊辰，有司奏章皇太后廟毀置之禮。二品官議者六百六十三人。太傅江夏王義恭以爲：“經籍殘僞，訓傳異門，諒言之者罔一，故求之者尟究。是以六宗之辯，[1]舛於兼儒，[2]迭毀之論，亂於群學。[3]章皇太后誕神啓聖，禮備中興，慶流胙胤，[4]德光義遠。宜長代崇芬，奕葉垂則。[5]豈得降侔通倫，[6]反遵常典。[7]夫議者成疑，實傍紀傳，知一爽二，[8]莫窮書旨。按《禮記》不代祭，爰及慈母，置辭令有所施。《穀梁》於孫止，別主立祭。則親執虔祀，事異前志。將由大君之宜，其職彌重，人極之貴，其數特中。且漢代鴻風，遂登配袝，晉氏明規，咸留薦祀。遠考史策，近因闇見，未應毀之，於義爲長。所據《公羊》，祇足堅秉。安可以貴等帝王，祭從士庶，緣情訪制，顛越滋甚。謂應同七廟，六代乃毀。”六百三十六人同義恭不毀。散騎侍郎王法施等二十七人議應毀。[9]領曹郎中周景遠重參議，義恭等不毀議爲允。詔可。

[1]六宗：上古所尊六神。《尚書·舜典》：“肆類於上帝，禋於六宗，望於山川，遍於群神。”對於六神的解説，諸儒不同，請參《尚書·舜典》唐孔穎達疏及俞正燮《癸巳類稿·虞書六宗義》，此不贅。

[2]兼儒：衆儒。

[3]群學：各種學説。

[4]胙胤：繼承皇位的後嗣。胙，通“祚”，指天子、諸侯之位。

[5]奕葉：累世，代代。 垂則：垂示法則，垂爲法則。《漢書》卷九七下《孝成許皇后》：“垂則列妾，使有法焉。”顔師古注：“言垂法于後宮，使皆遵行也。”

[6]侔：齊等、相當。 通倫：通用的、一般的位序。

[7]常典：固定的、通行的法典、制度。

[8]爽：喪失、失去。

[9]王法施：人名。孝建年間爲散騎常侍，餘事不詳。

大明二年二月庚寅，有司奏：“皇代殷祭，無事於章后廟。高堂隆議魏文思后依周姜嫄廟祫禘，[1]及徐邈答晉宣太后殷薦舊事，使禮官議正。”博士孫武議：[2]“按《禮記·祭法》，‘置都立邑，設廟祧壇墠而祭之，[3]乃爲親疏多少之數。是故王立七廟，遠廟爲祧’。鄭云：‘天子遷廟之主，[4]昭穆合藏於二祧之中，[5]祫乃祭之。’《王制》曰：‘祫禘。’鄭云：‘祫，合也。合先君之主於祖廟而祭之，謂之祫。三年而夏禘，五年而秋祫，謂之五年再殷祭。'又'禘，大祭也'。《春秋》文公二年，'大事于太廟'。《傳》曰：'毀廟之主，陳于太祖；[6]未毀廟之主，皆升合食太祖。'[7]《傳》曰：'合族以食，序以昭穆。'《祭統》曰：'有事于太廟，則群昭群穆咸在，不失其倫。'今殷祠是合食太祖，而序昭穆。章太后既屈於上，不列正廟。若迎主入太廟，既不敢配列於正序，又未聞於昭穆之外別立爲位。若徐邈議，今殷祠就別廟奉薦，則乖禘祫大祭合食序昭穆之義。邈云：'陰室四殤，[8]不同祫就祭。'此亦其義也。《喪服小記》，'殤與無後，從祖祔食'。《祭法》，'王下祭殤'。鄭玄云：'祭適殤於廟之奧，謂之陰厭。'[9]既從祖食於廟奧，是殤有位於奧，非就祭別宮之謂。今章太后廟，四時饗薦，雖不於孫止，若太廟禘祫，獨祭別宮，與四時烝嘗不異，則非禘大祭之義，又無取於祫合食之文。謂不宜與太廟同殷祭之禮。高堂隆答魏文思后依姜嫄廟禘祫，又不辨祫之義，而改祫大饗，蓋有由而然耳。守文淺學，[10]懼乖禮衷。"[11]博士王燮之議："按禘小祫大，禮無正文，求之情例，如有可準。[12]推尋祫之爲名，雖在合食，而祭典之重，於此爲大。夫以孝饗親，尊愛罔極，既殷薦太祖，亦致盛祀於小廟。譬有事於尊者，可以及卑。故高堂隆所謂獨以祫故而祭之也。是以魏之文思，晋之宣后，雖並不序於太廟，而猶均禘於姜嫄，其意如此。又徐邈所引四殤不祫，就而祭之，以爲別饗之例，斯其證矣。愚謂章皇太后廟，亦宜殷薦。"太常丞孫緬議以爲："祫祭之名，義在合食，守經據古，孫武爲詳。竊尋小廟之禮，肇自近魏，晉之所行，足爲前準。高堂隆以祫而祭，有附情敬。徐邈引就祭四殤，以證別饗。孫武據殤祔於祖，謂廟有殤位。尋事雖同廟，而祭非合食。且七廟同宮，始自後漢，禮之祭殤，各祔厥祖。[13]既豫祫，則必異廟而祭。愚謂章廟殷薦，推此可知。"祠部朱膺之議："閟宮之祀，高堂隆、趙怡並云周人祫，[14]歲俱祫祭之。魏、晉二代，取則奉薦，名儒達禮，無相譏非，不諐不忘，[15]率由舊章。愚意同王燮之、孫緬議。"詔曰："章皇太后追尊極號，禮同七廟，豈容獨闕殷薦，隔茲盛祠。閟宮遙祫，既行有周，魏、晉從饗，式範無替。宜述附前典，以宣情敬。

[1]魏文思后：即魏文帝曹丕之妻甄氏。魏明帝曹叡生母。《三國志》卷五有傳。　姜嫄：周人始祖后稷之母。

[2]孫武：人名。據本書《禮志二》及本卷，大明中爲太學博士。

[3]壇墠：祭祀的場所。築土曰壇，除地曰墠。　廟祧：祖廟。

[4]主：即神主（牌）。爲死者立的牌位。《禮記·曲禮下》："告喪，曰'天王登假'，措之廟，立之主，曰帝。"鄭玄注："《春秋傳》曰：'凡君卒，哭而祔，祔而作主。'"

[5]昭穆合藏於二祧之中：中華本校勘記指出，各本並作"昭穆合藏於祧中"，據《禮記·祭法》鄭玄注原文訂正。

[6]太祖：《詩·周頌·雝》序曰："《雝》，禘大祖也。"鄭玄《箋》："大祖，謂文王。"後世以開國皇帝爲太祖。

[7]太祖：中華本校勘記指出，各本並作"太廟"，據《公羊傳》原文訂正。

　　[8]陰室四殤：《晉書·禮志上》載："惠帝世愍懷太子、太子二子哀太孫臧、沖太孫尚並祔廟，元帝世，懷帝殤太子又祔廟，號爲陰室四殤。"

　　[9]適殤：未成年而死的後嫡。適，同"嫡"。　廟之奧：宗廟的陰暗之處。　陰厭：《禮記·曾子問》："曾子問曰：'殤不祔祭，何謂陰厭、陽厭？'孔子曰：'宗子爲殤而死，庶子弗爲後也。其吉祭特牲，祭殤不舉肺，無肵俎，無玄酒，不告利成，是爲陰厭。'"鄭玄注："是宗子而殤，祭之于奧之禮。"

　　[10]守文：墨守舊説。

　　[11]禮衷：禮的初衷和本意。

　　[12]可準：中華本校勘記指出，各本並脱"可準"二字，據《通典·禮典》補。

　　[13]厥：代詞，其。

　　[14]趙怡：人名。三國魏時太學博士，《通典》卷四九《禮典·祫禘上》載其論祫祭事。

　　[15]不僭：不逾越，不違反。《文選》何晏《景福殿賦》："欲此禮之不僭，是以盡乎行道之先民。"李周翰注："僭，違也。言欲上下之禮不違，則爲上盡行其道，以先憂人爲務也。下人和則附於上，故上下之禮長不違也。"

　　明帝泰始二年正月，[1]孝武昭太后崩。[2]五月甲寅，有司奏："晉太元中，[3]始正太后尊號，徐邈議廟制，自是以來，著爲通典。[4]今昭皇太后於至尊無親，上特制義服。[5]祔廟之禮，宜下禮官詳議。"博士王略、太常丞虞願議：[6]"正名存義，有國之徽典；[7]臣子一例，史傳之明文。今昭皇太后正位母儀，尊號允著，祔廟之禮，宜備彝則。[8]母以子貴，事炳聖文，[9]孝武之祀，既百代不毀，則昭后之祔，無緣有虧。愚謂神主應入章后廟。

又宜依晉元皇帝之於愍帝，[10]安帝之於永安后，[11]祭祀之日，不親執觴爵，使有司行事。"時太宗宣太后已祔章太后廟，長兼儀曹郎虞龢議以爲："《春秋》之義，庶母雖名同崇號，而實異正嫡。是以猶考別宮，而公子主其祀。今昭皇太后既非所生，益無親奉之理。《周禮》宗伯職云：'若王不與祭，則攝位。'然則宜使有司行其禮事。又婦人無常秩，[12]各以夫氏爲定，夫亡以子爲次。昭皇太后即正位在前，宣太后追尊在後，以從序而言，宜躋新禰于上。"參詳，龢議爲允。詔可。

[1]明帝：即劉彧。本書卷八有紀。　泰始：宋明帝劉彧年號（465—471）。

[2]孝武：文帝劉義隆第三子劉駿。本書卷六有紀。　昭太后：文帝淑媛路惠男。孝武帝之母。本書卷四一有傳。

[3]太元：晉孝武帝司馬曜年號（376—396）。

[4]通典：通用的法制、法典、制度。

[5]上特制義服：中華本校勘記指出，"上"各本作"正"，據《通典·禮典》改。

[6]虞愿：人名。字士恭。《南齊書》卷五三有傳。

[7]徽典：盛美的典禮。

[8]彝則：常規。《詩·大雅·烝民》："民之秉彝，好是懿德。"毛傳："彝，常。"

[9]聖文：聖人的文章典籍。

[10]晉元皇帝：即司馬睿。《晉書》卷六有紀。　愍帝：即司馬鄴。《晉書》卷五有紀。

[11]安帝：即司馬德宗。《晉書》卷一〇有紀。　永安后：即穆章何皇后法倪。《晉書》卷三二有傳。

[12]常秩：普通的官職、品位。秩，指官職、品位。《左傳》文公六年云："委之常秩。"杜預注："常秩，官司之常職。"

泰始二年六月丁丑，有司奏："來七月嘗祀二廟，依舊車駕親奉。孝武皇帝室，[1]至尊親進觴爵及拜伏。又昭皇太后室應拜，及祝文稱皇帝諱。又皇后今月二十五日虔見於禰，拜孝武皇帝、昭皇太后，並無明文，下禮官議正。"太學博士劉緄議：[2]"尋晉元北面稱臣於愍帝，烝嘗奉薦，亦使有司行事。且兄弟不相爲後，著於魯史。以此而推，孝武之室，至尊無容親進觴爵拜伏。其日親進章皇太后廟，經昭皇太后室過，前議既使有司行事，謂不應進拜。昭皇太后正號久定，登列廟祀，詳尋祝文，宜稱皇帝諱。案禮，婦無見兄之典，昭后位居傍尊，致虔之儀，理不容備。孝武、昭后二室，牲薦宜闕。"太常丞虞願議："夫烝嘗之禮，事存繼嗣，故傍尊雖近，弟姪弗祀。君道雖高，臣無祭典。按晉景帝之於武帝，屬居伯父，武帝至祭之日，猶進觴爵。今上既纂祠文皇，於孝武室謂宜進拜而已，觴爵使有司行事。按《禮》'過墓則軾，過祀則下'。凡在神祇，尚或致恭；況昭太后母臨四海，至尊親曾北面，兄母有敬，謂宜進拜，祝文宜稱皇帝諱。尋皇后廟見之禮，本修虔爲義，今於孝武，論其嫂叔，則無通問之典，[3]語其尊卑，亦無相見之義。[4]又皇后登御之初，昭后猶正位在宮，敬謁之道，[5]久已前備。愚謂孝武、昭太后二室，並不復薦告。"參議以願議爲允。詔可。

　[1]孝武皇帝室：中華本校勘記指出，各本並脱"室"字，據《通典·禮典》補。

　[2]劉緄：人名。其事不詳。

　[3]通問：互相問候。

　[4]相見：此處指新婦拜見尊長之禮。

　[5]敬謁：恭敬地拜見。

　　後廢帝元徽二年十月壬寅，有司奏昭太后廟毀置。下禮官詳議。太常丞韓貢議："按君母之尊，義發《春秋》，庶後饗薦無間。周典七廟承統，猶親盡則毀。況伯之所生，[1]而無服代祭，稽之前代，未見其準。"都令史殷匪子議：[2]"昭皇太后不係於祖宗，進退宜毀。議者云，'妾祔於妾祖姑'，[3]祔既必告，毀不容異。應告章皇太后一室。按《記》云：'妾祔於妾祖姑，無妾祖姑，則易牲而祔於女君可也。'[4]始章太后於昭太后，論昭穆而言，則非妾祖姑，又非女君，於義不當。伏尋昭太后名位允極，昔初祔之始，自上祔於趙后，[5]即安于西廟，並皆幣告諸室。古者大事必告，又云每事必告。禮，牲幣雜用。檢魏、晋以來，互有不同。元嘉十六年，下禮官辨正。太學博士殷靈祚議稱：[6]'吉事用牲，凶事用幣。'自茲而後，吉凶爲判，已是一代之成典。[7]今事雖不全凶，亦未近吉，故宜依舊，以幣徧告二廟。又尋昭太后毀主，無義陳列於太祖，博士欲依虞主埋於廟兩階之間。[8]按階間本以埋告幣埋虞主之所。昔虞喜云，[9]依五經典議，以毀主祔於虞主，埋於廟之北牆，最爲可據。昭太后神主毀之埋之後，上室不可不虛置，太后便應上下升之。既升之頃，又應設脯醢以安神。[10]
今禮官所議，謬略未周。遷毀事大，請廣詳訪。"左僕
射劉秉等七人同匪子。[11]左丞王諶重參議，[12]謂："以
幣徧告二廟，埋毀殷主於北牆。宣太后上室，仍設脯醢
以安神，匪子議爲允。"詔可。

[1]伯之所生：即伯父之生母。

[2]都令史：官名。即尚書都令史，主文書。二百石。　殷匪
子：人名。其事不詳。

[3]祖姑：丈夫的祖母。

[4]女君：妾稱丈夫正妻爲"女君"。《釋名·釋親屬》："妾謂
夫之嫡妻曰女君。夫爲男君，故名其妻曰女君也。"

[5]趙后：宋武帝劉裕之母趙安，劉裕登極之後追尊。本書卷
四一有傳。

[6]殷靈祚：人名。其事不詳。

[7]成典：已有的法典或經典。

[8]虞主：葬後虞祭時所立的神主。

[9]虞喜：人名。字仲寧。《晋書》卷九一有傳。

[10]脯醢：佐酒的菜肴。《周禮·天官·膳夫》："凡王之稍
事，設薦脯醢。"賈公彦疏曰："脯醢者是飲酒肴羞，非是食饌。"
　安神：安置神主。

[11]劉秉：人名。字孝節，長沙景王劉道憐之孫。本書卷五一
有附傳。中華本校勘記指出，"劉秉"各本並作"劉康"，按時無
左僕射名劉康者。蓋是劉秉之訛。秉爲左僕射見《長沙景王道憐傳
孫秉附傳》。

[12]左丞：官名。即尚書左丞。與右丞掌尚書省庶務，率諸都
令史監察稽核諸尚書曹、郎曹政務，督録近道文書章奏，監察糾彈
尚書令、僕射、尚書等文武百官，號稱"監司"，分管宗廟祠祀、

朝儀禮制、選授官吏等文書奏事。六品。　王諶：人名。字仲和。
《南齊書》卷三四有傳。

　　魏明帝太和三年，[1]詔曰：“禮，王后無嗣，擇建支
子以繼大宗，則當纂正統而奉公義，[2]何得顧私親哉。
漢宣繼昭帝，後加悼考以皇號；[3]哀帝以外蕃援立，[4]而
董宏等稱引亡秦，[5]或誤朝議，遂尊恭皇，[6]立廟京師，
又寵蕃妾，使比長信，[7]僭差無禮，人神弗佑，非罪師
丹忠正之諫，[8]用致丁、傅焚如之禍。[9]自是之後，相踵
行之。[10]其令公卿有司，深以前代爲誡。後嗣萬一有由
諸侯入奉大統，則當明爲人後之義。敢爲佞邪，導諛君
上，妄建非正之號，謂考爲皇，稱妣爲后，則股肱大
臣，誅之無赦。其書之金策，[11]藏之宗廟，著于令
典。”[12]是後高貴、常道援立，[13]皆不外尊也。

　　[1]魏明帝：即曹叡。《三國志》卷三有紀。　太和：三國魏
明帝曹叡年號（227—233）。

　　[2]纂：繼承。

　　[3]漢宣：即劉詢。《漢書》卷八有紀。　昭帝：即劉弗陵。
漢武帝少子。《漢書》卷七有紀。　悼考：漢宣帝之父。

　　[4]哀帝：即劉欣。《漢書》卷一一有紀。

　　[5]董宏等稱引亡秦：董宏，人名。西漢哀帝時爲高昌侯。董
宏引證秦莊襄王母本夏氏，後認華陽夫人爲母，故莊襄王即位後俱
稱太后事，請求尊哀帝生母（定陶恭王妻）丁姬爲太后。事見
《漢書》卷八六《師丹傳》。

　　[6]恭皇：即哀帝之父定陶共王劉康。《漢書》卷八〇有傳。

　　[7]蕃妾：指定陶恭王劉康之母傅姬，哀帝祖母。　長信：本

指長信宮，成帝母王太后居之，因代指王太后。事見《漢書》卷一一《成帝紀》及顏師古注引應劭語。

[8]師丹：人名。曾諫言請止哀帝尊父、母、祖母爲恭皇帝、恭皇后、恭皇太后事。《漢書》卷八六有傳。

[9]丁、傅焚如之禍：據《漢書》卷九七下《孝元傅昭儀傳》及《定陶丁姬傳》，平帝時，王莽發傅太后、丁姬之塚，"開丁姬槨户，火出，炎四五丈"，此處"丁、傅焚如之禍"當指此事。

[10]相踵：相繼。

[11]書之金策：中華本校勘記指出，各本並脫"之"字，據《三國志·魏志·明帝紀》、《晉書·禮志》、《元龜》卷六二補。金策，記載大事或帝王詔命的連編金簡。

[12]令典：法令典籍。

[13]高貴：即高貴鄉公曹髦。魏文帝曹丕之孫，東海定王曹霖之子，繼曹芳位爲魏皇帝。《三國志》卷四有紀。　常道：即曹奐。武帝曹操之孫，燕王曹宇之子，曾爲常道鄉公，繼高貴鄉公曹髦爲魏皇帝。《三國志》卷四有紀。

晋愍帝建興四年，[1]司徒梁芬議追尊之禮，[2]帝既不從，而左僕射索綝等亦稱引魏制，[3]以爲不可。故追贈吳王爲太保而已。[4]元帝太興二年，[5]有司言琅邪恭王宜稱皇考，[6]賀循議云："禮典之義，子不敢以己爵加其父號。"帝又從之，二漢此典棄矣。

[1]建興：晋愍帝司馬鄴年號（313—317）。

[2]司徒：官名。三公之一，名譽宰相，亦常參朝政，其官署辦理日常事務。一品。　梁芬：人名。據《晉書》卷五《懷帝紀》及《愍帝紀》，永嘉六年（312）爲衛將軍，建興元年四月愍帝即位，以梁芬爲司徒，據《晉書·禮志上》，建興四年梁芬議追尊

之禮。

[3]左僕射：官名。尚書左僕射，主持尚書省政務，又領殿中、主客二郎曹。三品。　索綝：人名。字巨秀。《晋書》卷六○有附傳。

[4]吳王：即司馬晏。孝愍帝司馬鄴之生父。《晋書》卷六四有傳。

[5]元帝：即司馬睿。《晋書》卷六有紀。　太興：晋元帝司馬睿年號（318—321）。

[6]琅邪恭王：即司馬覲。晋元帝司馬睿之父。《晋書》卷三八有附傳。

魏明帝有愛女曰淑涉，三月而夭，帝痛之甚，追封謚爲平原懿公主，[1]葬於南陵，立廟京師。無前典，非禮也。[2]

[1]平原懿公主：魏文帝甄皇后所生。事見《三國志》卷五《魏書·文昭甄皇后傳》。

[2]非禮：與禮儀制度不合。《三國志》卷二二《魏書·陳群傳》載陳群曾議追封平原懿公主及喪禮非禮。

宋孝武帝孝建元年七月辛酉，有司奏："東平沖王年稚無後，[1]唯殤服五月。雖臣不殤君，[2]應有主祭，而國是追贈，又無其臣。未詳毀靈立廟，[3]爲當它祔與不？輒下禮官詳議。"太學博士臣徐宏議："王既無後，追贈無臣，殤服既竟，靈便合毀。《記》曰：'殤與無後者，從祖祔食。'又曰：'士大夫不得祔於諸侯，祔於祖之爲士大夫者。'按諸侯不得祔於天子。沖王則宜祔諸祖之廟爲王者，應祔長沙景王廟。"[4]詔可。

[1]東平沖王：即劉休倩。宋文帝子。孝建元年疾篤，封東平王，時年九歲。本書卷七二有傳。

[2]雖臣不殤君：中華本校勘記指出，各本並脫"臣"字，據《通典・禮典》補。

[3]靈：即靈座。新喪既葬，供奉神主的几筵。

[4]長沙景王：即劉道憐。本書卷五一有傳。

　　大明四年丁巳，[1]有司奏："安陸國土雖建，而奠酹之所，未及營立。四時薦饗，故祔江夏之廟。宣王所生夫人，當應祠不？"[2]太學博士傅郁議："應廢祭。"右丞徐爰議："按《禮》'慈母妾母不世祭'。[3]鄭玄注：'以其非正，故傳曰子祭孫止。'又云：'爲慈母後者，爲祖庶母可也。'注稱：'緣爲慈母後之義，父妾無子，亦可命己庶子爲之後也。'考尋斯義，父母妾之祭，不必唯子。江夏宣王太子，體自元宰，道戚之胤，遭時不幸，聖上矜悼，降出皇愛，嗣承徽緒，光啓大蕃，屬國爲祖。始王夫人載育明懿，[4]則一國之正，上無所厭，哀敬得申。既未獲祔享江夏，又不從祭安陸，即事求情，愚以爲宜依祖母有爲後之義，謂合列祀于廟。"二議不同，參議以爰議爲允。詔可。

[1]大明四年丁巳：中華本校勘記指出，有日無月，各本並同。丁福林《校議》指出，有日無月，非本書體例。"丁巳"前應有脫文。

[2]安陸國：王國名。安陸王劉子綏所封之國。本書卷八載劉

子綏泰始二年（466）爲安陸王。　江夏之廟：江夏文獻王劉義恭之廟。　宣王：即劉叡。字元秀，江夏文獻王劉義恭之子。本書卷六一有附傳。

〔3〕慈母妾母不世祭：中華本校勘記指出，“世”各本並作“代”，蓋唐人避諱所改，今據《禮記‧喪服小記》原文改正。

〔4〕王夫人：即劉叡生母。

大明六年十月丙寅，有司奏：“故晉陵孝王子雲未有嗣，[1]安廟後三日，國臣從權制除釋，[2]朔望周忌，[3]應還臨與不？祭之日，誰爲主？”太常丞庾蔚之議：“既葬三日，國臣從權制除釋，而靈筵猶存，[4]朔望及朞忌，諸臣宜還臨哭，變服衣㡊，使上卿主祭。王既未有後，又無三年服者，朞親服除，[5]而國尚存，便宜立廟。爲國之始祖。服除之日，[6]神主暫祔食祖廟。諸王不得祖天子，宜祔從祖國廟，還居新廟之室。未有嗣之前，四時饗薦，常使上卿主之。”左丞徐爰參議，以蔚之議爲允。詔可。

〔1〕晉陵孝王子雲：即劉子雲。孝武帝第十九子。本書卷八〇有傳。

〔2〕除釋：解除（喪期）。

〔3〕朔望周忌：朔（初一）、望（十五）及周年忌日。

〔4〕釋，而：中華本校勘記指出，“釋而”各本並作“而釋”。孫彪《考論》云：“‘而’字疑在‘釋’字下，屬下句。”按：孫說是，今改正。

〔5〕朞親服除：喪服爲朞的親屬，齊衰爲期一年的喪服。舊制，凡服喪爲長輩如祖父母、伯叔父母、未嫁的姑母等，平輩如兄弟、

姐妹、妻，小輩如侄、嫡孫等，均服期服。又如子之喪，其父反服，已嫁女子爲祖父母、父母服喪，也服期服。中華本校勘記指出，"除"字下各本並衍"之"字，據《通典·禮典》删。

[6]服除：守喪期滿。

大明七年正月庚子，有司奏："故宣貴妃加殊禮，[1]未詳應立廟與不？"太學博士虞龢議："《曲禮》云：'天子有后，有夫人。'《檀弓》云：'舜葬蒼梧，[2]三妃未之從。'《昏義》云：'后之立六宮，有三夫人。'[3]然則三妃即三夫人也。后之有三妃，猶天子之有三公也。按《周禮》，三公八命，[4]諸侯七命。[5]三公既尊於列國諸侯，三妃亦貴於庶邦夫人。[6]據《春秋傳》，仲子非魯惠元嫡，尚得考彼別宮。今貴妃是秩，天之崇班，理應立此新廟。"左丞徐爰議："宣貴妃既加殊命，禮絕五宮，[7]考之古典，顯有成據。廟堂克構，宜選將作大匠。"參詳以龢、爰議爲允。詔可。

[1]宣貴妃加殊禮：宣貴妃，孝武帝寵姬殷氏。殊禮，特別的禮遇。《漢書》卷九九上《王莽傳上》："高皇帝褒賞元功，相國蕭何邑户既倍，又蒙殊禮，奏事不名，入殿不趨。"本書卷八〇《始平孝敬王子鸞傳》記其事頗詳。

[2]蒼梧：山名。在今湖南寧遠縣。據説舜崩於此。

[3]六宮：皇后的寢宮，正寢一，燕寢五，合爲六宮。《禮記·昏義》："古者，天子后立六宮，三夫人、九嬪、二十七世婦、八十一御妻，以聽天下之内治，以明章婦順，故天下内和而家理。"鄭玄注："天子六寢，而六宮在後，六官在前，所以承副施外内之政也。" 夫人：《禮記·曲禮下》："天子有后，有夫人，有世婦，

有嬪，有妻，有妾。"

[4]三公：太師、太傅、太保。《尚書·周官》："立太師、太傅、太保，茲惟三公，論道經邦，燮理陰陽。" 八命：周代官爵分爲九等，稱九命。其中八命爲王之三公及州牧，此處指三公官爵。《周禮·春官·典命》："王之三公八命。"《周禮·春官·大宗伯》："八命作牧。"鄭玄注："謂侯伯有功德者，加命得專征伐於諸侯。"

[5]七命：周代官爵的第七級，賜國侯伯。《周禮·春官·大宗伯》："以九儀之命，正邦國之位。壹命受職，再命受服，三命受位，四命受器，五命賜則，六命賜官，七命賜國。"鄭玄注："王之卿六命，出封加一等者。"

[6]庶邦：諸侯衆國。

[7]五宮：本指皇后燕寢，此處指皇帝的側室夫人。

大明七年三月戊戌，有司奏："新安王服宣貴妃齊衰朞，十一月練，十三月縞，十五月祥，心喪三年。[1]未詳宣貴妃祔廟，應在何時？入廟之日，當先有祔，爲但入新廟而已？[2]若在大祥及禫中入廟者，[3]遇四時便得祭不？[4]新安王在心制中，[5]得親奉祭不？"太學博士虞龢議："《春秋傳》云：'祔而作主，烝嘗禘於廟。'嘗爲吉祭之名，大祥及禫，未得入廟，應在禫除之後也。新安王心喪之內，若遇時節，便應吉祭於廟，親奉亦在無嫌。祔之爲言，以後亡者祔於先廟也。《小記》云：'諸侯不得祔於天子。'今貴妃爵視諸侯，居然不得祔於先后。又別考新宮，無所宜祔。且卒哭之後，益無祔理。"左丞徐爰議："以禮有損益，古今異儀，雖云卒哭而祔，[6]祔而作主，時之諸侯，皆禫終入廟。且麻衣繰緣,[7]革服於元嘉,苦絰變除,[8]申情於皇宋。况宣貴妃誕育叡蕃,[9]葬加殊禮,靈筵廬位,[10]皆主之哲王,[11]考宮創祀,[12]不得關之朝廷。謂禫除之後,宜親執奠爵之禮。若有故,三卿行事。貴妃上厭皇姑,[13]下絶列國,[14]無所應祔。"參議,龢議大體與爰不異,宜以爰議爲允。詔可。

[1]新安王:即始平孝敬王劉子鸞。殷貴妃所生。本書卷八〇有傳。　齊衰朞:喪服名。爲五服之一。服用粗麻布製成,以其緝邊縫齊,故稱"齊衰",服期一年。如孫爲祖父母,夫爲妻。　練:喪禮祭名。父、母喪後周年之祭稱小祥,此時孝子可以穿練過的布帛,故小祥之祭也稱"練"。《禮記‧雜記下》:"期之喪,十一月而練,十三月而祥,十五月而禫。"　縞:居喪或遭其他凶事時所著的白色衣服。　祥:親喪的祭名。居父母、親人之喪,滿一年或二年而祭的統稱。《周禮‧春官‧大祝》:"付練、祥掌國事。"孫詒讓《正義》:"依《士虞》,大祥祭辭,則祥主薦祭而言。"《國語‧楚語上》:"(屈到)曰:'祭我必以芰。'及祥,宗老將薦芰,屈健(屈到子)命去之。"韋昭注:"祥,祭也。"按:中華本爲"祥",四庫本爲"禫",《禮記‧雜記下》曰"十五月而禫",後文亦提到"禫",故當以"禫"爲正。"禫"指除喪服的祭祀。《儀禮‧士虞禮》:"中月而禫。"鄭玄注:"中,猶間也。禫,祭名也。與大祥間一月。自喪至此,凡二十七月。"

[2]爲:中華本校勘記指出,各本並脱"爲"字,據《通典‧禮典》補。

[3]大祥:父母喪後兩周年的祭禮。《儀禮‧士虞禮》:"又朞而大祥,曰薦此祥事。"鄭玄注:"又,復也。"賈公彦疏:"此謂二十五月大祥祭,故云復朞也。"

[4]得:中華本校勘記指出,各本並脱"得"字,據《通典‧

禮典》補。

　　［5］心制：心喪。

　　［6］卒哭：百日祭後，止無時之哭，變爲朝夕一哭，名爲卒哭。《儀禮·既夕禮》：“三虞卒哭。”鄭玄注：“卒哭，三虞之後祭名。始朝夕之間，哀至則哭，至此祭，止也。朝夕哭而已。”

　　［7］縓緣：淺紅色的邊。

　　［8］苫：居喪時孝子睡的草墊子。《儀禮·既夕禮》：“居倚廬，寢苫枕塊。”　経：喪服所用的麻帶。　變除：變服除喪。

　　［9］誕育叡蕃：指殷貴妃生始平孝敬王子鸞及永嘉王子仁。

　　［10］靈筵：供亡靈的几筵。　廬位：廬本指居廬守喪。此處廬位當指守喪的禮節位次，或指喪禮。

　　［11］主之哲王：指由皇帝親自下命或主持。本書卷八〇《始平孝敬王子鸞傳》載，殷貴妃死後“上自臨南掖門，臨過喪車，悲不自勝”，孝武帝又讓有司議定喪禮，此當指此事。

　　［12］考宮：宮廟落成時始祭廟主的一種儀式。《春秋》隱公五年：“九月，考仲子之宮，初獻六羽。”杜預注：“成仲子宮，安其主而祭之。”洪亮吉詁引服虔曰：“宮廟初成祭之名爲考。”　創祀：創製祭祀儀式。

　　［13］厭：壓降、降低。　皇姑：婦女對丈夫已故的母親的尊稱。此處指孝武帝之母。

　　［14］絶：超過。

　　大明七年十一月癸未，有司奏：“晋陵國刺：孝王廟依廬陵等國例，[1]一歲五祭。二國以王〔有衡陽王服，今年内不祠。尋國未有嗣王，〕三卿主祭。[2]應同有服之例與不？”博士顏僧道議：[3]“《禮記》云：‘所祭者亡服則祭。’[4]今晋陵王於衡陽小功，宜依二國同廢。”太常丞庾蔚之議：“總不祭者，據主爲言也。晋陵雖未有嗣，宜依有嗣致服，依闋祭之限。衡陽爲族伯緦麻，則應祭三月。"[5] 兼左丞徐爰議："嗣王未立，將來承胤未知疏近。豈宜空計服屬，以虧祭敬。" 參議以爰議爲允。詔可。

[1]剌：中華本爲"刺"，《通典》卷五二《禮典·殤及無後廟祭議》引此文爲"制"，按：晋宋剌一般指名刺，猶今之名片，故當爲"制"，意爲喪服的禮制。《禮記·喪服四制》："喪有四制，變而從宜，取之四時也。" 孝王：指晋陵孝王劉子雲。孝武帝之子，本書卷八〇有傳。 盧陵：王國名。即盧陵孝獻王劉義真所封之國。中華本校勘記指出，"盧陵"下，各本並有"平王"二字，據《通典·禮典》删。

[2]二國以王〔有衡陽王服，今年内不祠。尋國未有嗣王，〕三卿主祭：中華本校勘記指出，各本並脱"有衡陽王"以下十六字，據《通典·禮典》補。

[3]顔僧道：人名。其事不詳。

[4]則祭：中華本校勘記指出，"則祭"各本並作"則不祭"。按《禮記·曾子問》原文作"所祭于死者無服則祭"。《宋志》蓋衍"不"字，今删去。

[5]則應祭三月：中華本校勘記指出，孫彪《考論》云："'則應祭三月'又當云'不祭'，有'不'字。"

大明八年正月壬辰，有司奏："故齊敬王子羽將來立後，[1]未詳便應作主立廟？爲須有後之日？未立廟者，爲於何處祭祀？" 游擊將軍徐爰議以爲：[2]"國無後，於制除罷。[3]始封之君，宜存繼嗣。[4]皇子追贈，則爲始祖。臣不殤君，事著前準，豈容虚闕烝嘗，以俟有後。

謂宜立廟作主，三卿主祭依舊。"通關博議，以爰議爲允。令便立廟。廟成作主，依晉陵王近例，先暫祔廬陵孝獻王廟。祭竟，神主即還新廟。未立後之前，常使國上卿主祭。

[1]齊敬王子羽：即劉子羽。字孝英，孝武帝第十四子。大明二年生，三年卒。本書卷八〇有傳。

[2]游擊將軍：官名。禁軍將領，與驍騎將軍分領命中虎賁，掌宿衛之任。四品。

[3]制除：服制既除，喪期已過。

[4]宜存繼嗣：中華本校勘記指出，各本並作"實存承嗣"，據《通典·禮典》改。

《禮》云："共工氏之霸九州，[1]其子句龍曰后土，能平九土，故祀以爲社。"周以甲日祭之，[2]用日之始也。"社所以神地之道。[3]地載萬物，天垂象。[4]取財於地，取法於天。是以尊天而親地。故教民美報焉。[5]家主中霤而國主社，[6]示本也。"故言報本反始。烈山氏之有天下，[7]其子曰農，能殖百穀。其裔曰柱，佐顓頊爲稷官，主農事，周棄係之，法施於人，故祀以爲稷。[8]《禮》："王爲群姓立社曰太社，王自爲立社曰王社。"故國有二社，而稷亦有二也。漢、魏則有官社，無稷，故常二社一稷也。晉初仍魏，無所增損。至太康九年，改建宗廟，而社稷壇與廟俱徙。乃詔曰："社實一神，其并二社之祀。"[9]於是車騎司馬傅咸表曰：[10]"《祭法》二社各有其義。天子尊事郊廟，故冕而躬耕。躬耕也者，[11]所以重孝享之粢盛，致殷薦於上帝也。《穀梁傳》曰：‘天子親耕以供粢盛。’親耕，謂自報，自爲立社者，爲籍而報也。[12]國以人爲本，人以穀爲命，故又爲百姓立社而祈報焉。[13]事異報殊，此社之所以有二也。王景侯之論王社，[14]亦謂春祈籍田，秋而報之也。其論太社，則曰‘王者布下圻内，[15]爲百姓立之，謂之太社，不自立之於京師也’。景侯此論，據《祭法》‘大夫以下，成群立社，曰置社’。景侯解曰：‘今之里社是也。’景侯解《祭法》，則以置社爲人間之社矣。而別論復以太社爲人間之社，未曉此旨也。太社，天子爲民而祀，[16]故稱天子社。《郊特牲》曰：‘天子太社，必受霜露風雨。’夫以群姓之衆，王者通爲立社，故稱太社。若夫置社，其數不一，蓋以里所爲名。《左氏傳》盟于清丘之社是也。人間之社，既已不稱太矣。若復不立之京都，當安所立乎？《祭法》又曰：‘王爲群姓立七祀。自爲立七祀。’[17]言自爲者，自爲而祀也。爲群姓者，爲群姓而祀也。太社與七祀，其文正等。説者窮此，因云墳籍但有五祀無七祀也。[18]按祭五祀，國之大祀，七者小祀。《周禮》所云祭凡小祀，則墨冕之屬也。景侯解大厲曰：‘如周杜伯，[19]鬼有所歸，乃不爲厲。’[20]今云無二社者，稱景侯《祭法》不謂無二，則曰口傳無其文也。[21]夫以景侯之明，擬議而後爲解，而欲以口論除明文。如此，非但二社，當是思惟景侯之後解，亦未易除也。前被敕，《尚書·召誥》：‘社于新邑，唯一太牢’，[22]不立二社之明義也。[23]按《郊特牲》

曰：'社稷太牢'。必援一牢之文，以明社之無二，則稷無牲矣。説者則曰，舉社以明稷。苟可舉社以明稷，[24]何獨不可舉一以明二。'國之大事，在祀與戎'。若有過而除之，不若過而存之。況存之有義，而除之無據乎。《周禮》封人'掌設社壝'。無稷字。今帝社無稷，蓋出於此。然國主社稷，故經傳動稱社稷。《周禮》，王祭稷則絺冕。[25]此王社有稷之文也。封人設壝之無稷字，説者以爲略文，從可知也。謂宜仍舊立二社，而加立帝社之稷。"時成粲議稱：[26]"景侯論太社不立京都，欲破鄭氏學。"咸重表以爲："如粲之論，景侯之解文以此壞。《大雅》云：'乃立冢土。'毛公解曰：'冢土，太社也。'景侯解《詩》，即用此説。《禹貢》'惟土五色'。景侯解曰：'王者取五色土爲太社，[27]封四方諸侯。各割其方色土者覆四方也。'[28]如此，太社復爲立京都也。不知此論從何出而與解乖。上違經記明文，下壞景侯之解。臣雖頑蔽，少長學問，不能默已，謹復續上。"劉寔與咸議同。[29]詔曰："社實一神，而相襲二位，衆議不同，何必改作，其便仍舊，[30]一如魏制。"

[1]共工氏：《禮記·祭法》載其文，鄭玄注曰："共工氏無録而王，謂之霸，在太昊炎帝之間。"

[2]甲：天干的第一位，用以紀年、月、日。

[3]神地：以地爲神。

[4]垂象：顯示徵兆。

[5]民：中華本校勘記指出，各本並作"人"。蓋唐人諱改。據《禮記·郊特牲》原文改正。　美報：以美物酬謝神祇。

[6]中霤：土神。《禮記·郊特牲》："家主中霤而國主社。"孔穎達疏："中霤謂土神。"

[7]烈山氏：傳說中炎帝神農氏的別稱。又名厲山氏。《國語·魯語上》："昔烈山氏之有天下也，其子曰柱，能殖百穀百蔬。"韋昭注："烈山氏，炎帝之號也，起于烈山。《禮·祭法》以烈山爲厲山也。"

[8]稷：五穀之神。《禮記·祭法》："是故厲山氏之有天下也，其子曰農，能殖百穀；夏之衰也，周棄繼之，故祀以爲稷。"孔穎達疏："'故祀以爲稷'者，謂農及棄，皆祀之以配稷之神。"

[9]祀：中華本校勘記指出，"祀"各本並作"禮"，據《晉書·禮志上》、《通典·禮典》、《元龜》卷三二下及五七四改。

[10]傅咸：人名。字長虞。《晉書》卷四七有附傳。

[11]躬耕：中華本校勘記出，各本並脫"躬耕"二字，據《晉書·禮志上》補。

[12]籍：籍田。春耕前，天子、諸侯躬耕籍田，以示對農業的重視。

[13]祈報：祀社，春夏祈而秋冬報。《禮記·郊特牲》："祭有祈焉，有報焉。"鄭玄注："祈，猶求也。謂祈福祥、求永貞也。報，謂若穫禾報社。""報"指通過祭祀報德。

[14]王景侯：即王肅。三國經學家，諡曰景侯。《三國志》卷一三有傳。

[15]圻：天子直轄之地，亦指京城所領的地區。

[16]民：中華本校勘記指出，各本及《通典·禮典》並作"人"，《晉書·禮志上》、《元龜》卷五七四作"百姓"。蓋後人爲唐諱所改，沈約原文當作"民"。今復改回。

[17]群姓：百官以下及兆民。《禮記·祭法》："王爲群姓立社曰大社。"孔穎達疏："群姓，謂百官以下及兆民。言群姓者，包百官也。"　七祀：周代設立的七種祭祀，司令、中霤、國門、國行、泰厲、戶、灶。詳見《禮記·祭法》。

[18]五祀：祭祀住宅內外的五種神，門、戶、中霤、竈、行。《禮記·月令》：“（孟冬之月）天子乃祈來年于天宗，大割祠于公社及門閭，臘先祖五祀。”鄭玄注：“五祀，門、戶、中霤、竈、行也。”

[19]杜伯：周代人，因封於杜，故名杜伯。

[20]厲：災禍、禍患，也可指惡鬼。

[21]稱景侯《祭法》不謂無二，則曰口傳無其文也：丁福林《校議》指出，《祭法》乃《禮記》中一篇，非王肅所著甚明。今標點如此，則成王肅所著之《祭法》，且又誤會文意，以王肅不謂無二社也，大誤。以上乃晉車騎司馬傅咸表中語，實爲王肅曲解《祭法》，以爲國無二社也。故表於此前又有“景侯此論，據《祭法》‘大夫以下，成群立社，曰置社’。景侯解曰：‘今之里社是也’景侯解《祭法》，則以置社爲人間之社矣。而別論復以太社爲人間之社，未曉此旨也”之語。是此應去“二社者”後之逗號，另於“景侯”後點斷，標作：“今云無二社者稱景侯，《祭法》不謂無二，則曰口傳無其文也。”

[22]太牢：祭祀中牛羊豕三牲具備謂之太牢。《莊子·至樂》：“具太牢以爲膳。”成玄英疏：“太牢，牛羊豕也。”

[23]不立：中華本校勘記指出，各本並脫“立”字，據《通典·禮典》、《元龜》卷五七四補。

[24]苟可舉社以明稷：中華本校勘記指出，此句各本脫去。據《晉書·禮志上》、《通典·禮典》、《元龜》五七四補。

[25]絺冕：有繡飾的禮帽。

[26]成粲：人名。西晉時曾官北軍中候、太常、侍中。事見《晉書》卷一九《禮志上》、卷二〇《禮志中》、卷四〇《楊珧傳》、卷四五《何攀傳》。

[27]五色土：青、赤、白、黑、黃五種顏色的土，分別代表東、南、西、北、中。分封諸侯時，按方色授之。《尚書·禹貢》：“厥貢惟土五色。”孔傳：“王者封五色土爲社，建諸侯，則各割其

方色土與之。"

[28]土：中華本校勘記指出，各本並作"王"，據《通典·禮典》改。

[29]劉寔：人名。字子真。《晉書》卷四一有傳。　議：中華本校勘記指出，各本並脫"議"字，據《晉書·禮志上》補。

[30]便：中華本校勘記指出，"便"各本並作"使"，據《晉書·禮志上》《通典·禮典》改。

至元帝建武元年，[1]又依洛京立二社一稷。其太社之祝曰："地德普施，[2]惠存無疆。乃建太社，保佑萬邦。悠悠四海，咸賴嘉祥。"其帝社之祝曰："坤德厚載，[3]王畿是保。[4]乃建帝社，以神地道。明祀惟辰，[5]景福來造。"[6]《禮》，左宗廟，右社稷。歷代遵之，故洛京社稷在廟之右，[7]而江左又然也。吳時宮東門雩門，[8]疑吳社亦在宮東，與其廟同所也。宋仍舊，無所改作。

[1]建武：晉元帝司馬睿年號（317—318）。

[2]地德：大地的德化恩澤。

[3]坤德厚載：坤，象徵大地，地具廣厚之德，故能載生萬物。《易·坤卦》："《象》曰：地勢坤。君子以厚德載物。"

[4]王畿：帝京。

[5]祀：中華本校勘記指出，"祀"各本並作"祝"，據《晉書·禮志上》、《元龜》卷五七四改。

[6]景福：洪福、大福。

[7]洛京：指洛陽，此處指東漢京城洛陽。

[8]雩門：雩，爲百穀祈雨而舉行的祭祀。《左傳》桓公五年云："龍見而雩。"杜預注："龍見，建巳之月。蒼龍，宿之體，昏

見東方，萬物始盛，待雨而大，故祭天，遠爲百穀祈膏雨。"吳時
"雩門"當取此意。

魏氏三祖皆親耕籍，[1]此則先農無廢享也。[2]其禮無
異聞，宜從漢儀。執事告祠以太牢。晋元、哀帝並欲籍
田而不遂，[3]儀注亦闕略。

[1]魏氏三祖：指曹操、曹丕、曹叡。
[2]先農：傳説中最先教民耕種的農神，或謂神農，或謂后稷。
《續漢書·禮儀志上》曰："力田種各穫訖。"劉昭注引《漢舊儀》：
"春始東耕於藉田，官祠先農。先農即神農炎帝也。"
[3]晋元：中華本校勘記指出，"晋元"各本作"晋武"，今從
局本。據本書《禮志一》載，晋武帝曾親耕籍田，元帝、哀帝並欲
籍田而不遂。

宋文帝元嘉二十一年春，親耕，乃立先農壇於籍田
中阡西陌南。[1]高四尺，方二丈。爲四出陛。[2]陛廣五
尺，外加壝。[3]去阡陌各二十丈。車駕未到，司空、大
司農率太祝令及衆執事質明以一太牢告祠。[4]祭器用祭
社稷器。祠畢，班餘胙於奉祠者。[5]舊典先農又常列於
郊祭云。

[1]阡：田間南北向小路。　陌：田間東西向小路。
[2]陛：臺階。
[3]壝：矮墙。
[4]質明：天剛亮的時候。《儀禮·士冠禮》："擯者請期，宰
告曰：'質明行事。'"鄭玄注："質，正也。宰告曰：'旦日正明行

冠事。'"

[5]胙：賜與。《隸續·漢武都太守耿勳碑》："上納其謨，拜郎上黨府丞掌令，考績有成，符策乃胙。"王念孫《讀書雜志·漢隸拾遺》："胙者，賜也。言考績有成，乃賜之以符策，命爲太守也。"

漢儀，皇后親桑東郊苑中。蠶室祭蠶神，曰苑窳婦人、寓氏公主。[1]祠用少牢。[2]晉武帝太康九年，楊皇后躬桑于西郊，[3]祀先蠶。[4]壇高一丈，方二丈，爲四出陛，陛廣五尺。在採桑壇東南帷宮之外，[5]去帷宮十丈。皇后未到，太祝令質明以一太牢告祠。謁者一人監祠。畢，徹饌，[6]班餘胙於從桑及奉祠者。

[1]蠶室：王室飼養蠶的宮館。《禮記·祭義》："古者天子諸侯必有公桑蠶室。"孔穎達疏："公桑蠶室者，謂官家之桑，於處而築養蠶之室。"丁福林《校議》指出，《續漢書·禮儀志上》："祠先蠶，禮以少牢。"劉昭注："祭蠶神曰菀窳婦人，寓氏公主，凡二神。" 菀窳：即苑窳。

[2]少牢：祭禮的犧牲用羊、豕二牲。

[3]楊皇后：即楊艷。《晉書》卷三一有傳。

[4]先蠶：傳說中始教民育蠶之神。相傳周制王后享先蠶，以後歷代王朝由皇后主祭先蠶。《續漢書·禮儀志上》："祠先蠶，禮以少牢。"劉昭注引《漢舊儀》："祭蠶神曰菀窳婦人，寓氏公主，凡二神。"

[5]帷宮：以布帛環繞四周而成的臨時宮殿。

[6]饌：此處指祭祀用的食物、菜肴。

魏文帝黃初二年六月庚子，[1]初禮五嶽四瀆，[2]咸秩

群祀，[3]瘞沈珪璋。[4]六年七月，[5]帝以舟軍入淮。九月
壬戌，遣使者沈璧于淮，禮也。

[1]魏文帝：即曹丕。《三國志》卷二有紀。　黃初：三國魏
文帝曹丕年號（220—226）。

[2]五嶽：東嶽泰山、南嶽衡山、西嶽華山、北嶽恒山、中嶽
嵩山。　四瀆：長江、黃河、淮河、濟水的合稱。

[3]咸秩：都有秩序，謂各得其所。《文選》揚雄《劇秦美
新》：“夫改定神祇上儀也，欽修百祀咸秩也。”張銑注：“謂敬修
百祀皆得秩序也。”　群祀：大祀、中祀以下列在祀典的祭祀。《左
傳》襄公十一年云：“名山名川，群神群祀。”杜預注：“群祀，在
祀典者。”

[4]瘞沈：埋物祭地。　珪璋：用於祭祀的玉製的禮器。

[5]七月：丁福林《校議》指出，《三國志・魏書・文帝紀》
云黃初六年“八月，帝遂以舟師自譙循渦入淮”。《通鑑》卷七〇
所記同《三國志》。此云“七月”，恐非是。

魏明帝太和四年八月，[1]帝東巡，遣使者以特牛祠
中嶽，[2]禮也。

[1]魏明帝：即曹叡。《三國志》卷三有紀。

[2]特牛：據錢玄、錢興奇《三禮詞典》，“特”有二義，一指
公牛，一指一頭牛，此處云“一頭牛”，則“特牛”應解爲公牛。

魏元帝咸熙元年，[1]帝行幸長安，[2]遣使者以璧幣禮
華山，禮也。

[1]魏元帝：即曹奐。《三國志》卷四有紀。　咸熙：三國魏

元帝曹奂年號（264—265）。

　　[2]長安：地名。在今陝西西安市。

　　晋穆帝升平中，[1]何琦論修五嶽祠曰：[2]"唐、虞之制，天子五載一巡狩，省時之方，柴燎五嶽，望于山川，徧于群神。[3]故曰'因名山升中于天'。[4]所以昭告神祇，饗報功德。[5]是以灾厲不作，而風雨寒暑以時。[6]降逮三代，年數雖殊，而其禮不易。[7]五嶽視三公，四瀆視諸侯，著在經記，[8]所謂有其舉之，莫敢廢也。及秦、漢都西京，涇、渭長水，雖不在祀典，以近咸陽，故盡得比大川之祠。[9]而正立之祀可以闕哉！[10]自永嘉之亂，神州傾覆，茲事替矣。[11]唯灊之天柱，在王略之内，舊臺選百石吏卒，[12]以奉其職。中興之際，[13]未有官守，廬江郡常遣大吏兼假，[14]四時禱賽，[15]春釋寒而冬請冰。咸和迄今，[16]已復墮替。計今非典之祠，[17]可謂非一。考其正名，則淫昏之鬼；[18]推其糜費，則四民之蠹。[19]而山川大神，更爲簡闕，禮俗頹紊，人神雜擾，公私奔蹙，漸以滋繁。良由頃國家多難，日不暇給，草建廢滯，事有未遑。[20]今元憝已殄，[21]宜修舊典。嶽瀆之域，風教所被，來蘇之人，咸蒙德澤，而神祇禋祀，未之或甄，巡狩柴燎，其廢尚矣。[22]崇明前典，將俟皇輿北旋，[23]稽古憲章，[24]大釐制度。[25]其五嶽、四瀆宜遵修之處，但俎豆牲牢，[26]祝嘏文辭，[27]舊章靡記。[28]可令禮官作式，[29]歸諸誠簡，以達明德馨香，如斯而已。其諸妖孽，可粗依法令，[30]先去其甚。俾邪正不瀆。"[31]不見省。

［1］晋穆帝：即司馬聃。《晋書》卷八有紀。　升平：晋穆帝司馬聃年號（357—361）。

［2］何琦：人名。字萬倫。《晋書》卷八八有傳。

［3］唐：朝代名。指陶唐，傳爲堯所建。　虞：朝代名。傳爲舜所建。巡狩：指天子出行視察邦國州郡。《尚書·舜典》：“歲二月，東巡守，至于岱宗，柴。”孔傳：“諸侯爲天子守土，故稱守。巡，行之。”　省時：視察時俗。　柴燎：一種祭祀儀式，燒柴祭天。《文選》潘岳《閑居賦》：“天子有事于柴燎，以郊祖而展義。”李善注：“《爾雅》曰：‘祭天曰燔柴。’郭璞曰：‘既祭，積薪燒之。’”　望：即望祭，遥望而祭。《尚書·舜典》：“望于山川，遍于群神。”孔傳：“九州名山、大川、五岳、四瀆之屬，皆一時望祭之。群神謂丘陵墳衍，古之聖賢者皆祭之。”

［4］因名山升中于天：《禮記·禮器》曰：“因名山升中于天。”鄭玄注曰：“名，猶大也；升，上也；中，猶成也。謂巡守至於方嶽，燔柴祭天，告以諸侯之成功也。”

［5］饗報：爲報功德而祭祀。

［6］以時：按一定的時間。

［7］三代：夏商周。　不易：不改變、不更換。

［8］五嶽視三公，四瀆視諸侯：語出《禮記·王制》，鄭玄注曰：“視，視其牲器之數。”

［9］西京：指長安，在今陝西西安市。　涇、渭長水：丁福林《校議》指出，此云“涇、渭長水”，則以涇河、渭河爲大水矣。然其後又云“以近咸陽，故盡得比大川之祠”，則涇、渭二水必非大水甚明。前後抵牾者，標點誤也。考“長水”，水名。《水經注》卷一九《渭水》：“長水……出杜縣白鹿源，其水西北流，謂之荆溪。又西北左合狗枷川水。”源出今陝西藍田縣西北，流經長安入渭水，故其後有“以近咸陽”之語。是此應標作：“及秦、漢都西京，涇、渭、長水，雖不在祀典，以近咸陽，故盡得比大川之祠。”

意謂涇水、渭水及長水雖原不在祀典，然自秦、漢都關中後，以三水近京都，故皆得同於大川之祠也。　咸陽：地名。在今陝西咸陽市。　比：等同。

[10]正立：正式確立。　祀：中華本校勘記指出，"祀"各本並作"禮"，據《晉書·禮志上》、《元龜》卷五七五改。

[11]替：廢棄。《尚書·大誥》："予惟小子，不敢替上帝命。"孔傳："不敢廢天命。"

[12]灊：縣名。在今安徽霍山縣。　百石吏卒：丁福林《校議》指出，"百石吏卒"，《晉書·禮志上》作"百戶吏卒"。今：按百石乃少吏之秩，見《漢書·百官公卿表》，而未嘗有百石秩俸之卒。此"百石"或"百戶"之訛。

[13]中興：此處指東晉建立。

[14]廬江郡：治所在今安徽舒城縣。

[15]禱賽：祈神報賽。

[16]咸和：晉成帝司馬衍年號（326—334）。

[17]非典之祠：經典不載的神祠。

[18]淫昏之鬼：不載祀典、極度昏亂的鬼。

[19]糜費：浪費。　四民：即士、農、工、商。中華本校勘記指出，"四民"各本並作"四人"。《晉書·禮志上》、《通典·禮典》、《元龜》卷五七五作"百姓"。蓋沈約本作"四民"，後人以唐諱改。今改回。

[20]私：中華本校勘記指出，"私"各本並作"以"，今從局本。丁福林《校議》指出，《晉書·禮志上》亦作"私"。　奔蹙：奔迫。　頃：往昔。　未遑：沒有時間顧及，未來得及。

[21]元憝：元凶。似指苻生。時桓溫北伐，大敗前秦於藍田，進軍霸上，三輔皆降。明年苻生因暴虐被苻堅所殺。

[22]風教：風俗教化。《詩大序》："風，風也，教也。風以動之，教以化之。"　來蘇之人：指因其來而於困苦中獲得蘇息，語本《尚書·仲虺之誥》："攸徂之民，室室相慶曰：'徯予后，后來

其蘇！’” 尚：久、遠。

　　[23]皇興北旋：指桓溫建議晋穆帝還都洛陽。這裏指恢復中原。

　　[24]稽古憲章：指考察古事確立典章制度。

　　[25]釐：改正。《後漢書》卷六四《梁統傳》：“議者以爲隆刑峻法，非明王急務，施行日久，豈一朝所釐。”李賢注：“釐，猶改也。”

　　[26]俎豆牲牢：泛指禮器與祭品。俎豆即俎和豆，祭祀、宴饗時盛食物用的兩種禮器，可泛指各種禮器。牲牢此處指祭祀時用的牛羊豬。《詩·小雅·瓠葉》序曰：“上棄禮而不能行，雖有牲牢饔餼，不肯用也。”鄭玄《箋》：“牛羊豕爲牲，繫養者曰牢。”

　　[27]祝嘏：祝福、祭祀。

　　[28]靡：分散、散落。

　　[29]式：格式、範式、程式。

　　[30]粗：中華本校勘記指出，“粗”百衲本作“伹”，嘉靖本、北監本、毛本、殿本、局本作“俱”。《通典·禮典》、《元龜》卷五七五作“粗”。按作“粗”是，今據改。

　　[31]瀆：混雜。

　　宋孝武帝大明七年六月丙辰，有司奏：“詔奠祭霍山，[1]未審應奉使何官？用何牲饌？進奠之日，又用何器？”[2]殿中郎丘景先議：[3]“修祀川嶽，道光列代；[4]差秩珪璋，[5]義昭聯册。但業曠中葉，儀漏典文。尋姬典事繼宗伯，[6]漢載持節侍祠，血祭埋沈，經垂明範，[7]酒脯牢具，[8]悉有詳例。又名山著珪幣之異，大冢有嘗禾之加。[9]山海祠霍山，以太牢告玉，此準酌記傳，其可言者也。今皇風緬暢，輝祀通嶽，愚謂宜使以太常持

節,[10]牲以太牢之具，羞用酒脯時穀，禮以赤璋纁
幣。[11]又邑人之職，[12]‘凡山川四方用蜃’，[13]則盛酒當
以蠡杯，[14]其餘器用，無所取説。按郊望山瀆，以質表
誠，器尚陶匏，[15]籍以茅席，近可依準。山川以兆，宜
爲壇域。”參議景先議爲允。令以兼太常持節奉使，牲
用太牢，加以璋幣，器用陶匏，時不復用蜃，宜同郊
祀，以爵獻。凡肴饌種數，一依社祭爲允。詔可。

[1]霍山：山名。在山西霍縣東南。

[2]進奠：謂進薦供物以祭奠。　器：此處指禮器，祭祀時所
用的器皿。

[3]丘景先：人名。大明七年（463）官殿中郎，黨附晋安王
劉子勛，僞義嘉元年（泰始二年，466年）爲鄱陽内史，後爲僞竟
陵太守，兵敗被殺。事見本書卷八四《鄧琬傳》。

[4]道光：此處指治國之道得到發揚、傳頌。

[5]差秩：確定等級次序。

[6]姬典：周的典章制度。周人爲姬姓，故以姬代周。　宗伯：
周代禮官。六卿之一，掌宗廟祭祀等事。《尚書·周官》：“宗伯掌
邦禮，治神人，和上下。”《周禮·春官·宗伯》：“乃立春官宗伯，
使帥其屬而掌邦禮，以佐王和邦國。”鄭玄注：“宗伯，主禮之官。”

[7]明範：光輝的典範。

[8]脯：本指乾肉，此處指祭祀所用的乾肉。《漢書》卷六五
《東方朔傳》：“生肉爲膾，乾肉爲脯。”　牢具：遣奠時所用的經
包裹的牲牢之體。《禮記·雜記上》：“遣車視牢具。”孔穎達疏：
“牢具，遣奠所包牲牢之體，貴賤各有數也。一個爲一具，取一車
載之也，故云視牢具。”

[9]大冢：大山之頂。冢指山頂。《詩·小雅·十月之交》：
“百川沸騰，山冢崒崩。”鄭玄注：“山頂曰冢。”漢有“四大塚”，

鴻、岐、吴、嶽。　嘗禾：以新穀供祭。《史記·封禪書》：“四大塚鴻、岐、吴、嶽，皆有嘗禾。”《集解》引孟康曰：“以新穀祭。”

[10]太常：官名。漢置，九卿之一，掌祭祀社稷、宗廟和朝會、喪葬禮儀，文化教育，管理皇帝陵墓，宋又轄明堂、乘黄令。三品。

[11]赤璋：祭祀用赤色半圭狀玉器。《尚書·顧命》：“秉璋以酢。”孔傳：“半圭曰璋。”　纁幣：淺絳色的帛。

[12]鬯人：官名。掌釀秬爲酒（祭祀所用）之人。《周禮·春官·鬯人》：“鬯人掌共秬鬯而飾之。”孔穎達疏曰：“掌共秬鬯者，此直共秬黍之酒。”

[13]蜃：大蛤。《左傳》昭公二十年云：“海之鹽蜃，祈望守之。”杜預注：“蜃，大蛤也。”

[14]蠡杯：大蛤殼做的杯子。

[15]陶匏：陶製的尊、簋、俎豆和壺等器皿。《禮記·郊特牲》：“掃地而祭，于其質也，器用陶匏，以象天地之性也。”孔穎達疏：“陶謂瓦器，謂酒尊及豆簋之屬，故《周禮》：‘旊人爲簋。’匏謂酒爵。”

晋武帝咸寧二年春，久旱。四月丁巳，[1]詔曰：“諸旱處廣加祈請。”五月庚午，始祈雨于社稷山川。六月戊子，獲澍雨。[2]此雩禜舊典也。[3]

太康三年四月、十年二月，又如之。是後修之至今。

[1]四月丁巳：中華本校勘記指出，是月辛巳朔，無丁巳。

[2]澍雨：大雨、暴雨。《尚書大傳》卷四：“久矣，天之無烈風澍雨。”鄭玄注：“暴雨也。”

[3]雩禜：祭水旱之神的壇。《禮記·祭法》：“幽宗，祭星也。

雩宗，祭水旱也。"鄭玄注："宗，皆當爲'禜'，字之誤也。

魏文帝黄初二年正月，詔曰："昔仲尼資大聖之才，懷帝王之器，當衰周之末，無受命之運，乃退考五代之禮，[1]修素王之事，[2]因魯史而制《春秋》，[3]就太師而正《雅》《頌》，[4]俾千載之後，莫不宗其文以述作，[5]仰其聖以成謀。兹可謂命世大聖，[6]億載之師表者也。以遭天下大亂，百祀隳廢，舊居之廟，毀而不修，褒成之後，[7]絶而莫繼，闕里不聞講頌之聲，[8]四時不覩烝嘗之位，斯豈所謂崇化報功，盛德百世必祀者哉！[9]其以議郎孔羨爲宗聖侯，[10]邑百户，奉孔子祀。命魯郡修舊廟，置百户吏卒，以守衛之。"

[1]五代：一指黄帝、唐、虞、夏、殷。《禮記·祭法》："此五代之所不變也。"鄭玄注："五代謂黄帝、堯、舜、禹、湯。"二指唐、虞、夏、商、周。《文選》王延壽《魯靈光殿賦》："殷五代之純熙，紹伊唐之炎精。"李善注："五代，周、殷、夏、唐、虞也。"皆可通。

[2]素王：具有帝王之德而未居帝王之位者。《莊子·天道》："以此處下，玄聖、素王之道也。"郭象注："有其道爲天下所歸，而無其爵者，所謂素王自貴也。"

[3]魯史：魯國的歷史記載。

[4]太師：此處指樂官之長。《國語·魯語下》："昔正考父校商之名頌十二篇於周太師。"韋昭注："太師，樂官之長，掌教詩、樂。"

[5]述作：撰寫著作。

[6]命世：以治國之才著名於當世。

[7]褒成之後：孔子後人被封褒成侯，漢獻帝初國除。此處
"褒成之後"當指孔子後人不再爲褒成侯之後，即獻帝初年之後。
據《漢書》卷八一《孔光傳》，漢元帝封孔子後孔霸爲褒成君，歷
代相承。據《漢書》卷一二《平帝紀》，西漢元始元年（1）封孔
子後孔均爲褒成侯，奉其祀，追謚孔子曰褒成宣尼公。據《後漢
書》卷一下《光武帝紀下》，建武十四年（38），封孔子後孔志爲
褒成侯。《後漢書》卷七九上《孔僖傳》曰："建武十三年世祖復
封均子志爲褒成侯。志卒，子損嗣。永元四年，徙封褒亭侯。損
卒，子曜嗣。曜卒，子完嗣。世世相傳，至獻帝初國絶。"

[8]闕里：孔子故里。　講頌：講習學業，誦讀詩書。

[9]百世：中華本校勘記指出，"百世"各本並作"百代"，蓋
唐人避諱追改，非沈約原文。今據《三國志》卷二《魏書‧文帝
紀》、《元龜》卷四九改。

[10]議郎：官名。西漢置，職掌顧問應對，參與議政，指陳得
失。七品。　孔羨：人名。據《通鑑》卷六九《考異》，孔羨爲孔
子二十一世孫。

　　晉武帝泰始三年十一月，[1]改封宗聖侯孔震爲奉聖
亭侯。又詔太學及魯國四時備三牲以祀孔子。

[1]十一月：丁福林《校議》指出，"十一月"，《晉書》卷三
《武帝紀》作"十二月"。

　　明帝太寧三年，[1]詔給事奉聖亭侯孔亭四時祠孔
子，[2]祭宜如泰始故事。亭五代孫繼之博塞無度，[3]常以
祭直顧進，替慢不祀。宋文帝元嘉八年，有司奏奪爵。
至十九年，又授孔隱之。兄子熙先謀逆，[4]又失爵。二
十八年，更以孔惠雲爲奉聖侯。[5]後有重疾，失爵。孝

武大明二年，又以孔邁爲奉聖侯。^[6]邁卒，子莃嗣，^[7]有罪，失爵。

[1]明帝：即司馬紹。《晉書》卷六有紀。　太寧：晉明帝司馬紹年號（323—326）。

[2]奉聖亭侯：孔子後人的封爵。　孔亭：人名。孔子後人。

[3]博塞：即六博、格五等博戲。《莊子·駢拇》："問穀奚事，則博塞以游。"成玄英疏："行五道而投瓊（即骰子）曰博，不投瓊曰塞。"　無度：不加節制。

[4]熙先：人名。即孔熙先。孔默之之子，事迹與謀反事見本書卷五〇《胡藩傳》、卷六九《范曄傳》、卷七一《徐湛之傳》。

[5]孔惠雲：人名。其事不詳。

[6]孔邁：人名。孔子後人。

[7]子莃嗣：中華本校勘記指出，"莃"三朝本、北監本、毛本、殿本作"莽"，局本作"莃"。按《通典·禮典》作"莃"，注云："翊俱反。"當即"莃"字之異文。今定作"莃"。

魏齊王正始二年三月，^[1]帝講《論語》通，五年五月，講《尚書》通，七年十二月，講《禮記》通，^[2]並使太常釋奠，^[3]以太牢祀孔子於辟雍，^[4]以顏淵配。^[5]

[1]齊王：即曹芳。《三國志》卷四有紀。　正始：三國魏齊王曹芳年號（240—249）。

[2]《禮記》：中華本校勘記指出，各本並脱"記"字，據《晉書·禮志上》補。

[3]釋奠：在學校設置酒食以奠祭先聖先師的一種典禮。《禮記·文王世子》："凡學，春官釋奠于其先師，秋冬亦如之。凡始立學者，必釋奠于先聖先師。"鄭玄注："釋奠者，設薦饌酌奠而已。"

　　[4]辟雍：此處指行鄉飲、大射或祭祀之禮的特定祭祀場所。
班固《白虎通・辟雍》：“天子立辟雍何？所以行禮樂宣德化也。
辟者，璧也，象璧圓，又以法天，於雍水側，象教化流行也。”
　　[5]顏淵：人名。孔子弟子。《史記》卷六七有傳。

　　晋武帝泰始七年，皇太子講《孝經》通，[1]咸寧三
年，講《詩》通，太康三年，〔講《禮記》通，惠帝元
康三年，皇太子〕講《論語》通，[2]元帝太興三年，皇
太子講《論語》通，[3]太子並親釋奠，以太牢祠孔子，
以顏淵配。成帝咸康元年，[4]帝講《詩》通，穆帝升平
元年三月，[5]帝講《孝經》通，孝武寧康三年七月，[6]
帝講《孝經》通，並釋奠如故事。

　　[1]皇太子：即司馬衷。《晋書》卷四有紀。
　　[2]〔講《禮記》通，惠帝元康三年，皇太子〕：中華本校勘
記指出，各本脱“講《禮記》”以下十三字，據《晋書・禮志上》
補。元康，晋惠帝司馬衷年號（291—299）。　皇太子：即司馬遹。
《晋書》卷五三有傳。
　　[3]皇太子：即司馬紹。《晋書》卷六有紀。
　　[4]成帝：即司馬衍。《晋書》卷七有紀。　咸康：晋成帝司
馬衍年號（335—342）。
　　[5]升平：晋穆帝司馬聃年號（357—361）。
　　[6]孝武：即司馬曜。《晋書》卷九有紀。　寧康：晋孝武帝
司馬曜年號（373—375）。

　　穆帝、孝武並權以中堂爲太學。
　　宋文帝元嘉二十二年四月，皇太子講《孝經》

通，[1] 釋奠國子學，如晋故事。

[1]皇太子：即劉劭。本書卷九九有傳。

漢東海恭王薨，[1]明帝出幸津門亭發哀。[2]魏時會喪及使者弔祭，[3]用博士杜希議，[4]皆去玄冠，[5]加以布巾。[6]

[1]東海恭王：即劉彊。《後漢書》卷四二有傳。
[2]明帝：即劉莊。《後漢書》卷二有紀。　津門亭：《後漢書》卷四二《東海恭王彊傳》李賢注曰：“津門，洛陽南面西頭門也。一名津陽門。每門皆有亭。”　發哀：舉行哀悼儀式。
[3]會喪：共同參加喪葬儀式。　弔祭：祭奠、弔唁。
[4]杜希：人名。其事不詳。
[5]玄冠：朝服冠名，黑色。
[6]布巾：服喪期間所戴的布頭巾。

魏武帝少時，[1]漢太尉橋玄獨先禮異焉。[2]故建安中，遣使祠以太牢。

[1]魏武帝：即曹操。《三國志》卷一有紀。
[2]太尉：官名。東漢時位列三公之首，與司徒、司空共同行使宰相職能，或與太傅並錄尚書事，綜理全國軍政事務，考核地方長官，參議大政。　橋玄：人名。字公祖。《後漢書》卷五一有傳。

文帝黃初六年十二月，過梁郡，[1]又以太牢祠之。

[1]梁郡：治所在今河南商丘市。

黄初二年正月，帝校獵至原陵，遣使者以太牢祠漢
世祖。[1]

[1]帝：即魏文帝曹丕。　原陵：東漢光武帝劉秀之陵。《後
漢書》卷二《明帝紀》：“〔中元二年〕三月丁卯，葬光武皇帝于
原陵。”李賢注引《帝王紀》：“原陵方三百二十步，高六丈，在臨
平亭東南，去洛陽十五里。”　漢世祖：即漢光武帝劉秀。《後漢
書》卷一有紀。

宋文帝元嘉二十五年四月丙辰，車駕行幸江寧，[1]
經司徒劉穆之墓，[2]遣使致祭焉。

[1]江寧：縣名。治所在今江蘇江寧縣。
[2]劉穆之：人名。字道和，小字道民。本書卷四二有傳。

孝武帝大明三年二月戊申，行幸籍田，經左光禄大
夫袁湛墓，[1]遣使致祭。

[1]左光禄大夫：官名。三國魏置，加官，無職事。二品。開
府位從公者，一品。　袁湛：人名。字士深。本書卷五二有傳。

大明五年九月庚午，[1]車駕行幸，[2]經司空殷景仁
墓，[3]遣使致祭。

[1]九月庚午：中華本校勘記指出，各本並脱“九月”二字。
按《孝武帝紀》，大明五年九月丁卯，行經琅邪郡。當是庚午上脱

“九月”二字，今補。是月甲寅朔，十四日丁卯，十七日庚午。

[2]車駕行幸：皇帝出行。

[3]司空：官名。三公之一，宋時爲名譽宰相，加官，無具體職掌。一品。　殷景仁：人名。本書卷六三有傳。

大明七年十一月，南巡。乙酉，遣使祭晋大司馬桓溫、[1]征西將軍毛璩墓。[2]

[1]大司馬：官名。三公之上，三師之下，無職掌，多爲贈官。一品。桓溫爲大司馬則有實權。中華本校勘記指出，各本並脱“大”字。據《晋書》卷九八《桓溫傳》補。　桓溫：人名。字元子。《晋書》卷九八有傳。

[2]征西將軍：官名。四征將軍之一，多授予出鎮方面的持節都督。三品。　毛璩：人名。字叔璉。《晋書》卷八一有附傳。

劉禪景耀六年，[1]詔爲丞相諸葛亮立廟於沔陽。[2]先是所居各請立廟，不許，百姓遂私祭之。而言事者或以爲可立於京師，乃從人意，皆不納。步兵校尉習隆、中書侍郎向充等言於禪曰：[3]“昔周人懷邵伯之美，甘棠爲之不伐；[4]越王思范蠡之功，[5]鑄金以存其象。自漢興以來，小善小德，而圖形立廟者多矣；況亮德範遐邇，[6]勳蓋季世，[7]興王室之不壞，實斯人是賴。而烝嘗止於私門，廟象闕而莫立，百姓巷祭，[8]戎夷野祀，[9]非所以存德念功，述追在昔也。[10]今若盡從人心，則瀆而無典；[11]建之京師，又逼宗廟。[12]此聖懷所以惟疑也。[13]愚以爲宜因近其墓，立之於沔陽，使屬所以時賜祭。凡其故臣欲奉祠者，皆限至廟。斷其私祀，以崇正禮。”於是從之。何承天曰：“《周禮》：‘凡有功者祭於大烝。’故後代遵之，以元勳配饗。[14] 充等曾不是式，[15] 禪又從之，並非禮也。”

[1]劉禪：人名。三國蜀漢後主，劉備之子。《三國志》卷三三有傳。 景耀：三國蜀後主劉禪年號（258—263）。

[2]諸葛亮：人名。字孔明。《三國志》卷三五有傳。 沔陽：縣名。治所在今陝西勉縣。

[3]步兵校尉：官名。西漢置，領宿衛禁兵。四品。 中書侍郎：官名。中書監、令承受、宣布皇帝旨意，由侍郎草擬成詔令，呈皇帝批准後頒下。五品。 向充：人名。中華本校勘記指出，“向充”各本並作“向允”，據《三國志·蜀書·諸葛亮傳》裴松之注引《襄陽記》、《通典·禮典》、《元龜》卷五九六改。《三國志》卷四二《蜀書·來敏傳》載尚書向充與來忠“並能協贊大將軍姜維”，則向充曾官尚書。習隆、向充奏請爲諸葛亮立廟事又見《三國志·蜀書·諸葛亮傳》裴松之注。

[4]邵伯：即周召公奭。因封地在召，故稱召公或召伯，又作邵公、邵伯。事見《史記》卷三四《燕召公世家》。 甘棠：甘棠樹，即棠梨。《史記·燕召公世家》曰：“召公之治西方，甚得兆民和。召公巡行鄉邑，有棠樹，決獄政事其下。自侯伯至庶人各得其所，無失職者。召公卒，而民人思召公之政，懷棠樹，不敢伐，哥詠之，作《甘棠》之詩。”

[5]越王：越王勾踐。事見《史記》卷四一《越王句踐世家》。 范蠡：人名。越王勾踐之臣。事見《史記》卷一二九《貨殖列傳》、卷四一《越王句踐世家》。

[6]德範：道德風範。

[7]季世：末代、衰敗時期。

[8]巷祭：祭於里巷。

[9]戎夷：此處泛指少數民族。　野祀：在野外祭祀。

[10]述追：記述追念。

[11]瀆：濫。《禮記·緇衣》：“好賢如《緇衣》，惡惡如《巷伯》，則爵不瀆而民作愿，刑不試而民咸服。”孔穎達疏：“瀆，濫也。”　典：常道、法則。《儀禮·士昏禮》：“致命曰：某敢納徵。對曰：吾子順先典，貺某重禮，某不敢辭，敢不承命。”鄭玄注：“典，常也，法也。”

[12]逼：逼迫、威脅。

[13]聖懷：皇帝的心意，此處指劉禪的心意。

[14]配饗：附祀。

[15]充：中華本校勘記指出，“充”各本並作“允”，據《通典·禮典》、《元龜》卷五九六改。

漢時城陽國人以劉章有功於漢，[1]爲之立祠。青州諸郡，轉相放效，濟南尤盛。至魏武帝爲濟南相，皆毀絕之。及秉大政，普加除翦，世之淫祀遂絕。至文帝黃初五年十一月，詔曰：“先王制禮，所以昭孝事祖，[2]大則郊社，其次宗廟，三辰五行，[3]名山川澤，非此族也，不在祀典。叔世衰亂，[4]崇信巫史，[5]至乃宮殿之內，户牖之間，無不沃酹，[6]甚矣其惑也。自今其敢設非禮之祭，巫祝之言，皆以執左道論，著于令。”明帝青龍元年，又詔：“郡國山川不在祀典者，勿祠。”

[1]城陽國：郡國名。治所在今山東莒縣。　劉章：人名。齊悼惠王肥之子，漢高祖劉邦之孫，參與平定諸呂。事見《漢書》卷三八《齊悼惠王劉肥傳》。

[2]昭孝：顯揚孝道。

[3]三辰：指日、月、星。　五行：水、火、金、木、土。

[4]叔世：指衰亂的時代。中華本校勘記指出，“世”各本並作“代”，據《三國志·魏書·文帝紀》改。《左傳》昭公六年云：“三辟之興，皆叔世也。”孔穎達疏引服虔云：“政衰爲叔世。”

[5]巫史：女巫和祝史。《後漢書·臧洪傳》：“和不理戎警，但坐列巫史，禜禱群神。”李賢注：“巫，女巫也。史，祝史也。”

[6]沃酹：以酒澆地而祭奠。

　　晋武帝泰始元年十二月，詔：“昔聖帝明王，修五嶽、四瀆，名山川澤，各有定制。所以報陰陽之功，而當幽明之道故也。[1]然以道莅天下者，其鬼不神，[2]其神不傷人也。故祝史薦而無媿詞，[3]是以其人敬慎幽冥，[4]而淫祀不作。末代信道不篤，僭禮瀆神，[5]縱欲祈請，曾不敬而遠之，徒偷以求幸，妖妄相扇，[6]舍正爲邪，故魏朝疾之。其按舊禮，具爲之制，使功著於人者，必有其報，而妖淫之鬼，不亂其間。”二年正月，有司奏：“春分祠屬殃及禳祠。”[7]詔曰：“不在祀典，除之。”

[1]幽明：陰間與人間。

[2]神：靈驗。

[3]祝史：中華本校勘記指出，各本並脱“祝”字，據《晋書·禮志上》、《通典·禮典》、《元龜》卷一五九補。　媿詞：使人羞慚之辭。

[4]幽冥：地下、陰間。

[5]僭：超越本分，冒用在上者的職權、名義行事。

[6]扇：煽動、煽惑。

[7]春分祠屬殃及禳祠：春分時祭祀暴虐惡鬼及除惡消灾之神。

宋武帝永初二年，普禁淫祀。由是蔣子文祠以下，[1]普皆毀絕。孝武孝建初，更修起蔣山祠，所在山川，漸皆修復。明帝立九州廟於雞籠山，[2]大聚群神。蔣侯宋代稍加爵，位至相國、大都督、中外諸軍事，[3]加殊禮，鍾山王。蘇侯驃騎大將軍。[4]四方諸神，咸加爵秩。

[1]蔣子文：人名。傳説爲漢末人，因逐盜鐘山而死，三國吳時有神驗，孫權爲之立祠，封之爲中都侯，改鐘山爲蔣山。後亦稱蔣子文爲蔣侯，其祠爲蔣山祠。干寶撰《搜神記》卷五載其事。

[2]雞籠山：山名。今南京市雞鳴山。

[3]相國：官名。魏晋南北朝不常置，位尊於丞相，非尋常人臣之職，無具體職掌。一品。　大都督：官名。高級軍事長官，三國吳、魏時臨時設置，作爲加官，地位極高，南朝時如加“中外諸軍事”則地位極高。一品。

[4]蘇侯：《通鑑》卷一二七亦載此事，胡三省注曰：“據《齊書·崔祖思傳》，蘇侯神即蘇峻。”驃騎大將軍：官名。加官，無具體職掌，位比三公。一品。

漢安帝元初四年，[1]詔曰：“《月令》，‘仲秋，養衰老，授几杖，行糜鬻’。[2]方今八月案比之時，郡縣多不奉行。雖有糜鬻，穅秕泥土相和半，不可飲食。”按此詔，漢時猶依《月令》施政事也。

[1]漢安帝：即劉祜。《後漢書》卷五有紀。　元初：漢安帝劉祜年號（114—120）。

[2]糜鬻：粥。